第一次看奧運就上手！

運動觀賽全攻略

一冊掌握60種國際賽事規則與看點
輕鬆成為觀賽達人

東京書籍 書籍編輯部 著 | 曾柏穎 譯

CONTENTS

※ 書中主要介紹奧運所採行之賽事規則，並不一定適用於所有賽事，實際規則請以各主辦方所公告之內容為準。
※ 本書刊載的內容為截至 2018 年 6 月之現有資訊，實際賽事規則可能因後續修訂而異動。

■比拚速度、力量、意志力，考驗選手綜合能力的普及運動

田徑

以奧林匹克的座右銘「更快、更高、更強」為中心思想的競賽項目。於室外賽道、競技場和一般道路上舉辦比賽，分項種類眾多。

>>>>> 競賽場地

田徑場

一圈 400 公尺的橢圓形比賽用地稱為「徑賽場」，設有 9 條以內的賽道。其內側與外側則稱為「田賽場」，設有舉辦跳遠、撐竿跳高、標槍等項目的競賽空間。

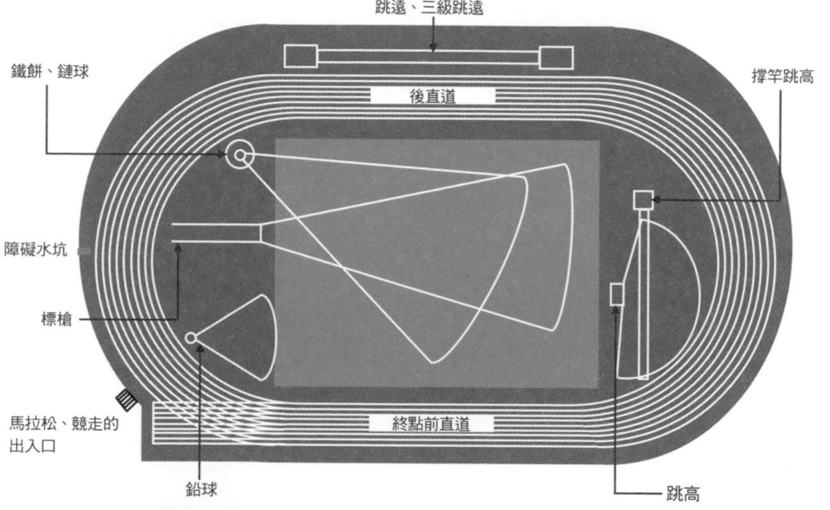

4 大觀賽基本重點

POINT 1

以奔跑、跳躍、投擲等運動基本動作一較高下

這個項目是以最基本的運動型態來做競爭，比誰能跑或走得快、能跳或擲得遠。同時也是始自第一屆奧運、歷史最為悠久的競賽種類，且各項目幾乎都是個人出賽而非團體。

POINT 2

基本可分成徑賽、田賽、公路賽及混合運動這四大賽種

田徑賽事依舉辦場所和特性，大致可分成四大賽種。第一種為「徑賽」，選手將奔馳在畫有等距標線的跑道內，競逐抵達終點的順序。二是「田賽」，選手會在位於跑道內側（部份在外側）、人稱田賽場的區域內，以跳躍的距離高度或投擲指定用具的距離來一較高下。第三種為「公路賽」，由選手在跑道與一般道路上步行或奔跑，比賽誰先抵達終點。最後一種是「混合運動」，選手將獨自進行多種項目，再以獲得的分數決定名次。

POINT 3

總項目超過 25 種，每種項目的規則與看點各有不同

大致區分的四大賽種中，又細分成許多距離或使用器材不同的項目。各項目皆有男、女子組賽程（部分賽事的距離或用具重量會有所差異），因此若是男女分開計算，競賽項目將逼近 50 種。賽事的基本規則雖然單純，但各分項不僅有專屬細則，且對選手爆發力、耐力、肌力、綜合力等能力的要求都大相逕庭，因此觀眾可以觀賞到各具魅力的比賽。

POINT 4

選手隻身挑戰自我極限的身影，也是賽事一大看點

除撐竿跳高外，所有項目都不使用輔助用具，比賽結果全憑選手自身的能力。能發揮最大實力的技術與沉澱心緒、以平常心應戰的精神力將是決勝關鍵，因此比賽時不僅要和其他選手競爭，也是一場與自身的戰鬥。選手們在決勝時刻發揮潛力超越自我極限的身影，總令觀眾為之瘋狂。

樂趣加倍！觀賽小知識

〔徑賽〕

競賽項目

徑賽項目設有賽跑距離 400 公尺以下的「短距離」；賽跑 400 公尺以上、距離較長的「中、長距離」；選手須跑著跨越賽道上所設置障礙物的「跨欄」；以及 4 人依序傳接棒奔跑的「接力賽」。

短距離	100m、200m、400m
中、長距離	800m、1500m、5000m、10000m、3000m 障礙
跨欄	100m（女子）、110m（男子）、400m
接力賽	4×100m、4×400m、男女混合 4×400m

有關分道

徑賽場上以白標線區分出的一條跑道就稱為「分道」，400 公尺以下的短距離賽種必須在既定的分道內，由起點奔跑至終點。途中若跑至其他分道，即會當場失去比賽資格。然而 1500 公尺以上的中長距離賽種則無分道限制，自弧形的起跑線起跑後就能在徑賽場上自由奔馳。唯獨在 800 公尺賽跑中，頭 100 公尺必須跑在分道內，之後才能任意切換跑道。

搶跑（偷跑）

在發出起跑信號前就越過起跑線即為「搶跑」（俗稱偷跑），過去搶跑 1 次還不算犯規，但目前已修改相關規定，只要搶跑便會立即喪失比賽資格。選手在聽到「Set（預備）」口令後至鳴槍期間，身體若有任何動作就會遭到警告。短距離項目中，起跑結果的優劣會左右勝負，因此選手除了具備能在鳴槍同時飛奔而出的爆發力和專注力，還要有不畏懼可能形成搶跑的意志力。

抵達終點的判定

抵達終點的定義為：扣除頭部、頸部、臂膀、腿和手部等的軀幹部位（Torso）到達終點線最前端的時刻，因此競賽選手多會以挺胸前傾的姿勢跑抵終點。裁判會透過特殊相機，以 1/1000 秒為單位檢視選手抵達終點的瞬間，藉此判定名次並留下紀錄。

短距離

各項目的規則與看點

100 公尺

只要稱霸比賽，就能榮獲「世上跑最快的人」的稱號，為相當熱門的田徑項目，也是唯一一種只在直道奔馳的賽跑項目。選手起跑至抵達終點僅會耗費 10 秒左右，可說在轉瞬之間就會分出勝負。100 公尺的參賽選手須兼具起跑時的反應力、於最短時間內提升至最高速度的加速力，以及比賽後半亦能維持速度的速耐力。選手大致可分為一口氣衝刺拉開距離，與依靠後半爆發力一決勝負的兩種類型。

200 公尺

須奔跑 80 公尺彎道以及 120 公尺直道的項目。由於是在彎道起跑，因此勝負關鍵不僅在起跑後的瞬間衝刺、加速能力，還有不降速突破彎道的過彎技術，以及後半是否有辦法維持速度直至終點。

400 公尺

繞跑徑賽場一圈的 400 公尺項目雖與 200 公尺項目同樣以過彎技術為致勝關鍵，但最看重的還是耐力。由於全程須全力奔跑 40 秒以上，因此選手必須具備常人難以想像的力量與體能，一般被認為是徑賽場上最艱難的項目。

決定分道的方式

預賽時以抽籤決定，但也會考量各選手近期的紀錄進行分組，藉此分散紀錄名列前茅的選手。於準決賽與決賽時，會透過抽籤將預賽各分組名次前 4 名選手排入 3～6 分道，第 5、6 名的選手配至 7、8 分道，成績倒數 2 名的選手則在 1、2 分道。據說會這樣安排是因為中間分道的左右兩邊都會有人，所以選手較不易受到風或聲音影響，更容易跑出好成績。不過，在從彎道起跑的 200 公尺和 400 公尺賽事裡，也有人認為 7、8 分道的彎道弧度相對平緩，因此對選手較為有利。

蹲踞式起跑

短距離項目的起跑採用的是蹲踞式起跑。首先，選手在聽見「On your marks（各就各位）」的口令後，會將雙手手指置於地面，腳部則基本上是慣用腳在前，並踩於起跑架上；接著，於「Set（預備）」口令後，提臀靜止不動。最後在鳴槍的同時，往前奔馳完成起跑。至於放置雙腳的起跑架，選手在賽前可親自微調角度與間距等等。

參考用順風紀錄

風向與風勢強弱會大幅影響短距離賽事的紀錄，尤其是 100 公尺與 200 公尺的比賽，由於選手在順風狀態下較容易跑出佳績，因此每秒平均風速若是超過 2 公尺，其結果就僅能作為參考值，即所謂的「參考用順風紀錄」。此外，進行跨欄、跳遠與三級跳遠的比賽時也會監測風速，並適用同樣的規定。測量風速的時機與時間會隨比賽項目而異，至於逆風時則不計風速的影響，最終結果將被列入正式紀錄。

百米賽跑——挑戰人類跑速極限的殿堂

100 年前左右，男子百米賽跑的世界紀錄大概落在 10 秒後半接近 11 秒，但截至 2018 年已縮減到 9.5 秒多的水準。這可說是人類藉由提升體能與精進技術後獲得的進化。1968 年，美國的吉姆．海因斯（Jim Hines）跑出史上第一個 9 字頭的紀錄；1991 年田徑界的超級巨星，卡爾．劉易士（Carl Lewis）創下 9.8 秒多的佳績，之後同屬美國籍的好手輩出，陸續誕生格林（Maurice Greene）、蓋特林（Justin Gatlin）、蓋伊（Tyson Gay）等田徑明星，使紀錄不斷刷新。進入 21 世紀後，牙買加跑者的強大實力開始受到世人矚目。鮑威爾（Asafa Powell）跑出 9 秒 74 的紀錄後立即成為焦點，2008 年換波特（Usain Bolt）出賽北京奧運。他在決賽中一路大幅領先其他跑者直至終點，創下 9 秒 69 的驚人成績。隔一年，他進一步締造 9 秒 58 的成績，寫下人類百米短跑首度邁向 9.5 秒的歷史紀錄。在日本，桐生祥秀選手也於 2017 年創下日本人史上首次的 9 字頭紀錄。亞洲選手在體格上雖屈於劣勢，但今後的表現也備受世人期待。這場將技術磨練到極致、選手們爭搶百分之一秒輸贏的競賽，想必往後依舊會讓觀眾驚呼連連。

中、長距離

各項目的規則與看點

800 公尺

賽距剛好是競賽場 2 圈。選手起跑後，僅能沿著自己所屬的分道跑過第 1 個彎道，待跑完第 1 圈的第 2 個彎道，便能自由切換跑道。選手自起跑就要維持幾近短跑項目的速度，因此必須具備相當的腳程與體力。此外，能自由切換跑道後的搶位與跑位策略，以及最後 200 公尺左右的最終衝刺，都是決勝的關鍵。

1500 公尺

由後直道起跑，賽距為徑賽場 3 又 3/4 圈。1500 公尺以上的項目由於沒有分道的限制，因此起跑線為弧狀。由於選手必須奔跑超過 3 分鐘，所以耐力相當重要，但近年來紀錄仍不斷刷新，競爭相當激烈。選手除了維持住最初提升的速度，為了最後衝刺做出正確的配速也是一大重點。

5000 公尺

由後直道起跑，賽距為徑賽場 12 圈半。自 5000 公尺起屬於長距離項目，選手的耐力將是致勝的關鍵。此外，選手依跑步習慣可分成初期搶快型、後來追趕型等，因此相關策略的運用、分辨衝刺時機也很重要。尤其跑到最後 1 圈時，賽況會急遽白熱化，選手甚至可能相互碰撞或跌倒。

10000 公尺

賽距為徑賽場 25 圈，為徑賽中距離最長的項目。與 5000 公尺相同，選手的耐力、配速以及和其他選手的策略交鋒都是決勝要點。跑位與最後衝刺的結果會大幅影響比賽名次。目前長距離項目以非洲選手最為強勢，歐美及亞洲選手則緊追在後。

3000 公尺障礙

選手在繞行約 7 圈的徑賽場期間，必須跨越 35 次障礙物（包含水坑）。比賽項目寫作「3000mSC」，後方英文即為「Steeplechase（障礙賽）」的縮寫。選手除了具備耐力與速度，還必須要有橫越障礙物的跳躍力及腳力。途中可能於障礙物處跌倒，或通過水坑時弄濕身體而削弱體力，是一種相當艱難的項目。

3000 公尺障礙賽——選手必須維持跑速跨越共 35 個障礙物

徑賽場 1 圈會設置 5 個障礙物，障礙物高度在男子組為 91.4 公分，女子組為 76.2 公分，並規定設置一處長 3.66 公尺的水坑。跨越障礙物時可用手輔助撐越，但禁止由障礙物側邊繞行通過。選手除了維持跑速，還須具備流暢跨越障礙物的技術。

站立式起跑

中、長距離項目的起跑採用站立式起跑，選手在聽見「On your marks（各就各位）」的口令後，保持站姿前後跨開雙腳靜止不動。接著不會有「Set（預備）」的口令，而是直接鳴槍起跑。

跨欄

規則與看點

分道上分別擺設 10 座欄架，欄高與欄間距依男女有別，男子 110 公尺的欄高為 106.7 公分，欄間距為 9.14 公尺；女子 100 公尺為 83.8 公分，欄間距為 8.5 公尺；400 公尺則是不分男女組別都稍微降低欄高，欄間距為 35 公尺。跨越欄架時只要不是故意，弄倒欄架和腳超出至欄架外側都不算犯規，但不得從低於橫桿的位置通過。由於弄倒欄架會導致減速，因此重點在於能否以俐落的姿勢確實跨過障礙物。

起跨腿和步數

幾乎所有的選手都有慣用的起跨腿，由於起跨時都會使用該腳，因此通過欄架與欄架之間的步數也會固定（通常為 3 步）。跨欄最看重節奏，因此步伐一亂就無法獲得好成績。不過，在跨欄間距較長的 400 公尺項目中，也有很多選手會在途中更換起跨腿。

接力賽

規則與看點

在4名選手依序傳接棒跑完全程的接力賽，選手的個人能力自然不在話下，傳接棒的技巧和團隊合作更是左右勝敗的關鍵。接力賽項目分為每名跑者各跑100公尺的4×100公尺接力、各跑400公尺的4×400公尺接力，還有2020年東京奧運新增的4×400公尺男女混合接力，所有項目皆採蹲踞式起跑。4×100公尺接力從頭到尾都不得切換跑道，4×400公尺接力則從第2名跑者開始可以自由切換跑道。此外，接力棒若在交棒前掉落，必須由原持棒跑者撿起後再交給接棒跑者；若接力棒掉落前接棒跑者已碰觸過，則交接棒雙方都可撿拾。

跑者的配置

接力賽的致勝關鍵，在於發揮4名跑者本身特性與專長的配置。例如，4×100公尺接力會安排擅長起跑衝刺的選手為第1棒，直線速度飛快的選手為第2棒，擅長處理彎道者排在第3棒，有爆發力又擅於搶位衝刺的選手為第4棒，可見每棒選手所需的能力不盡相同。此外，第2棒之後選手必須邊加速邊接棒，因此傳接棒雙方的速度如果落差過大，就可能拖慢跑速或失去資格。

接力區（Take Over Zone）

將接力棒交給下一位跑者的緩衝區間稱為「接力區」，選手若無法在此區間內完成交接棒，就會喪失比賽資格。此區間的大小於4×100公尺接力與4×400公尺接力中，分別為30與20公尺，接棒跑者必須在此區間內完成起跑。此外，4×100公尺接力以往雖設有預跑區（加速區），但已於2017年11月廢止。

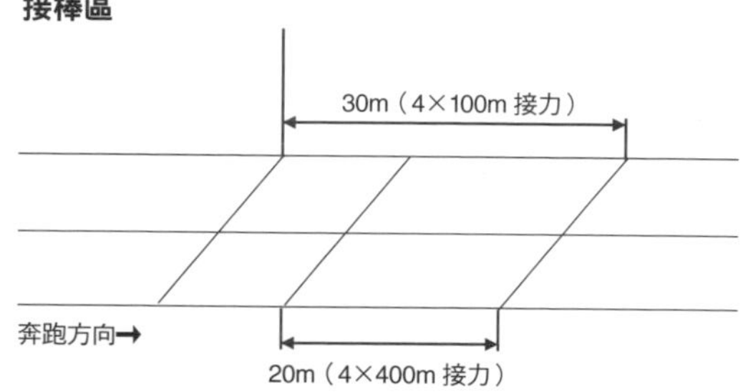

有關傳接棒

傳接棒堪稱是接力賽中最重要的環節，即便每位選手的個別能力都很優秀，然而一旦掉棒就會導致嚴重落後，甚至可能失去比賽資格。假若能夠迅速完成傳接棒，就有可能讓最終成績因此加快1秒。傳接棒的方式可分為「下壓式傳接棒」和「上挑式傳接棒」兩種，前者是將接力棒由上往下交給接棒者，後者則是由下往上傳遞。上挑式傳接棒雖然具備接棒者不需刻意減速的優點，但由於執行難度高，因此採用的國家相當少；不過，日本的男子4×100公尺接力便是因為採用上挑式傳接棒，並藉由反覆練習提高接棒精確度，才能跑出世界級的成績。

下壓式傳接棒

接棒跑者要將掌心朝上，並伸高手臂，傳棒跑者則是必須將接力棒由上往下放到接棒者手中。

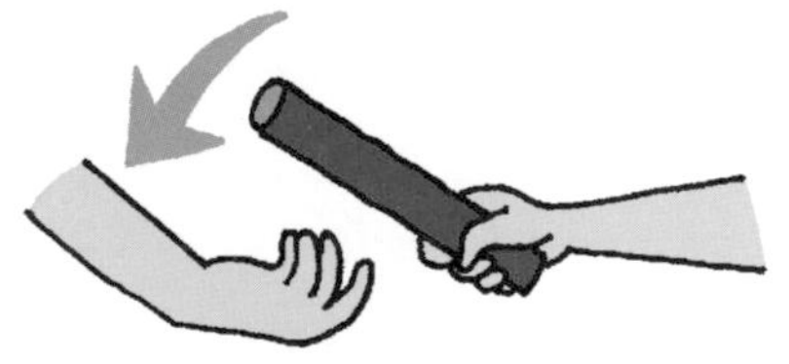

上挑式傳接棒

接棒跑者須伸長手臂並將掌心朝下，傳棒跑者則是要將接力棒由下往上塞入接棒者手中。

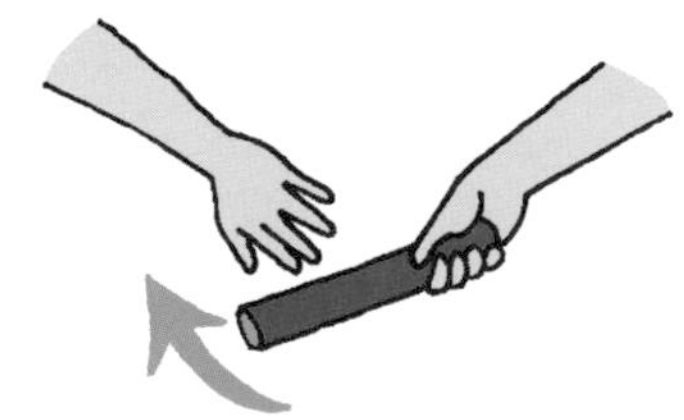

〔田賽〕

競賽項目

於徑賽場內側或外側舉辦的比賽大致可分為「跳躍」與「投擲」兩大類。「跳躍」類主要競逐跳躍距離或高度，有跳遠、撐竿跳高等項目；「投擲」類則是以徒手投擲規定的道具，競逐投擲的距離。

跳躍	跳高、撐竿跳高 跳遠、三級跳遠
投擲	鉛球、鐵餅 鏈球、標槍

跳躍

各項目的規則與看點

跳高

於間隔約 4 公尺的 2 根支柱上架上橫桿，由選手助跑後跳過橫桿。每個高度可挑戰 3 次，選手會華麗地飛越超過自己身高的高度，男子組為 2 公尺 40 公分以上，女子組則約為 2 公尺。因為橫桿並未固定在支柱上，所以飛越時可能會因碰觸導致橫桿掉落。因此跳躍的姿勢、時機還有動作都非常重要，儘管跳躍方式會因選手而異，但目前以背對橫桿跳越的「背越式」為主流。

撐竿跳高

唯一使用器具輔助跳躍的項目。選手助跑後將竿子插向地面，藉由反作用力彈跳至高處。與跳遠相同，每一個高度可挑戰 3 次。比賽並無限制竿子的材質、長度與粗度，任憑選手自行準備合乎體格的用竿。一般認為使用長竿會比較有利，但實際上長竿並不好操控。男子組多會跳至 6 公尺以上，女子組為 5 公尺左右，幾乎相當於 2 層樓的高度；因此將助跑速度順利傳導至竿子轉換成跳躍力量的技術，便是致勝的關鍵所在。

跳遠

選手助跑後自起跳板跳出，相互競爭至落地區為止的距離。每位選手能試跳 3 次（奧運決賽取前 8 強，每人能挑戰 6 次），並取當中最好的紀錄決定名次。落地區為沙地，以選手碰觸地面的痕跡中最靠近起跳點之處為落地點。此外，選手起跳時若愈接近起跳板邊緣，便可跳得愈遠，但腳一旦稍微超出板子就會構成犯規，因此起跳的瞬間最值得注目。跳遠方式以在空中擺動腿部的「走步式」及身體會大幅彎曲的「蹲踞式」為主流。

三級跳遠

選手助跑後，自起跳板進行單腳跳（Hop）、跨步跳（Step）和跳躍（Jump）的三段式跳躍。單腳跳（第 1 段跳）和跨步跳（第 2 段跳）是用同一隻腳起跳，最後一段的跳躍起跳則是用另一隻腳。關於起跳板的規則、落地點、試跳次數等，皆與跳遠相同。在此項目中，男子組和女子組分別能夠輕鬆跳出約 18 公尺與 15 公尺的距離。

助跑與起跳時機的重要性

跳躍競賽中首重維持助跑的衝刺與起跳的時機。選手若是害怕犯規或起跳失敗，就很難刷新成績，因此果斷行動也是一大要點。每位選手的起跳技術和騰空動作展現的美感，都是跳躍項目的醍醐味；選手必須極為專注才能完成轉瞬即逝的跳躍動作。

撐竿跳高的竿子

以前會使用木竿或竹竿，現今則以玻璃纖維或碳纖維材質為主。長約 4 ～ 5 公尺，重 2 ～ 3 公斤，即使只是拿著奔跑也得具備一定的技巧與體力。

放棄試跳以保留體力

跳高與撐竿跳高允許選手放棄試跳，因此選手有時會放棄試跳至某個高度，藉此保留體力。不過這麼做的風險在於挑戰放棄試跳後的高度時，若是失敗 3 次比賽將到此為止；但只要跳出好成績，就能對其他選手造成壓力。選手放棄試跳的時機與策略，亦是觀賽時值得注目的重點。

三級跳遠的單腳跳、跨步跳和跳躍

三級跳遠的跳躍過程相當複雜，選手須具備一定的技術與經驗。若技術尚未熟稔，便無法在單腳跳、跨步跳的 2 階段跳躍中順利助跑，導致最後跳躍的成績不盡理想。因此，活躍於三級跳遠的選手多是比賽經驗豐富的資深好手。世界頂尖的三級跳遠選手都有各自的跳躍節奏，每一步甚至可跳躍超過 6 公尺。

〈例〉

藉由拍手聲掌握跳躍節奏

跳躍項目的選手中，也有人會要求觀眾拍手。其目的依選手而異，有人是為了進入自己的跳躍節奏，有人是為了吸引目光進而提高專注力。據說此類競賽本來與短距離項目一樣在觀賽時都會保持安靜，自 1983 年美國籍三級跳遠選手班克斯（Willie Banks）起，才發展出這種形式。

複數選手創下相同紀錄時的應對方式

若有多位選手寫下相同高度或距離的成績，且後來沒有更新紀錄的情況下，將由無效試跳次數較少選手勝出。例如當兩名選手跳高成績相同，一邊試跳 1 次就成功，一邊直到第 2 跳才成功，則判定由前者取得較高名次。

投擲

各項目的規則與看點

鉛球

男、女選手在直徑約 2.135 公尺的投擲圈內，分別投出約 7 公斤和 4 公斤的鉛球。動作要點在於自投擲圈邊緣扭擺身體後踏好腳步，藉由下半身的爆發力投出鉛球。投擲出的鉛球必須落在角度為 34.92 度的扇形區域內，否則即判定為犯規（落在邊線上也是）。此外，選手投擲時，腳或身體只要有任何部分超出投擲圈也算犯規，此規定同時適用於其他投擲項目。

鏈球

鏈球是將鉛球用鋼索鏈至握把的器材，比賽會在直徑 2.135 公尺的投擲圈內舉行。鏈球的重量等同鉛球，男子組約為 7 公斤，女子組 4 公斤，擲出後必須落在角度為 34.92 度的扇形區域內。由於投擲時會在投擲圈內旋轉 3 到 4 圈，再利用離心力投出，因此選手應具備能夠持握沉重鏈球同時穩定旋轉的肌力以及高度的技巧。此外，投擲時機和角度會大幅影響最終成績。

鐵餅

男、女選手在直徑 2.5 公尺的投擲圈內，分別拿著 2 公斤和 1 公斤的鐵餅旋轉身軀，利用離心力擲出。落地點規則與鉛球相同，僅在角度為 34.92 度的扇形區域內才算有效成績。選手除了具備魁梧的身形與力量，同時也必須練就旋轉身體時能夠順勢投擲而出的技術與平衡感。鬆手的角度或時機若有一點偏差，就會導致投擲失敗。

標槍

投擲類別中唯一設有助跑區的項目。選手助跑後投出標槍，競爭投擲距離。標槍尖端必須落在夾角為 28.96 度的扇形區域內側。由於助跑速度和最後步伐都是致勝關鍵，因此比起其他投擲項目，標槍選手的身形大多較為纖瘦。此外，所有投擲項目的選手都能試投 3 次（前 8 強再加 3 次），並以最佳紀錄決定名次。

投擲圈周圍的護籠

在需要旋轉身體進行投擲的鐵餅和鏈球項目中，若投擲失敗就有可能飛往意想不到的方向，因此場地會在投擲圈周圍設置護籠以策安全。

投擲物的規定與投擲方式（姿勢動作）

投擲物的形狀和重量會依項目不同而大相逕庭。投擲動作亦是種類繁多，一切都是為了能更有效率地將力量傳遞至投擲物，使其飛得更遠。

	大小、重量	投擲方式
鉛球	**男子組：110~130mm、7.26kg；女子組：95~110mm、4kg**	在鉛球貼靠下巴或頸部的狀態下，僅用單手像是將球推出般擲出。
鐵餅	**男子組：219~221mm、2kg；女子組：180~182mm、1kg**	在扭轉上半身的狀態下旋轉身體，利用離心力擲出鐵餅。
鏈球	**男子組：1.175~1.215m、7.26kg；女子組：1.160~1.195m、4kg**	讓鏈球繞著身體周遭轉行加速後，再旋轉身體 3 ～ 4 圈，利用離心力擲出。
標槍	**男子組：2.60~2.70m、800g；女子組：2.20~2.30m、600g**	以單手持握標槍，並將持握位置維持在投擲手臂上方，以此姿勢展開助跑。當步伐切換成交叉步的同時後拉手臂，在最後 1 步時投擲而出。

選手的氣魄與嘶吼

選手在投擲當下會屏住氣息，以確保力量不會分散，因此在擲出的瞬間通常都會發出宏亮的吼聲，或是用聲音來表現自身的氣魄和興奮之情，令觀眾深刻體會到其力道與高超的技巧。

賽事同樣會受風勢影響

其中又以鐵餅的成績特別容易受到風勢或風向的影響。有別於短距離項目，鐵餅反而是逆風比較有利，因為逆風飛行時產生的浮力會拉長落下前的距離。所以選手也會為了利用風勢，先確認風向來調整投擲角度。

〔公路賽〕

競賽項目

「公路賽」意指在一般道路上舉辦的賽事，可分為兩大項目，分別是奔跑的馬拉松與步行的競走。馬拉松項目男女子組的賽程皆為 42.195 公里，競走則分為 20 和 50 公里，女子組僅設 20 公里級別。賽前會派出 3 輛自行車量測賽程距離，取其平均值檢核確認。

各項目的規則與看點

馬拉松

由於須跑完長達 42.195 公里的賽程，因此相當程度的耐力是不可或缺的。特別是參加夏季奧運時，還必須對抗酷暑。此外，配速也與耐力同等重要，雖然保持一定程度的領先是致勝關鍵之一，但賽事後半多會變得吃力，因此選手在何時衝刺等策略運用上亦是賽事的一大看點。

競走

項目設有男女子組 20 公里與男子組 50 公里，選手須保持以正確的動作姿勢以步行走完指定距離。由於不能採用平常的走路方式，因此光是維持正確的動作姿勢就是難事一樁。一旦犯規就會遭到裁判警告，達一定次數即會失去比賽資格。再者，競走的速度超乎想像，僅約 3 小時就能走完馬拉松的距離，根本不像走路的速度。選手必須具備維持此種速度的耐力，與姿勢不出錯的專注力。

馬拉松領跑員

主辦方會派遣數名稱為「領跑員」的人員，跑在領先群的前方。這麼做的目的主要是協助維持選手的配速，抑制過度競爭導致的體力耗損，同時緩和領先選手的心理壓力，還能兼任減低風阻的角色。由於要保持一定速度跑在最前頭，因此擔任者通常都具備相當實力。一般來說領跑員會在 30 公里左右離開賽場，許多選手會選擇在這時提昇速度，甩開後面的跑者。不過，奧運或世界錦標賽等大型賽事中，並沒有採用領跑員。

路況、天氣等條件都會影響賽事

公路賽的最大特徵在於比賽時是在一般道路上奔跑或行走，因此路面的狀態、賽道的地形起伏或天氣等情況都會大幅影響成績。其他還有混凝土的反光導熱、道路獨有的溼氣等，馬拉松男子組必須在這類嚴峻的條件下，以 3 分鐘跑 1 公里左右的速度前進。此外，強風與下雨也都會耗損選手的體力。在如此嚴苛的環境中，選手必須一邊顧及周遭和自身的狀況，一邊思索衝刺的時機。

競走的步行方式與規則

競走在步行方式上有相關規定，選手為了不犯規，會採用獨特的步行姿勢。被視為犯規的有「騰空」（Loss of contact）和「膝蓋彎曲」（Bent knee）兩種動作。裁判會以目視判定有無犯規，有犯規疑慮時會向選手舉出黃牌（警告用的圓板狀用具），確定犯規時則會舉出紅牌。

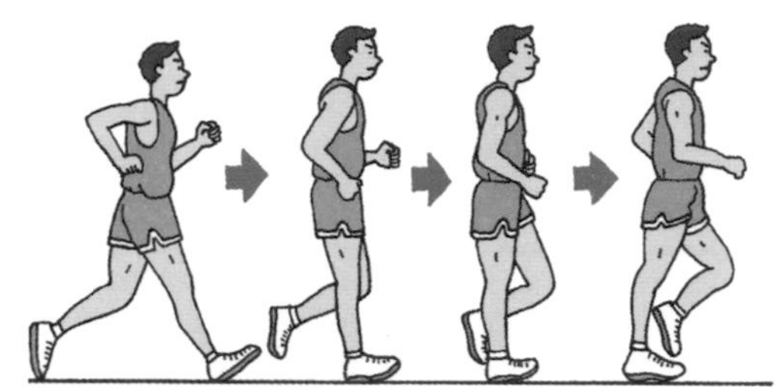

騰空

比賽過程中，選手必須常保一隻腳碰觸地面，左右腳只要同時離地，即使僅有一瞬間，依舊構成犯規。

膝蓋彎曲

從前腳腳跟落地的瞬間到整隻腳與地面呈現垂直之前，膝蓋都不能彎曲。一旦彎曲即視為犯規。

裁判為 6 ～ 9 人

競走比賽會於賽道上配置 6 至 9 位裁判，嚴格審視選手的動作。判定有違規之虞時，會舉出黃牌警告選手；騰空時會使用標有波浪圖形的牌子，膝蓋彎曲則會出示標有「く」字的牌子。此外，裁判判定選手明顯犯規時，會向裁判長遞交代表警告的紅牌。儘管選手不論被舉幾次黃牌都不會有實質影響，但只要裁判長收到三張針對同一名選手的紅牌，該選手就會立刻失去比賽資格。有時會在抵達終點後才告知選手出局，當名次高的選手失去資格時，會由較低名次的選手遞補。

競走的速度

頂尖的競走選手，不用 1 小時 20 分就能走完 20 公里，50 公里也只需耗費 3 個半小時左右。換算下來，即不到 4 分鐘就能走完 1 公里，這種速度與一般的馬拉松旗鼓相當。選手在嚴格遵守比賽規則的同時，還要保持這種行走速度，因此體力消耗十分劇烈，是種非常艱辛的比賽項目。

補給站

需要長距離奔跑或步行的公路賽中，水分的補給十分重要。選手如果無法確實補充水分，就可能陷入脫水等症狀，甚至因此棄權。賽中每間隔 5 公里就會於道路左右其中一側設置補給站，但由於右撇子的選手較多，所以大多建議設置於右側。裝水的紙杯和寶特瓶也沒有既定規格，形狀多樣。選手若沒能喝到水，很有可能會影響表現，因此補給水分可說是比賽過程中極其重要的關鍵，有時選手們甚至會在這裡發生碰撞。也有不少選手會將喝剩的水淋到身上降溫。

〔混合運動〕

競賽項目

由一人獨自完成男子 10 項或女子 7 項的賽程

選手必須獨自完成短距離、中距離、跳躍、投擲等複數田徑項目。男子組有 10 種項目，女子組則為 7 種，賽程不分男女組皆依規定順序舉行兩天。兩天賽程各會安排跑、跳、投的項目，每種項目之間都設有 30 分鐘以上的間隔時間。各項成績都是依照國際標準得分表採計分數，並以此決定名次。參賽選手必須具備所有田徑賽事相關的能力，集速度、力量、耐力、精神力於一身，因此世人會以「田徑天王」、「田徑天后」來稱頌挺過艱難賽程奪下優勝的選手。

沒有預賽，僅舉辦一次決賽

由於賽事本身非常艱難繁複，因此沒有預賽，僅以決賽一次定勝負。各項目會遵照個別規則進行，且同樣適用參考用順風紀錄或搶跑等規定。跳躍、投擲類項目能試跳、試投 3 次，採最佳成績計分。

十項全能與七項全能的項目與比賽順序

男子組（十項全能）

第一天

① 100m
②跳遠
③鉛球
④跳高
⑤ 400m

第二天

⑥ 110m 跨欄
⑦鐵餅
⑧撐竿跳高
⑨標槍
⑩ 1500m

女子組（七項全能）

第一天

① 100m 跨欄
②跳高
③鉛球
④ 200m

第二天

⑤跳遠
⑥標槍
⑦ 800m

根據擅長、不擅長的項目擬定戰略，贏得比賽

選手平常雖是以能應對所有比賽為目標進行訓練，但每種項目使用的肌群、性質都不盡相同，所以每位選手擅長的項目也會因體格、體能的差異而有所不同。例如身形魁梧、力氣大的選手擅長投擲類，速度快的選手擅長短距離項目等等。因此面對不擅長的項目選手會控制力道保留體力，以求在擅長的項目中能全力以赴。重要的是賽前必須擬定好計畫，才能在擅長的項目中確實累積積分。

比賽結束後的英雄惜英雄

值得注意的是最後兩項的比賽項目，即男子組 1500 公尺與女子組 800 公尺。選手經過兩天賽程後幾乎已耗盡所有的精力與體力，因此最後的中距離競賽可以說是對選手意志力的嚴酷考驗。在竭盡全力之後，兩天的比賽就此宣告結束，觀眾可看到選手們在賽後彼此握手、擁抱，並且互相讚許對方的表現。期間超越競爭意識所萌生的運動家精神，無不感動所有觀眾。

■不同游法各有奧妙，觀賽時別有樂趣

游泳

游泳是在一定距離下僅靠身體能力比拚速度快慢的競賽類別。遊法共有 4 種，且比賽項目眾多，只要了解箇中差異，觀賽將會更有樂趣。

>>>>> 競賽場地

標準泳池

游泳池的大小為 50 公尺 ×25 公尺，深度超過 2 公尺。選手使用的水道寬度為 2.5 公尺，每條水道兩側池壁上都設有計時用的電子感應觸板，選手一觸碰就會停止計時。

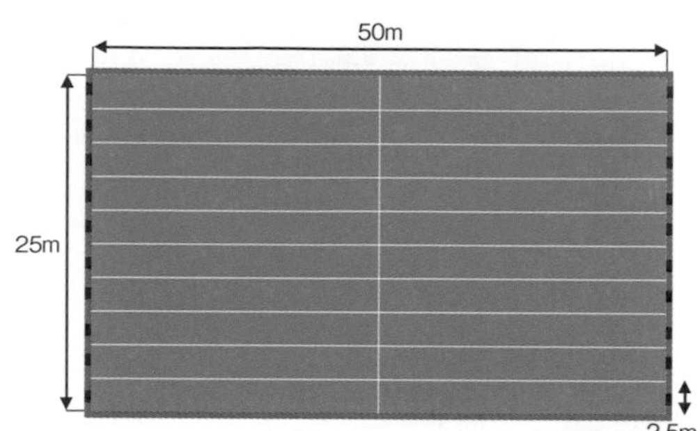

4 大觀賽基本重點

POINT 1

運用自由式、蛙式、仰式和蝶式各種游法，以 1/100 秒的差異在規定的距離中競爭抵達終點的順序

所謂的游泳比賽，指的是選手相互競爭誰能在最短時間內游完依不同游法所規定的距離。項目有分成自由式、蛙式、仰式和蝶式，選手會在各項目訂定的距離下角逐名次。設有預賽時，預賽成績前 8 強者能進入決賽，決賽中泳速最快者即為冠軍。

POINT 2

熟練的泳技、體能和速度分配是選手締造佳績的關鍵

速度恰到好處的泳技、能一路維持最佳泳速的體力，以及即便不是參加長距離項目也會思考整體配速的習慣，都是締造好成績的要素。雖然紀錄年年更新，但據說都還有成長的空間。

POINT 3

全能型選手增加，加上比賽項目繁多，因而可在多種項目中欣賞明星選手大展泳技

由於各個競賽項目的專業性持續提高，因此目前在各分項多由專精的好手獨領風騷。相比之下，近年的泳壇卻以全能型選手最為活躍，日本現在也有許多選手在複數項目大展身手。他們除了本身最擅長的項目外，往往還會代表其他項目出賽，在國際大賽中甚至能同時晉級多種項目。觀眾因此可以在許多項目中看見同一位選手。

POINT 4

多虧游泳技術的提升，各項目的世界紀錄不斷更新

水的阻力強，所以游泳同時也是與阻力的戰鬥。世界各國相關研究日新月異，除了透過錄影片段確認游法，專家還會利用科學方式分析選手在水中的泳姿，藉此研究要如何才能減低水阻力以便游得更快，或是研究手臂和腿部應如何動作才能取得好成績。也因此每當舉辦大型賽事，通常都會看到有選手締造新的世界紀錄。

樂趣加倍！觀賽小知識

競賽項目

共有 35 種項目，1 項為男女混合，其餘為男女組各 17 項。

男子組	女子組	男子組	女子組
50m 自由式		200m 蛙式	
100m 自由式		100m 蝶式	
200m 自由式		200m 蝶式	
400m 自由式		200m 個人混合式	
800m 自由式		400m 個人混合式	
1500m 自由式		4×100m 接力	
100m 仰式		4×200m 接力	
200m 仰式		4×100m 混合式接力	
100m 蛙式		男女混合 4×100m 混合式接力 ※	

※ 男女各 2 人參賽，皆可自由分配要採用哪種泳式。

各項目的特徵

自由式

選手可採用任何泳式進行比賽，一般會採用速度最快的「捷泳」。出發及每次轉身後的 15 公尺以內選手可將身體完全潛入水中，其餘時候則必須有部分身體露出水面。入水後，利用力道強勁的蝶式踢腿浮上水面，接著在水面下用腳打水，手臂交互往前划水。每次轉身及抵達終點時，須以身體任何部位碰觸池壁。

仰式

唯一使用仰姿的泳式。選手不會從出發台起跳入水，而是下水後才出發。預備時會握住出發台的手把，在出發訊號響起前須靜止不動；一開始會先用雙腳打水或採取雙腳併攏上下擺動的蝶式踢腿，手臂則在水面下划水。出發及每次轉身後的 15 公尺以內選手可將身體完全潛入水中，其餘時候則必須有部分身體露出水面。

蛙式

採俯臥姿勢，前進時手腳左右對稱擺動。此時肘部不可露出水面，雙手向後划的動作也不得超過臀線。不過，在出發及每次轉身後的第一次划水選手可將雙臂向後划至腿部，連同頭部一起潛入水中，進行一次併攏雙腳上下擺動的蝶式踢腿。不得向外側踢腿，也不能交替踢腿。在每次轉身及抵達終點時，雙手須同時觸壁。蛙式踢腿產生的推進力道也比其他泳式更強。

蝶式

採俯臥姿勢，前進時左右手腳對稱擺動。兩臂同時在水中向後划動，拉回時也要在水面上同時向前。踢腿採用蝶式踢腿（海豚踢），不能像捷泳般左右腳交互踢動。出發及每次轉身後的 15 公尺以內選手可將身體完全潛入水中，之後則必須將頭部露出水面。在每次轉身及抵達終點時，應以雙手觸壁。

接力、混合接力

接力為 4 人 1 組，可分為遵照自由式規定比賽的自由式接力，以及以不同游法（順序為仰式→蛙式→蝶式→自由式）接力的混合接力，其中混合接力最後的自由式規定不得使用仰式、蛙式和蝶式。混合接力最好就是由擅長各單項的泳將組隊參加，但要找齊四種泳式的專家實屬難事，因此比賽時一旦有好手出場，就很可能一舉改變局勢。

各項目的看點

自由式

現今公認速度最快的泳式是捷泳。設有 50 公尺、100 公尺、200 公尺、400 公尺、800 公尺、1500 公尺的項目。50 公尺賽事中，連女子組也愈來愈多選手不換氣直接游到終點，在觀眾面前展現驚人的速度與魄力。觀賽時不妨留意腳部的打水數，100 公尺等短距離比賽中，左右手臂各划 1 次，也就是共划手 2 次期間會打水 6 下；到了 800、1500 公尺的長距離賽事中，划手 2 次期間的打水數會變成 2 下，節奏變得平緩許多。

仰式

仰式這種游法其實可以想成將臉部朝上的捷泳。手臂的擺動方向雖與捷泳相反，但由於臉部都位在水面之上，因而可輕鬆呼吸，能看見選手的表情也是與其他項目截然不同的特點之一。轉播比賽用的水中攝影機可以捕捉到選手出發及轉身後蝶式踢腿的模樣，選手這時的動作確實就好比一隻海豚。擅長這種踢腿的選手浮出水面時，有時甚至會直接搶得領先位置。

蛙式

舉辦歷史最為悠久的項目，也是日本人一直以來擅長的泳式。蛙式遭受的水阻力由於比其他泳式大，因此相當重視增加泳速的技巧，選手必須在整體姿勢和手臂的拉回方式上下足功夫。一般認為雙腳的蹬腿動作就是提高速度的關鍵，相較於在其他泳式中，踢腿帶來的推進力約占整體的 5 ～ 10%，但在蛙式卻占了 70% 左右。泳速快的選手即便腳的動作不快，擺幅卻很大，還會利用腳掌夾水。相對地，近年來加快手臂划速的游法也十分受到關注，上半身的動作會非常激烈。是要平緩而幅度大，還是緊湊而激烈，游法上的差異也是一大看點。

蝶式

蝶式僅次於捷泳，是速度第二快的泳式。兩臂會同時擺向前方再把水往後推，藉此獲得推進力。此種泳式動作激烈，須併攏雙腳上下踢腿，光用看的就讓人覺得很耗體力。手臂的擺動和腳部的動作充滿力道，也有不少體格健壯、尤其是上半身格外發達的選手。雖然看似用盡了全身之力，但並非所有參賽者皆是如此，在觀賽時不妨留意那些猶如滑過水面般輕盈擺動身軀的選手。

接力

游泳項目中最常有選手失去比賽資格的項目就是接力。原因幾乎都是交接棒失利，下一位選手的腳部若在前一位選手觸壁前就離開出發台，便會喪失比賽資格。雖然是很基本的規則，但在大型比賽中所有選手都處於亢奮狀態，使得犯規經常發生。自由式接力的所有參賽者皆使用捷泳，因此賽事最後整個水面都會掀起偌大的波浪，由此可知比賽的激烈程度。接力賽的看點在於各隊王牌出場的時刻。接力賽通常會是各個大賽中的壓軸項目，因此已奪牌的選手是否能發揮實力游出好成績，將大幅左右比賽結果。

採用感應觸板計時

泳池會於各水道兩側裝設計時用的電子感應觸板，其大小為 2.4 公尺 ×0.9 公尺。感應觸板上端會露出水面超過 30 公分，於選手觸碰到的瞬間停止計時。採用的產品具有極高的靈敏度，只要輕微觸碰就會產生反應。

短距離與長距離賽事的看點

以距離區分賽事，可分為 50 ～ 200 公尺的短距離、800 ～ 1500 公尺的長距離，以及介於兩者中間的 400 公尺。短距離選手須具備速度，長距離則須具備耐力，造成游法上也會產生差異。自由式的短距離賽事中，選手一般會在 2 次划手間打水 6 次；長距離則是 2 次划手間只會打水 2 次，改變相當明顯。因此，觀賽時觀察選手的游法也是一大樂趣。

水道的分配

游泳項目會以 8 名選手進行決賽，並遵照相關規定分配所屬水道。以 8 條水道比賽時，於預賽、準決賽中速度最快的選手將分配至正中央的第 4 水道，成績次佳者至其左方的第 5 水道，接著以此類推交互分配至右側與左側。之所以這樣安排，是因為讓成績較好的選手在中央較不會造成波浪，進而影響其他水道。

泳裝的規定

男性選手的泳裝必須在肚臍以下、膝蓋以上；女性選手的泳裝雖能從肩膀延伸至膝蓋，但不得包覆頸部與肩部。男女泳裝皆禁止會造成他人不快的設計，或是多層次穿著，僅能穿著單件泳衣，泳衣或身體上也禁止貼上運動貼布。材質僅可採用纖維類織品，布料厚度為 0.8 公釐，就連最低透氣度等也有規範。

倒三角的體型

游泳選手由於必須具備強韌的體能與耐力，因此平時都會安排嚴格的鍛練。除了著重速度的高強度練習（短距離的來回訓練）外，還會透過重量與肌力訓練強化手臂與腿部的肌肉。如此一來會讓三角肌、小菱形肌（控制肩胛骨的肌肉）和大腿後側的肌群特別發達，進而形成俗稱的倒三角體型。

主要違規事項

身體中心超過水道繩

比賽時選手必須游在指定的水道中。水道寬 2.5 公尺，超出水道即為犯規。

下達「預備」口令時，身體有所動作

選手站上出發台後（仰泳選手則是握住出發台把手後靜止不動），工作人員會喊出「預備」的口令，接著等出發訊號響起後，選手們才可入水；然而若在訊號發出前身體有所動作，即構成犯規。

比賽途中站立於池底

轉身之際，選手腳部不得碰觸或行走於泳池底部，也禁止以腳踢蹬地面。

15 公尺的潛水規則

在出發或每次轉身後的 15 公尺以內選手可將身體完全潛入水中，但超過此距離即為犯規。即使在允許潛泳的項目中，潛泳超過 15 公尺也會構成犯規。由於過去曾發生仰式選手在比賽時有近乎一半的時間都以潛泳的方式藉此領先其他選手，所以才制定了這樣的規則。

泳池規範

泳池的水應為淡水，比賽時須保持靜止不流動。水溫以 25 ～ 28℃為基準，水位須為滿水狀態並維持一定高度。相鄰的水道以 1 條水道繩區隔，每條水道繩由直徑 10 ～ 15 公分的浮標串成，並且筆直固定於泳池兩端。水道的顏色也有相關規範。泳池雖會隔出 10 條水道，但實際比賽時只會動用 8 條，不會使用左右最外側的 2 條水道。

游泳術語

● **Stroke ＝**
意指游泳時划動手臂的動作，依泳式不同，1 次划臂代表的意義也會不同。在蛙式及蝶式中，動作 1 次就稱 1 次划臂；在捷泳和仰式中，左右手各划 1 次才算 1 次划臂。

● **Quick Turn ＝**
捷泳和仰式所使用的轉身方法之一。為了縮短時間，選手會在轉向的同時用腳觸壁。

● **Dolphin Kick ＝**
併攏雙腳上下擺動，由於看起來像海豚擺尾，因而得稱「海豚踢」。

● **Vassallo ＝**
指在蛙式及蝶式中，出發及每次轉身後僅靠踢腿潛泳前進。但這種方式最多只能游 15 公尺。

● **Reaction Time ＝**
選手在聽見出發訊號前，身體若有任何動作都視為偷跑。所謂的「反應時間」即是選手在聽到出發訊號後，到身體做出動作跳入水中的反應速度，據説頂尖好手只需 0.4 ～ 0.5 秒。

● **Lap Time ＝**
意指針對一定距離於中途所測得的時間，在游泳項目指的是計算單趟或往返泳池所需的時間。透過測量每隔單趟 50 公尺或往返 100 公尺的所需時間，來確認選手的泳速是否有變慢。

■優雅又動感十足的水中競技表演

水上芭蕾

英文名稱已從 Synchronized Swimming 更名為 Artistic Swimming。選手在泳池中展現優美華麗又動感十足的技巧，令觀眾無不為之著迷。

>>>>> 競賽場地

水上芭蕾用泳池

泳池大小須為 30 公尺以上 ×25 公尺，水深則須超過 3 公尺。由 2 組裁判評分，每組裁判有 5～7 人。

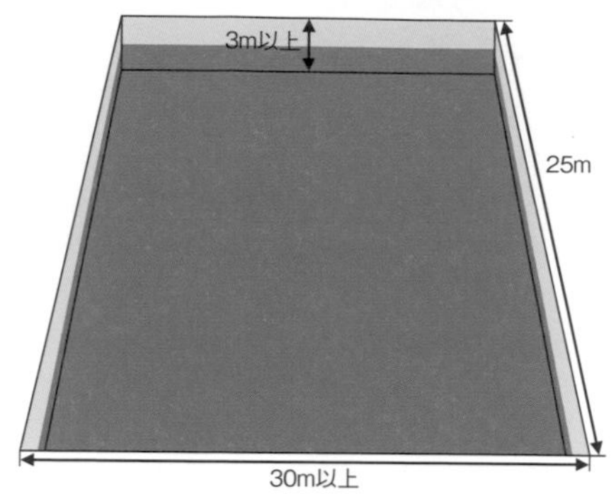

3 大觀賽基本重點

POINT 1 以游泳配合音樂演出，各種動作的完成度、協調性與藝術美感將決定評分結果

水上芭蕾的英文已從 Synchronized Swimming 更名為 Artistic Swimming，理由在於從表演要素到動作的完成度、呈現度都包含在評比項目內，而且除了演技優美外，也相當重視表演時的速度感等運動特性。奧運僅設女子組，共有 2 個項目，分別是 2 人搭檔演出的雙人賽，與 8 人聯手演出的團體賽。

POINT 2 第 1 次演出為技術自選，第 2 次演出為自由自選，兩項總合即為最後成績

無論是雙人賽還是團體賽，比賽內容都分為「技術自選」和「自由自選」兩部分。技術自選部分，雙人賽要在 2 分 20 秒內，團體賽要在 2 分 50 秒內完成演出；過程中會搭配音樂，並按照規定依序做出 7 ～ 10 種指定動作。最重要的原則在於除特定動作外，所有成員的動作必須完全同步。至於自由自選部分，雙人賽要在 3 分以內，團體賽要在 4 分以內完成演出；以音樂搭配自行編排的動作所展現的表現力和藝術性亦是評分重點。

POINT 3 水面上的腿部動作、水中的旋轉動作、跳躍和抬舉動作皆是看點

從選手進場走至泳池邊、入水前先擺好姿勢起，表演其實已經開始。滿面的笑容也是此種競技項目的特色與演出方式之一。選手會編排各種基本動作並運用全身展現各種技巧，包含腿部動作、旋轉、將選手舉起的抬舉、接著進行跳躍等等，充滿動感又令人屏息的表演讓人目不轉睛。

樂趣加倍！觀賽小知識

讓人驚呼連連的絕技

在自由自選部分，除動作的完成度和協調性外，表現力和藝術性也是評分重點。在團體賽中，選手會從水中將搭檔高舉甚至從高空躍下，這類動感十足的特技尤其吸睛。參賽者在水面上的表演和笑容深深吸引著觀眾，但這些演出基本上都會在水面下消耗大量體力。

重點在於強勁的腿力

選手透過訓練提高腹肌、頸部肌群、背肌等肌力，並加強體內循環系統機能、強化軀體柔軟度等。人稱日本水上芭蕾教母的井村雅代總教練曾表示日本選手的實力之所以大幅提升，強勁的腿力便是關鍵之一。她認為即使參加大賽也能毫無畏懼且俐落地舞動雙腿就是鍛練有成的證明。因此觀賽時，不妨多多留意選手的腿部動作。

需要超乎想像的體力

選手必須具備豐沛的體力，才能在水中做出激烈的動作。雖說完美的演出都是來自平日的練習，但說到選手實際的運動量，聽說一天的練習量就足以減掉 2 公斤。如果不攝取足夠的熱量就會變得過瘦導致體能下降，因此他們一天會吃下 5 ～ 6000 卡的熱量。一般成年女性的每日建議攝取量則約為 2000 卡。

身高可能是扣分原因

令人意外的是，身高居然被列為扣分規則。日本代表隊在挑選選手時設有身高限制，低於 165 公分就會被視為不符規定而扣分。為了要培育出體格符合世界級水準的選手，這麼做也算是情非得已。

服裝、髮型也是一大焦點

服裝是會左右演出內容與意象的關鍵要素，因此在設計上會配合表演內容及音樂，充分體現隊伍的個性與魅力。除了注重令人眼睛為之一亮的創意性，近來也愈來愈多融入民族特色的設計。髮型則會束成一束或是盤在後腦勺，並會抹上凝膠以免妨礙演出。

表演從入場就已經開始

水中的演出只是整體表演的一部分，這也是水上芭蕾的特徵之一。其實自選手進場走至泳池邊時，表演就已經開始，入水前擺出的動作與姿勢也是評分的一環。觀賽時不妨多加留意選手們步行泳池畔的姿態。

水上芭蕾的姿勢

構成演出的動作與技巧全是由基礎姿勢組合變化而來，一次演出即是展現一連串技巧性的組合動作，並穿插在水中前進、換氣用的接續動作。若是能先了解具代表性的基礎姿勢，觀賽時就更能樂在其中。

屈膝類

可分為面朝下水平姿勢、面朝上水平姿勢、垂直姿勢、拱背姿勢。此姿勢會彎曲單腳，並將該腳的腳尖置於伸直的腿部內側。

垂直類

以垂直狀態朝水面將身體打直。頭朝下雙腳併攏，頭部、臀部和腳踝要保持一直線。

芭蕾腿類

採面朝上水平姿勢，打直身體，臉部、腳部和前腿部都露出水面，接著再舉起單腳至垂直於水面。

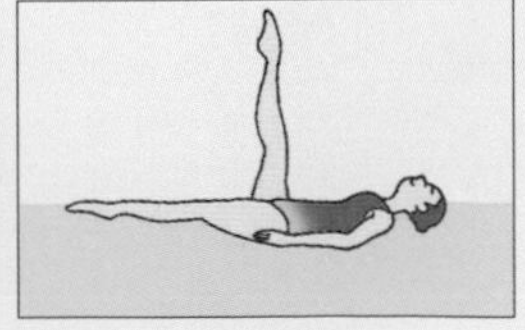

■有「水中格鬥技」之稱的球類競技

水球

2 支隊伍在限定的時間內，於泳池打造的賽場上擲球競爭得分高低。又被稱為「泳池中的手球賽」。

>>>>> 競賽場地

水球用泳池
賽場泳池深度須為 2 公尺以上，大小則是男子組 30 公尺 ×20 公尺，女子組 25 公尺 ×20 公尺，面積比籃球場還大。設置於兩側的球門高 90 公分，寬 3 公尺，且男女子組皆為相同尺寸。

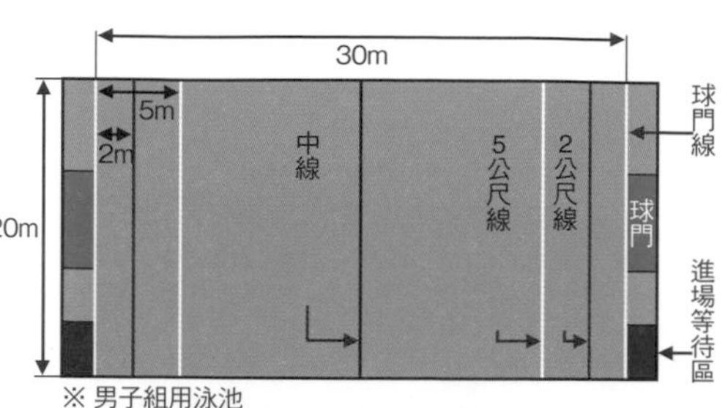

※ 男子組用泳池

5 大觀賽基本重點

POINT 1 7 人 1 隊上場，得分多者獲勝

1 支隊伍包含守門員在內由 7 人組成，並可配置 6 名候補於比賽期間隨時進行替換，沒有限制次數。比賽用球比排球大，但小於籃球。守門員以外的選手僅能以單手持球。

POINT 2 比賽分 4 回合進行，每回合 8 分鐘

裁判將球擲入泳池中央就意味著比賽開始，搶先拿到球的隊伍即擁有進攻權，以射門為目標。比賽分成 4 個回合，每次 8 分鐘；第 1 回合和第 3 回合結束後的 2 分鐘，以及第 2 回合結束後的 5 分鐘為休息時間。每隊在各回合都能請求 1 次為時 1 分鐘的暫停。

POINT 3 進攻開始 30 秒內若沒射門，將由對方得球

一邊游泳一邊比賽的選手基本上持球展開進攻後，30 秒內就要出手射門。若沒有在時間內射門，進攻權將移轉至對方隊伍。

進攻權

選手一拿到球，就會開始倒數為時 30 秒的「進攻時間」。一旦出手射門、球被對手搶走或犯規，就會重新計算 30 秒的進攻權。

POINT 4 可對持球選手採取較激烈的防守行為

違規情況大致可分為輕微犯規（一般犯規）和嚴重犯規（重大犯規），輕微犯規極大多數都發生在進攻方，守備方則很少見。尤其水球的特徵之一便是沒有特別規範針對持球選手的犯規行為，意味著防守方在防守時其實能對持球選手進行某種程度的肢體碰撞。

POINT 5

犯規規定多，且會大幅影響得分

水球是種犯規項目眾多的競技，且很容易影響勝負的走向。選手雙手持球、進攻方未能在 30 秒內出手射門，或推壓未持球的選手等，都會讓對手獲得擲自由球的機會。若是故意推壓未持球的選手，會被判定暫時離場一段時間，導致隊友必須在人數減少的情況下應戰。

樂趣加倍！觀賽小知識

各隊員位置的職責

前鋒
進攻中樞，也稱為「中前鋒」。配置在對手球門前負責射門。有時也會負責支開對手，創造進攻空間讓隊友射門。守備時負責封鎖對手的前衛。

前衛
守備中樞，也稱為「中前衛」。任務是鎖定對方的前鋒，防備其攻勢。由於同時是發起攻勢的中心人物，因此也兼任指揮進攻的角色。

邊鋒
除守門員外的場上球員，作為邊鋒進攻時會利用游泳擺脫防守，同時接球、自行射門或將球傳遞到前鋒手上。

守門員
守衛球門的位置，在球門前展開防禦態勢，阻擋對手的射門。是場上唯一能雙手觸球的選手。守住球門後，隨即成為反攻的起點。

主要違規事項

一般犯規（Ordinary Foul）
意指輕微犯規。進攻隊伍和防守隊伍都各自設有相關規則，但針對進攻方的規範較多。一經裁判判定為一般犯規，對手就會獲得擲自由球的機會，並從遭判犯規的地方擲出。

【進攻隊伍的一般犯規】
- 進攻方 30 秒以內沒能出手射門。
- 雙手持球。
- 以拳頭捶球。
- 將球沒入水中。
- 游過對方選手上方。
- 越位。　等等

【防守隊伍的一般犯規】
- 限制對方無持球選手的手腳活動。
- 推壓對方的無持球選手。
- 游過對方選手上方。　等等

重大犯規
比一般犯規嚴重的違規情況。若被裁定為重大犯規，必須暫時離場。

出場犯規
- 拉扯或壓沉對方無持球選手。
- 妨礙對手擲自由球、角球或終點前罰球。
- 比賽中擅自離開泳池。　等等

罰球犯規
當裁判認為若無該犯規行為進攻方就會得分的情況下，即判予罰球犯規。一旦判定為罰球犯規，對方就會獲得擲罰球的機會。相當於足球的 PK（Penalty Kick）。

- 於 5 公尺線內以犯規方式妨礙對手射門。
- 待機的選手進入賽場妨礙比賽時。

打蛋式踩水

比賽時選手的腳由於無法觸底，因此要做傳球等動作時，就必須保持直立的姿態游泳。這時採用的游法就是讓左右腳在水中交互旋擺的「打蛋式踩水」。

■於空中瞬間展現花式動作並優雅地入水

跳水

從 3 公尺或 10 公尺的高度躍入泳池的競賽。選手以各種近乎特技的姿勢在空中翻轉，入水姿態更是富含藝術美感。

3 大觀賽基本重點

POINT 1 分為跳板跳水、高台跳水和雙人跳水，依據動作美感和技巧進行評分

跳板跳水使用的是設置於 3 公尺高的跳板，高台跳水則使用高度 10 公尺的跳台，但兩種項目的差異並非只有高度。跳板跳水的跳板材質是以極具彈性的杜拉鋁製成，因此選手會從跳板上彈跳做動作後潛入水中；相較之下高台跳水的跳台較硬且不具彈性，所以不會彈跳，而是直接跳下做完動作。雙人跳水則是由 2 名選手同步做出相同的動作。

POINT 2 以起跳角度、空翻扭身的姿態與入水時的流暢度來爭取高分

起跳可分為面向前方跳下的「向前跳水」、面向後方跳下的「向後跳水」與往上跳後扭擺身體的「轉體跳水」。空中動作愈優美且入水時水花愈少的選手，就能獲得更高的得分。不管是參加哪個項目，選手都必須在幾乎只有短短 2 秒的時間內一決高下，並由通過預賽的 12 人進入決賽。

POINT 3 跳板跳水講求力道，高台跳水首重迅速俐落的翻轉，雙人跳水則強調協調性

選手會從各類技巧中選出不同的空中姿勢、翻騰周數、入水模式加以組合。跳板跳水的看點在於選手利用跳板的反作用力彈到空中後做出的華麗動作；至於高台跳水的跳台由於沒有彈力，因此選手最大的課題便是如何在滯空期間迅速又俐落地完成動作。雙人跳水則因為需要 2 人同步展現動作，所以必須具備高度協調性，評分時以動作完成度佔 40%，協調性佔 60%。

樂趣加倍！觀賽小知識

空中姿勢

空中姿勢分為 4 種，選手必須在比賽中採用任意一種姿勢。一是打直身體，不彎腰屈膝，指尖至腳尖都要伸直併攏的「直體」；二是身體從腰部對折，不彎曲膝蓋打直雙腳，看起來像蝦子一般的「屈體」；第三種的「抱膝」必須彎曲腰部和膝蓋、併攏膝蓋與腳踝，同時確實抱緊下半身；最後「任意姿勢」則是進行伴隨著扭轉身體的空翻時，可於滯空期間在空中隨時擇一加入直體、屈體或抱膝。

入水的最高境界「Lip Clean Entry」

得分的首要關鍵就是「入水」。跳進水中的瞬間，只要不揚起水花就能獲得高分。完美的入水動作被稱為「Lip Clean Entry」，在沒有掀起水花狀況下入水就只會聽到「啵」的一聲，猶如雙唇相互輕碰後發出聲響，水面也只會留下氣泡，是最能獲得高分的表現。堪稱是把水花和聲響全都帶入水中的最佳入水方式。

■在大海等自然環境下長達 10 公里的競泳

馬拉松游泳

公開水域游泳比賽中，總距離超過 10 公里的項目即為馬拉松游泳。僅會舉辦決賽，遵照國際統一的規則分成男、女子組一決勝負。

3 大觀賽基本重點

POINT 1 賽場並非泳池，而是在大海、河川、湖泊等大自然水域中，競逐長泳 10 公里的所需時間

賽事會在大海、河川、湖泊等自然環境下舉行，除了追求創下自身最佳紀錄，贏得比賽也是重點之一。雖說游最快的選手會成為贏家，不過在泳池裡的練習卻不一定能在實際比賽時發揮效果。游法上並無規範，選手可依個人習慣選擇適合的泳式。

POINT 2 具備關於水溫、風向、海流等在公開水域長泳的知識與技術

畢竟是在自然環境下游泳，因而有必要正確掌握比賽當天場地的天氣、水溫、氣溫、風向等自然條件。賽場若為海上，海潮流向、漲退潮的時間也都會大幅影響成績。這使得選手必須事前掌握賽場資訊，並具備能在類似環境下發揮實力的技術。

POINT 3 選手之間的碰撞與競爭也值得注目

出發後，選手可在事先用浮標標示出的 10 公里範圍內自由發揮泳技，比賽誰先抵達終點。一般來說游 10 公里約需 2 個小時，過程中除了自然環境的影響外，選手之間的意外碰撞也會影響比賽，尤其剛出發時還會有互撞的情形。此外偶爾也會遭遇水母等海洋生物，因此只有無論碰到何種情況都能勇往直前、發揮自身最佳實力的選手才能留下佳績。

樂趣加倍！觀賽小知識

主要違規事項

●選手站立於海底雖不會失去比賽資格，但不得步行或跳躍。
●不得故意觸碰或與主辦方伴游船隻接觸。
●不得穿戴或使用能提高耐力、浮力的裝備。
●不得從補給用棧橋投擲飲食，必須以補給用長竿或親手遞交給選手。

泳裝與裝備

馬拉松游泳規定不能穿著濕式潛水衣，可穿有袖或連身褲型的泳裝，亦可穿戴蛙鏡、泳帽、耳塞和鼻夾。由於比賽時間長，泳裝可能會磨傷皮膚，因此允許選手於賽前塗抹凡士林或綿羊油類的軟膏，亦能塗抹防曬油。

補給實況充滿樂趣

因為是種極度消耗體力的賽事，所以選手能從補給用棧橋獲取營養品，但依規定僅能透過補給用長竿或親手拿取，且竿子長度不得超過 5 公尺。當選手從補給用棧橋伸出的長竿上拿取營養品時，畫面就宛如置身釣魚場，令人莞薾。

■躍動感和細膩技巧所孕育出的華麗競技

競技體操

能欣賞到選手運用各式器材，正確有力地展現各種令人驚豔的動作。男、女子組使用的器材和項目不盡相同，各自的特色也是觀賽樂趣之一。

3 大觀賽基本重點

POINT 1

分數有動作難度的 D 分和動作實施度的 E 分，選手將以兩者相加的總分一較高下

動作依照難易度設有難度級別，動作難度的總分以及達成指定條件時追加的分數相加即是「D 分」。另一方面，根據動作美感、完成度和演出精彩度從 10 分滿分開始扣減計算的則是「E 分」。兩者相加後再減去選手若有超時等犯規造成的扣分，得到的分數便是該選手的成績。

POINT 2

男子組為 6 種項目，女子組為 4 種項目

男、女子組皆設有單項、個人全能和團體賽，男子組可分為地板、鞍馬、吊環、跳馬、雙槓和單槓 6 種；女子組則分為跳馬、高低槓、平衡木和地板 4 種。各單項、個人全能和團體賽會舉辦共通的預賽，由名列前茅的選手晉級決賽。所謂個人全能必須獨自完成所有單項比賽，團體賽則是 4 人 1 組。

POINT 3

高難度動作、具備美感的演出、落地穩定與否即是獲取高分的關鍵

獲取高分的首要條件便是編入高難度的動作，同時保持優美姿態展現動作的正確性與美感；而最容易看出成功與否的落地則必須確保腳步不能踉蹌失衡並確實站穩。若是選用充滿力道的高難度動作，展現兼具精確度與細膩的美感加上落地時又穩定的話，便會獲得高分。在女子組，韻律感等藝術性也是評分時的一大指標。

樂趣加倍！觀賽小知識

各單項、個人全能、團體賽的可看之處

各單項比賽由於聚集了專精於該項目的高手，因此無論哪種項目的賽事皆非常精彩。個人全能賽會由在各方面都有高水準表現的全能型選手齊聚一堂，很有可能單靠擅長項目就逆轉賽局，因此不到最後很難知道金牌落入誰手。團體賽則是以即便有一人失誤也能仰賴隊友扳回一城的團隊合作為最大看點。

動作難度級別分為 A ～ I

所有的動作都設有難度，從 A 到 I 共分成 9 個級別。每個難度都有對應的得分，以 A 為最低難度並依序升高。男子組賽事通常會以 10 個動作的總分，女子組賽事則以 8 個動作的總得分作為 D 分；其中只有跳馬是根據個別動作來決定 D 分，因此不像其他項目會以「〇難度」來代表分數，而是以「6.0」之類的數字呈現。

各項目介紹

競技體操的所有項目雖然在動作的魄力和完成度上有共通的看點，不過各單項仍有許多各自的特色。即使是同一項目，男、女子組的動作組合也會不同，其中更有男子或女子組獨有的項目，在觀賽時能欣賞到選手在各方面精湛的表現。

地板 |男子組・女子組|

器材特徵

男、女子組皆採用 12 公尺見方的場地，此範圍稱作體操地板，選手必須利用這個區域進行演出。為了應對選手彈跳的需求，地板底下通常會採用彈簧等具有彈力的構造。

主要動作（男子組）

塚原（Tsukahara）／月面空翻
● D 難度
向後團身 2 空翻 1 轉體

白井 3（Shirai 3） ● H 難度
向後直體空翻 3 轉體

柳金（Liukin） ● H 難度
向後團身 3 空翻

規則與看點

男子組須於 70 秒以內，女子組須於 90 秒以內完成所有動作，並規定動作安排上一定要使用到體操地板的四個角落。兩組最大的不同在於女子組會搭配音樂演出，除了類似於男子組的跳躍、空翻等動作，還必須具備配合音樂完成動作的表演力。空翻的高度、轉體的速度、連續做出高難度動作等，一連串流暢又充滿魄力的動作就是比賽的最大看點。選手若超過規定時間未完成動作即「超時」，跨越體操地板邊線即「超線」，無論男女組都會遭到扣分。

鞍馬 |男子組|

器材特徵

使用的台座狀如馬鞍，架設高度距離落地墊上方 105 公分。台座上設有名為「鞍環」的把手，選手會藉由抓握鞍環或是把手置於台座上來展現動作。

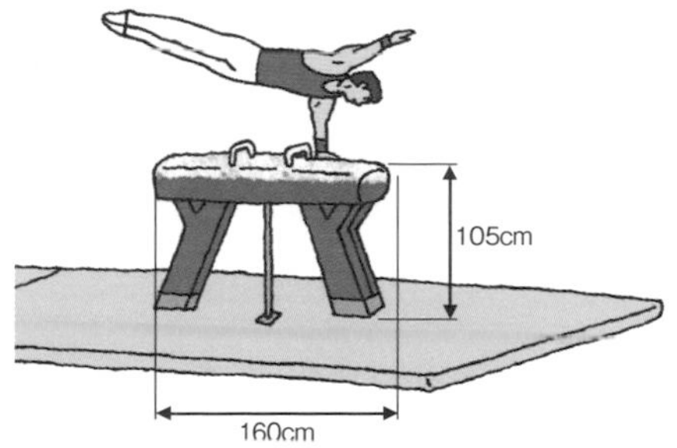

規則與看點

鞍馬從開始動作後到最後完成落地之前都不能有任何停頓，過程中僅靠臂力支撐身體，毫無停歇地完成一連串動作。基本動作有 4 種，分別是左右擺動身體的擺動技、以雙手為軸心並迴旋身體改變方向的動作、以迴旋力朝各種方向移位的動作、以及最後的落地。選手必須如行雲流水般不停轉動身體，因此節奏只要稍微一亂，就很難恢復到原本的狀態。此項目非常注重掌握節奏感和平衡感的能力，失敗風險相當高；腳碰撞到器具或跌落鞍馬時，就會被扣分。

主要動作

李寧 ● D 難度
正交叉 1/4 轉體，單環倒立後，落下分腿支撐

馬夏爾（Magyar） ● D 難度
自鞍馬邊端縱向往前移動至另一邊端

布斯那里（Busnari） ● F 難度
迴旋倒立後，轉體移動再迴旋

吊環 |男子組|

器材特徵

使用懸掛在支柱上的兩條鋼索，鋼索底端裝有吊環，最高處距離落地墊上方 2.6 公尺。在設計上，即便兩條鋼索往同方向旋繞，也不會交纏打結。

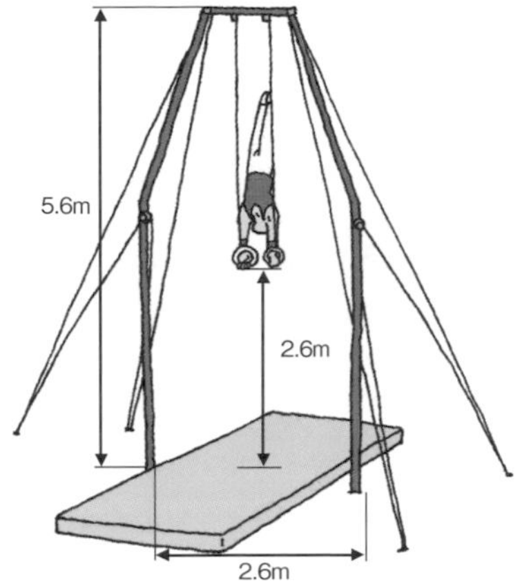

規則與看點

當選手在吊環上呈現垂吊狀態時，即代表開始動作，接著會憑藉臂力撐抬身體，展現各種技巧。這是最需要臂力的項目，由於選手必須握住並非固定的吊環在用力狀態下做出靜止不動的懸垂、倒立或旋轉動作，因此非常難控制身體。懸垂或倒立時的靜止動作若沒支撐超過 2 秒就會遭到扣分；最後的下環動作也十分困難，跌倒、踏出步伐等也會導致扣分。此項目最大的看點就在於選手猶如無視重力般靜止於空中的各種動作。

主要動作

山脇（Ymawaki） ● D 難度
向前團身 2 空翻懸垂

中山（Nakayama） ● D 難度
背朝上水平懸垂後十字懸垂

扎涅帝（Zanetti） ● F 難度
背朝上水平向上引體中水平支撐

跳馬 |男子組．女子組|

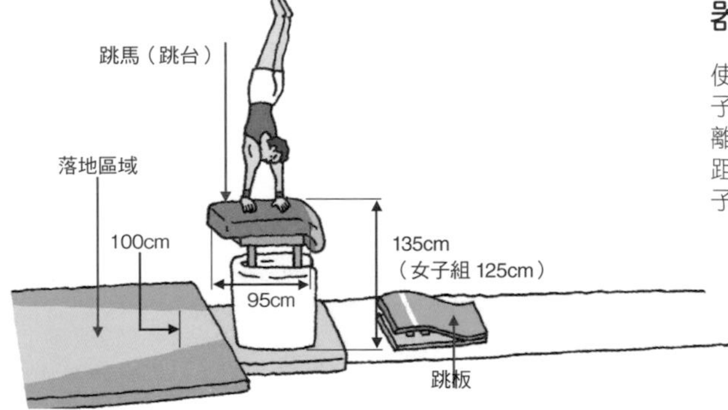

器材特徵

使用跳板和跳台，男、女子組的差別在於跳台距離地板的高度，男子組距離地板 135 公分，女子組則為 125 公分。

主要動作（男子組）

羅培茲（Lopez） ● 5.6
直體笠松（Kasamatsu，側翻跳 1/4 轉體向前團身空翻 1/2 轉體）2 轉體

白井／金熙勳（Shirai /Kim Hee Hoon） ● 6.0
直體尤爾琴科（Yurchenko，側手翻外轉（併腳側翻）接後翻跳向後團身空翻）3 轉體

布拉尼克（Blanik） ● 6.0
前翻跳向前屈體 2 空翻

規則與看點

選手起跳前要先向裁判提示預定施展的動作編號後才能開始。先在 25 公尺內完成助跑，蹬踏跳板，以手支撐跳台後飛躍而過，過程中會做出翻身、轉體等動作。由於一次跳躍只能展現一個動作，因此精彩之處全都濃縮在一瞬間。此外各動作不以難度區分，而是自有相對應的分數，最後成績會由 10.0 分開始往下扣減。只要完成高難度的動作，且姿勢毫無缺點、動作無懈可擊，再加上完美落地把扣分控制在最小限度，即是取得高分的關鍵。

雙槓 | 男子組 |

器材特徵

使用架設於落地墊上方 180 公分高的 2 根水平且平行的橫槓。2 根橫槓間距為 42 ～ 52 公分，以極具韌性的材質製成。

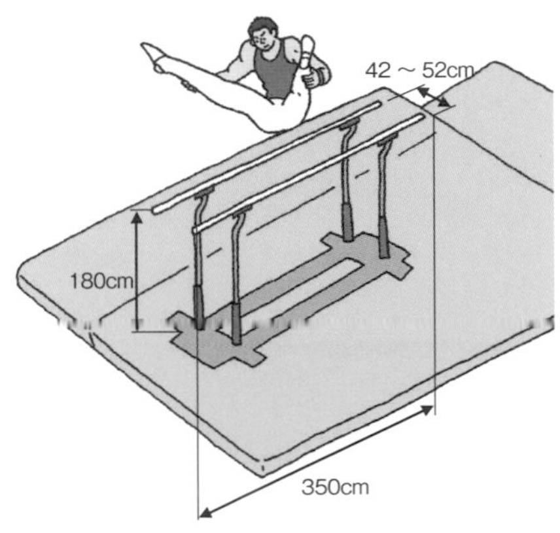

規則與看點

動作種類多元，有槓上空翻、懸垂（掛臂）、自槓下施展的姿勢等，是男子組中動作種類最多的項目。整套動作可分為上槓時的支撐、利用手臂支撐的臂支撐和懸垂掛臂 3 大類，以及落地時施展的下槓動作。選手會如行雲流水般施展動作，過程中有時又會突然靜止，這種動靜分明的表現正是可看之處。選手若倒立行進、腳碰撞到槓體、坐在槓上、自槓上掉下等，都會遭到扣分。

主要動作

森末（Morisue） ● D 難度
向後槓上團身二空翻臂支撐

滕海濱 ● F 難度
槓下空翻轉體倒立

加藤裕之 ● G 難度
向後團身 2 空翻 1 轉體

單槓 | 男子組 |

器材特徵

使用架設於落地墊上方 2.6 公尺高的鐵棒，棒體中有穿鋼索，以極具韌性的材質製成。

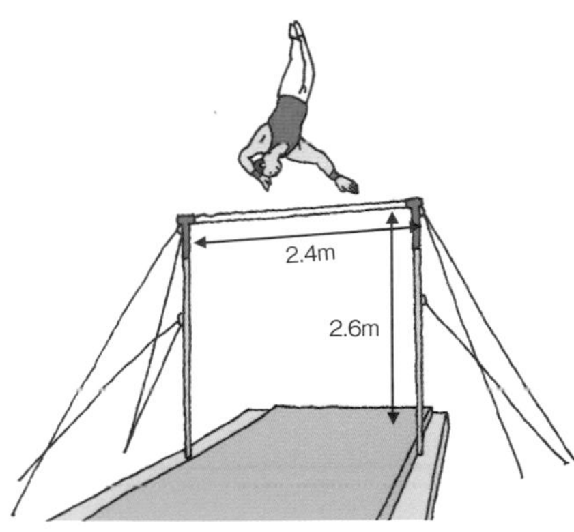

規則與看點

此項目以大迴環、鬆手飛行等動作而聞名。選手毫不停歇地利用離心力施展出的動作極具震撼力，也是比賽最大的看點。整套動作由大迴環、飛行、近槓和下槓動作構成；騰空施展的飛行動作充滿魄力，選手若是連續使用也會提高得分。下槓動作甚至會躍至 5 公尺左右的高度，直到落地前都令人目不轉睛。雖然過程中伴隨風險，但由於動作華麗而且氣勢十足，因此被視為男子組的招牌項目。

主要動作

多卡契夫（Tkachev） ● C 難度
懸垂前擺分腿後翻越懸垂

克爾曼（Coleman） ● E 難度
哥巴契（Kovacs，越桿同時向後團身 2 空翻懸垂）1 轉體

卡西納（Cassina） ● G 難度
直體克爾曼

宮地（Miyachi） ● I 難度
直體哥巴契 2 轉體

平衡木 | 女子組 |

器材特徵

使用架設於地板上方 1.25 公尺，長 5 公尺、寬 10 公分的平衡木。也可使用跳板，亦有跳躍乘上平衡木的動作。

主要動作

奧諾蒂（Onodi） ● D 難度
於平衡木上，後翻跳 1/2 轉體，向前倒立旋轉

希榭瓦（Shishova） ● F 難度
於平衡木上向後團身空翻 1 轉體

卡林森（Garrison） ● G 難度
側手翻外轉（併腳側翻）起跳
→向後直體空翻 1 轉體上平衡木

規則與看點

選手會在寬度僅 10 公分的平衡木上做出跳躍、旋轉等舞蹈類或空翻等花式動作，是女子組獨有的項目。所有動作須在 90 秒以內完成，並規定整套動作中花式動作最多只能 5 種，舞蹈類動作至少要有 3 種。空翻動作可說是取得高分不可或缺的條件，因此許多選手都會加以編排。除了良好的平衡感與身體柔軟度，花式動作更要求正確度與美感兼具；然而編入花式動作也會提高選手從平衡木上墜落的可能性，因此連觀眾都能感受到場上的緊張氣氛。如果超時未能完成動作、從平橫木上掉下或落地時身體搖晃，都會遭到扣分。比賽過程中即便掉下平衡木，只要 10 秒內返回就不會因中斷被扣分，並能繼續未完的動作；一旦中斷超過 60 秒，就會被視為動作已施展結束。

高低槓 | 女子組 |

器材特徵

使用高度不一、平行配置的 2 根槓體。較高的一邊有 2.5 公尺高，較低的一邊為 1.7 公尺，彼此則間隔 1.8 公尺。

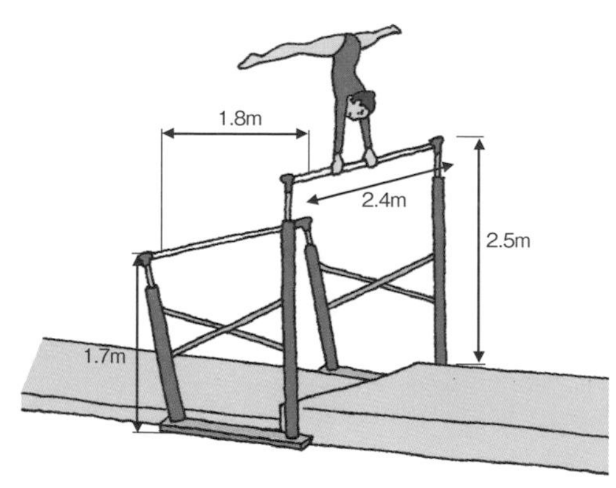

選手會編入飛行動作、迴環等旋轉動作，以及翻越槓體或空翻等動作，在女子組的 4 種項目中也是視覺上最具震撼力的比賽。施展動作的時間並無限制，參賽者使用跳板成功上槓後就會在 2 根橫槓之間不斷地移動，一氣呵成地展現各種強勁有力又優雅動人的動作。

主要動作

馬蘿妮（Maloney） ● D 難度
於低槓向後旋體倒立，接著背向飛躍上移，懸垂高槓

柯曼妮奇（Com neci） ● E 難度
高槓支撐，向後往上擺體，向前分腿空翻懸垂高槓

科莫娃（Komova） ● E 難度
併腳薛特爾達（Stalder，向後併腳騎坐旋轉倒立）接著背向飛躍 1/2 轉體上移，懸垂高槓

得分計算方式

負責評定D分的2名裁判會各自確認選手動作，統計可行的動作數量來計算分數。2人算出的分數若是相同即為D分，不一致時就必須互相確認出現落差之處並得出共識。負責評定E分的裁判有5人，各自針對失誤動作（膝蓋彎曲、落地時不穩等）評分，從滿分10分開始倒扣並計算選手成績。5人的計分最後會排除最高和最低者，以其餘3個分數的平均值為E分。

項目順序

競技體操項目有一定的進行順序，基本上男子組是地板→鞍馬→吊環→跳馬→雙槓→單槓，女子組則是跳馬→高低槓→平衡木→地板。各單項、個人全能和團體賽全都依照此順序進行。不過為了能讓賽事順暢，男子組會分成6組，女子會分成4組同時進行各單項，因此以鞍馬開賽的組別，最後參加項目即為地板。

動作名稱的由來

競技體操的動作名稱都會冠上發明且成功施展該動作的選手名，也就是會成為新的動作。但首先必須在開賽前向大會提出申請，並在該比賽中成功施展，如此一來新動作才會冠上申請選手的名字。若是有兩名選手同時申請且雙方皆成功施展動作的話，則會同時冠上兩人的名字；換句話說，如果在各種項目都出現同一位選手的名字，就意味著該選手發明且成功施展的動作之多。當中不乏許多日本選手的名字，近來像是白井健三選手、加藤凌平選手、田中佑典選手、山室光史選手、杉原愛子選手等人都各自擁有同名的動作。

動作數量不斷增加

競技體操自1896年的雅典奧運以來正式成為競賽項目，在這超過120年的時光裡，體操的動作也隨著時代一同變化。有的動作因進化而消失，有的則因不合時宜而不再受到認可，也有的因為危險性過高而遭到剔除。即使如此，隨著賽事不斷進化，動作數量依然年年增加，目前登錄於男子組規則手冊中的動作就超過800種。

由多人齊心協力的團體賽

決賽時會由1隊4人中的3人參與各項目，3人的總得分即為該隊得分。由於只要有1人失手就會拉低全隊成績，因此選手都十分繃緊神經。預賽第1、2名的選手與隊伍最後進行的項目分別是男子組的單槓和女子組的地板，由於最終項目結束後將會決定名次，因此最後項目的表現自然至關重要。尤其是男子組是以具有高難度飛行動作和落地較為困難的單槓為最後的項目，因此各隊伍都會拿出看家本領，相當值得一看。

服裝規定

男子組上半身必須穿著繡有所屬國家或單位的體操服，下半身穿長褲，腳著襪子。僅有地板和跳馬長短褲不拘，穿短褲時亦可同時打赤腳。女子組基本上以不透明材質、不開高衩的緊身韻律衣為主，要打赤腳或穿襪子皆可。違反服裝相關規定時，個人項目扣0.30分，團體賽則會扣隊伍總分1.00分。

日本傳統強項，世人盛讚為「美妙的體操」

日本男子體操過去有「體操強者」的美名，在無數的大型比賽中留下令人驚嘆的好成績。除了動作的多樣性，既正確又細膩優美的表現力在世界上一直都有極高的評價。但是，在重視高難度新動作的時代到來後，日本沒能趕上這股浪潮，有段時間陷入難以奪得金牌的低潮期；雖然不是毫無佳績，但過去「體操強者」的招牌卻逐漸斑駁。然而在這段低潮期間，選手們回歸初衷重新審視以往全神貫注、兼具準確度與美感的傳統體操，並藉此打下紮實的體操基礎，即便是高難度動作也能優雅地呈現。近年來更是不斷發明新動作，實現難度與美感兼具的體操表演。

■以藝術性為評分考量之一的華麗競技

韻律體操

運用手具配合音樂展現動作的計分式競技。男子韻律體操尚未列入奧運正式項目，手具與規則也與女子組稍有不同。

>>>>> 競賽場地

體操墊
個人與團體項目的所有動作皆須在邊長為 13 公尺的正方形體操墊上完成。選手可在體操墊的各個角落盡情發揮，但一超出範圍就會扣分。

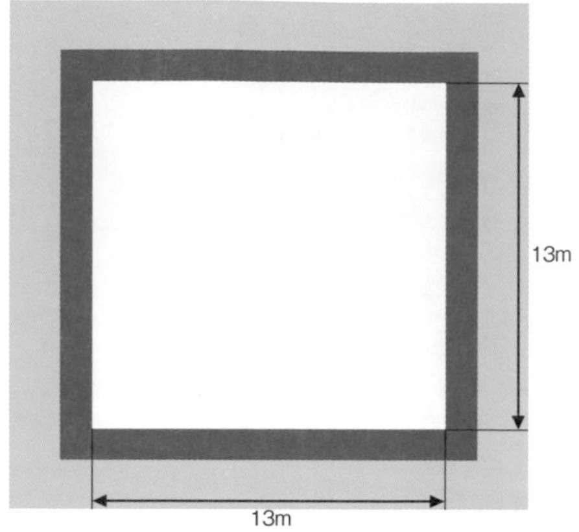

4 大觀賽基本重點

POINT 1 以動作編排內容及難度（D 分）與動作實施度（E 分）進行計分

體操類競技會由裁判透過以分數量化動作難度的「D 分」與同以分數代表動作實施度的「E 分」進行評分後，將兩者加總來決定名次。韻律體操的個人及團體項目的 D 分都無分數上限，E 分則由 10 分開始往下扣減，D 分和 E 分的總和便是選手的最後得分。D 分會依據身體及手具的動作難度和韻律步伐等加高分數，E 分則是會針對藝術或技術性的缺失扣減分數。

POINT 2 以流暢度、美感和藝術性為關鍵

洗鍊的優美動作與融入配樂的表現手法，便是韻律體操的最大看點。除了技巧性，還能見識到選手優雅的氣質、與音樂完美結合的身體及手具動作，以及故事性和美感兼具的動作構成。

服裝與妝容也很重要

選手所穿著的緊身韻律衣在設計上都相當講究精緻，而華麗的妝容也是不可或缺的。

POINT 3 依手具共有 5 種項目

用於韻律體操比賽的手具共有 5 種。「環」的動作包括拋至高空再接住，或從中穿越等；「棒」為 2 根 1 組，主要有用手如風車般轉動或拋出的動作；「帶」的動作會以手畫圈讓其呈現螺旋狀，或拋至空中等等；至於「繩」除了能像跳繩般使用外，也能拋至空中或纏繞於身。最後「球」的表演動作可在地板上滾動，或順著身體線條滾動等。

POINT 4

個人賽看點在於流暢且極具速度感的動作；團體賽動作整齊而多變，震撼力十足

個人賽精彩之處在於身體動作與手具操作的難度、準確度，以及一連串流暢俐落的動作。團體項目為 1 隊 5 人，動作的難度高低和藝術性自然不在話下，全員是否能整齊劃一地呈現動作也是關鍵。比起個人，團體賽的看點就在於震撼程度更勝一籌。

樂趣加倍！觀賽小知識

各項目的看點

環

環的操作特徵在於旋轉、拋接、從中穿過、在地板或身上滾動。高高拋起後再以手或腳接住，或是在鑽環的同時接住，這般令人捏把冷汗的絕技正是精彩之處。有時可見到選手把環拋到幾近會場頂棚，如此大膽的高空拋接雖然能夠炒熱氣氛，但萬一漏接就會被扣非常多分。

帶

韻律體操最華麗的項目，勝負關鍵在於是否能讓彩帶流水般的形狀與自身優雅的動作完美配合。選手精湛的拋接技巧以及被拋至空中的彩帶所畫出的美麗拋物線都是值得注目的焦點。彩帶若是碰到地板或是交纏打結，都會成為扣分對象。

球

如同身體的一部分一樣操控體操球的技巧十分值得一看。觀賽時不妨留意選手在賦予球嶄新律動的同時，所展現出的各種柔軟的動作與張力。細膩與奔放動作的協調搭配也是不可錯過的看點。除漏接之外，用力抓球或用雙手接球都會遭到扣分。

棒

好比舞動指揮棒一般將 2 根體操棒來回轉動或拋接的精密操作技巧即是最大看點。有時左右手還會進行不一樣的動作，例如右手拋接的同時，左手則轉動手中的體操棒。此外，選手同時拋出 2 根體操棒或者連續不斷拋接時的動作更是不可錯過。然而一旦漏接就會遭到扣分。

繩

特徵在於躍過體操繩或將其纏繞於身，一邊踏出輕快步伐或展現極具動感的跳躍。觀賽時除了留意跳躍的美感和速度感，持繩和拋繩方式等技巧也是一大看點。繩子若是落地變得歪七扭八、毫無張力，都會成為扣分對象。

並不會一次舉辦所有項目

個人賽會從 5 種項目中擇 4 種舉行（每年度重新指定），再以 4 項總分進行排名。各項目演出的時間皆為 1 分 15 秒至 1 分 30 秒。團體賽則是以全員持同種手具，以及共使用 2 種手具的兩項得分總和來決定名次。各項演出的時間為 2 分 15 秒至 2 分 30 秒。

手具簡介

環

以木頭或塑膠材質製成，內徑 80～90 公分，重 300 公克以上。

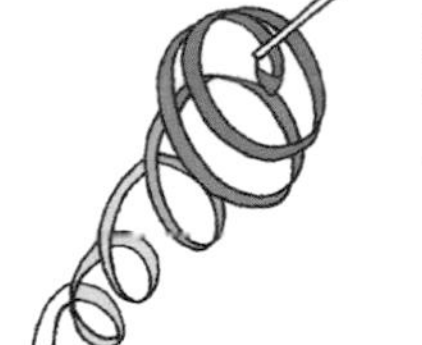

帶

飄帶部分以緞或類似材質製成，長 6 公尺以上。

棒

以木頭或塑膠材質製成，長 40～50 公分，重 150 公克以上。

繩

以麻或合成纖維製成皆可，選手可各自選用適合的長度。

球

以橡膠或合成材料製成，直徑 18～20 公分，重 400 公克以上。

■較量高度與美感的空中比賽

彈翻床

一種展現彈跳高度和華麗空翻的體操競技。儘管在空中的動作極其優雅，選手各個都必須具備一次決勝負的專注力。

>>>>> 競賽場地

彈翻床
用於跳躍與著地的纖維部分俗稱「床」，外圍畫有四角形的邊框，比賽時選手會在此範圍內展現動作。

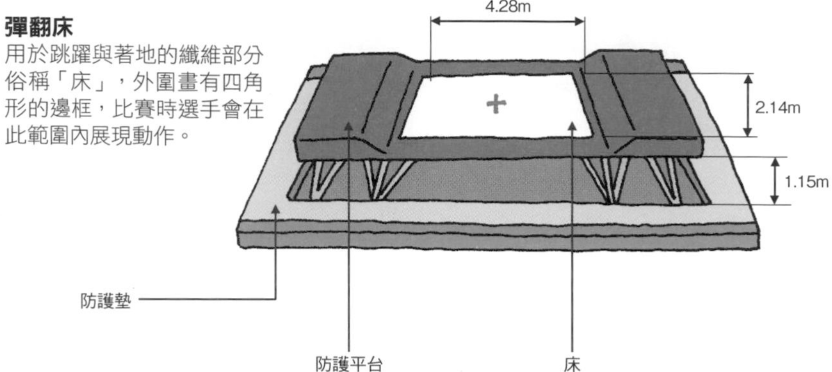

3 大觀賽基本重點

POINT 1 以技術分、難度分、跳躍時間分與位移分的合計分數一較高下

過去比賽計分主要有三大項，分別是針對姿勢或動作完成度的技術分「E分」，評判空翻、轉體動作難度的難度分「D 分」以及量測跳躍高度的跳躍時間分「T 分」，但自 2017 年起追加了位移分「H 分」，用來評價著地時的位移程度。這代表如今不僅是空中動作，連著地也已經成為評分重點之一。

POINT 2 空中的各式翻轉正是奧妙之處

比賽時各式華麗的空中動作中，最能吸引觀眾目光的不外乎是空翻和轉體這類宛如特技般的高難度技巧。由於高難度動作會加計難度分，對想要在比賽中獲取高分的選手而言可說是勢在必得。各翻轉有其對應的分數，原則上每轉體 180 度加 0.1 分，每縱向旋轉 90 度加 0.1 分，1 空翻（360 度旋轉）加 0.5 分，2 次空翻加 1.0 分，3 次空翻加 1.6 分。

POINT 3 10 種不同動作組成的連續動作令人驚豔

比賽時，每次上場都必須在做完相當於助跑的預跳後，連續進行 10 次跳躍，且每次跳躍都必須由不同的動作組成。其中又以運用彈翻床的彈性做出的高旋轉數空翻較能爭取更多分數，因此男子組的頂尖選手在 10 次跳躍中有一半以上都會編入 3 次空翻的動作。

樂趣加倍！觀賽小知識

空翻的基本空中姿勢

Straight
（直體類）

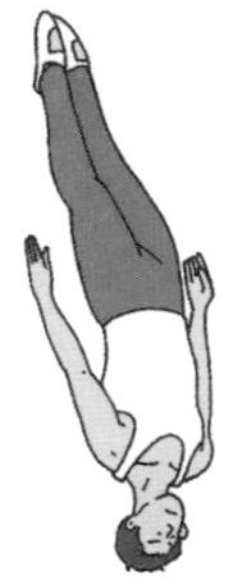

將手置於身體兩側的直體類型，也稱為「倒懸垂（Layout）」。須注意變成挺胸凸臀的錯誤姿勢。

Tuck
（團身類）

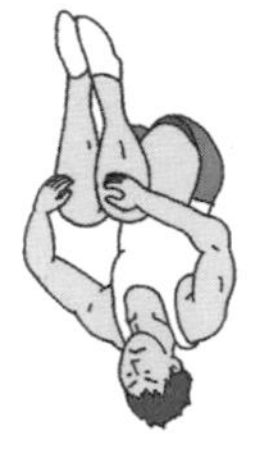

像是抱膝般彎曲身體的姿勢。是在這裡提到的3種姿勢中旋轉半徑最小的。

Pike
（屈體類）

伸直腿部將身體屈成「く」字型，須具備一定程度的身體柔軟度與肌力。

旋轉數與轉體模式

前後空翻的次數愈多，難度分就會愈高，甚至還有能做出4空翻的選手。此外，空翻加轉體也是得分關鍵。由於前空翻加1/2轉體，或者後空翻加1轉體會比較容易著地，若要提高轉體數通常都會各增加1次轉體。順帶一提，著名的競技體操動作「月面空翻」，據說就是從彈翻床向後2空翻1轉體的動作「Half in half out」演變而來。

除了用雙腳著地以外，背部、腹部也OK

比賽中，選手著地時不僅可用腳底著地，也能以臀部、背部或者腹部著地（趴臥姿勢）。不過，練習中常用的膝蓋著地，在正式大賽中會被判定違規。然而不用腳底站立著地的話接下來就很難跳出高度，因此頂尖選手在進行自選項目時幾乎都是使用腳底著地。

預賽與決賽的動作構成

彈翻床的預賽與決賽各有各的動作構成。首先，預賽中會以第1和第2共2套動作進行評分；第1套動作中展現的10種動作都必須為空翻動作，而且只會取其中4種計算難度分。第2套動作則會排除第1套動作的加分對象，由其它動作組成。決賽則僅有1次自選動作演出，包含預賽使用過的動作在內，選手能自由編排動作套路。

以紅外線感測儀測量彈跳高度

裁判方會透過設置在彈翻床的跳躍時間測量機，針對動作給出跳躍時間分。紅外線感測儀器會捕捉彈翻床的沉陷，藉此量測選手的滯空時間，1秒為1.0分，以1/200秒為單位反映出各動作的得分。

亦設有雙人項目

彈翻床比賽除了個人及團體項目外，也設有雙人項目。在這個項目中，日本無論男女選手都具有頂尖實力，為世界錦標賽獲得冠、亞軍的常客。只可惜目前雙人項目還未被列入奧運的正式比賽項目。

■比劃剎那之間的華麗劍技

擊劍

擊劍這種競技只要持劍刺擊、劈中對手有效部位就可得分，是一種發源於中世紀歐洲的運動。

>>>>> 競賽場地

劍道 比賽會在稱為「劍道（Piste）」的細長型專用板上舉行。劍道寬 1.5 ～ 2 公尺，長 14 公尺，採用不易打滑的材質，以對應選手激烈的動作。

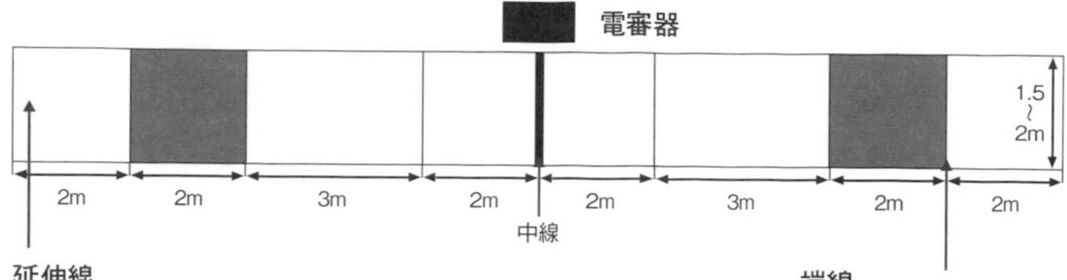

延伸線
選手的雙腳若是進到這塊區域，對手即得分。

端線
劍道的邊線，往前算 2 公尺的區域是告知選手已靠近端線的警告區。

4 大觀賽基本重點

POINT 1 以劍刺擊對手身體有效部位等來累積得分

擊劍是由 2 名選手持劍對戰的格鬥型比賽，基本動作是以劍進行「刺擊」，稱作「Touche」。共分為 3 種項目，使用的劍種和能夠得分的有效部位皆有所不同，並各設有個人賽和團體賽。

POINT 2 項目有鈍劍、銳劍、軍刀

總共設有鈍劍、銳劍和軍刀 3 種項目，比賽用劍的長度、形狀與重量等都大相逕庭。由於依項目之別能得分的有效部位也不同，因此只要事先了解各項目有效部位的差異，就能添增觀賽時的樂趣。

鈍劍（Foil） 基本比賽項目。以「刺擊」較量得分，僅「刺擊」為有效動作。先伸出手臂以劍尖指向對方的選手，就能獲得「攻擊權」，且只有取得攻擊權的選手發動的刺擊才會被視為有效擊中。然而當對手擋開劍尖，反過來用自己的劍尖朝向原本的選手時，攻擊權就會轉移到對方手上。雙方激烈爭奪攻擊權的攻防戰正是賽事最精彩的地方。除了頭部、雙腳和雙臂外，穿著電衣的軀幹部分都屬於有效部位。

銳劍（Epee） 風行全球，在歐洲尤其熱門。和鈍劍同樣以「刺擊」為關鍵，但沒有攻擊權的規定，且全身皆是有效部位，因此無論擊中何處都會判定有效。由於沒有攻擊權的限制，所以最大的特徵便是接連出招的快速攻擊。

POINT 2

軍刀（Sabre） 與前兩者最大的不同在於，除「刺擊」外「劈砍」也是有效動作，並和鈍劍同樣有攻擊權的規定。以劍尖刺擊或用劍身劈砍均被視為有效攻擊，有效部位為腰部以上，且包含頭部和雙臂。軍刀的樂趣就在於可以看到其他 2 種項目中見不到的劈砍攻防。

POINT 3

比賽時間為每局 3 分鐘，採 3 局制，先搶下 15 分者勝出

鈍劍、鋭劍、軍刀皆設有個人賽及團體賽。鈍劍及鋭劍會比賽 3 局各 3 分鐘，由率先搶下 15 分者獲勝；軍刀項目則由一方先獲得 8 分後休息 1 分鐘，接著以率先取得 15 分者勝出。團體賽為 3 人 1 組，因此總共會有 9 局。

POINT 4

以電審器判定攻擊

比賽時皆由電審器判定雙方發動的攻擊。電審器會設置於劍道中央，並透過連接電路的體線經由捲線器與選手相連。該電線會連接至選手身穿的電衣和劍，藉此判定「刺擊」等命中對手時的攻擊點。一旦刺擊命中有效部位，電審器就會亮起有效燈號；若是命中無效部位則會亮起白色燈號。

樂趣加倍！觀賽小知識

擊劍的裝備與武器

劍　依項目不同會使用不同劍種。鈍劍長度須為 110 公分以下，重量不得超過 500 公克，材質柔韌，「刺擊」時施加的壓力大於 500 公克才算有效攻擊。鋭劍使用的劍長度須為 110 公分以下，較鈍劍堅硬且稍重，但不得超過 770 公克，「刺擊」施加的壓力應大於 750 公克才算有效攻擊。軍刀使用的劍長不得超過 105 公分，重量須低於 500 公克以下。至於護手盤的大小要能覆蓋住手背。

電衣　鈍劍、軍刀項目的電衣須包覆住腰部以上的身軀。鋭劍則不會穿著電衣，而是包覆身體直至大腿根部的白色制服。

護身衣　穿在電衣或制服裡面的短袖防護衣，用來減緩劍的衝擊力道，提供雙重保護。

面罩　分為鈍劍與鋭劍用的「絕緣面罩」以及軍刀用的「導電面罩」。附於面罩下方的護喉部分是為了保護頸部。

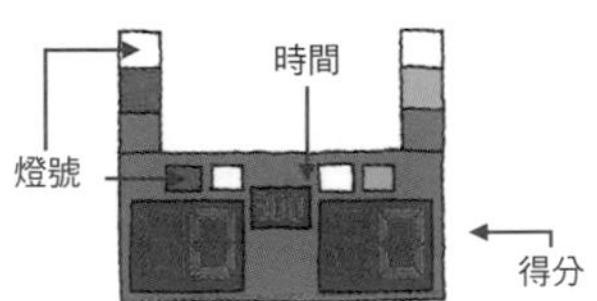

電審器的判讀方式

鈍劍比賽中，選手有效得分時會亮起紅燈或綠燈，無效時亮白燈號。鋭劍比賽中，有效得分時會亮起代表有效的燈號（紅或綠）。軍刀比賽時只要以劍擊中有效部位就會亮起代表有效的燈號（紅或綠），無效時則不會亮燈。

主要違規事項

擊劍是項注重禮節的運動，選手在比賽開始前和結束後都會互相敬禮、握手。一旦出現無視禮節、對裁判暴言相向等無禮行為時，會受到勒令退場、剝奪出賽權等懲處。此外若是踏出劍道邊線，即使刺擊擊中也不算得分。故意衝撞對手，或用未持劍的手遮擋有效部位皆視為犯規。

擊劍術語

- En garde ＝擊劍的基本姿勢。
- Marche ＝前進一步。
- Rompe ＝後退一步。
- Parade ＝擋開對手的劍。
- Touche ＝當裁判判定「刺擊」有效時的口號。
- Fente ＝攻擊時的基本姿勢，伸出持劍的手臂並大步踏出同一側的腳，同時伸展另一隻腳的「刺擊」動作。

■自古就令大眾為之瘋狂的格鬥技

角力

以體重區分比賽級別，由 2 名選手徒手搏鬥，堪稱最古老的格鬥技。透過壓制勝或賺取有效得分來一較高下。

>>>>> 競賽場地

角力墊
於設置在室內的角力墊上進行比賽。角力墊大小為邊長 12 公尺的正方形，厚度約 10 公分，但經國際認證具足夠彈性者則不受此限制。

中心預備區
選手會先在此面對面站好，隨即開始比賽。

角力區

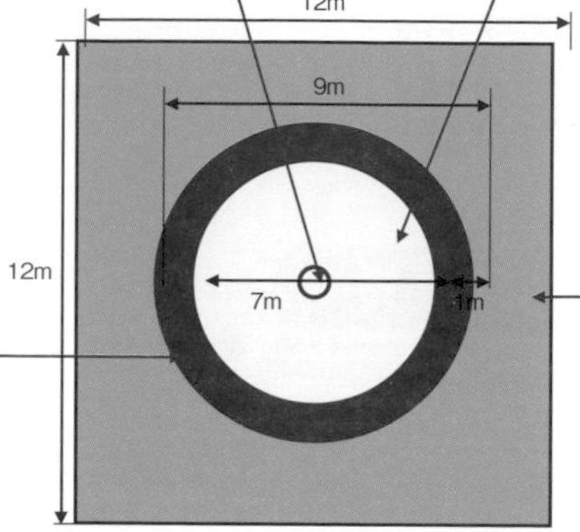

保護區
選手一旦進入這塊區域，比賽就會中斷，裁判會命令該選手返回中心區。

消極區
警告選手已快踏出比賽場地的區塊，又稱為「紅區」。

5 大觀賽基本重點

POINT 1 比賽時間為每回合 3 分鐘，採 2 回合制

比賽採 2 回合制，每回合限時 3 分鐘，總得分較高者得勝。選手取得「壓制勝」時，比賽隨即宣告結束；除此之外的獲勝方式還有拉開一定得分差距取勝的「大差分優勝」以及「技術優勝」。勝負由裁判定奪，裁判團共有 3 名裁判，分別是在角力墊上判決比賽情形的執行裁判、位於角力墊外側的主任裁判和計分裁判。

POINT 2 可分為希羅式與自由式

角力又分為「希羅式」和「自由式」2 種競技模式，但女子組僅設自由式角力。此外，男、女子組皆依體重分級，由量級相當的選手進行對戰。

POINT 3 經判定為壓制勝，比賽即刻結束

比賽共有 2 回合，每回合限時 3 分鐘，回合之間設有 30 秒休息時間。但比賽途中一旦判定為「壓制勝」，將不計在此之前的得分情形，由取得壓制勝的選手勝出，比賽隨即結束。

壓制勝（Fall）

於希羅式與自由式賽事中，一方選手只要雙肩同時觸及角力墊超過 1 秒鐘，另一方選手即取得壓制勝。此外，比賽途中也可能出現一方得分大幅領先對手，進而取得「大差分優勝」。希羅式比賽當雙方差距來到 8 分，自由式比賽差距至 10 分時，即由高分者獲勝。

POINT 4

希羅式以拋摔，自由式則以擒抱為主

希羅式通常使用上半身進攻、防守，由於禁止攻擊腰部以下的部位，因此基本採取立姿或地板動作，而由此衍生出的拋摔技巧十分值得一看。自由式則是利用全身發動進攻或防守，可分為立姿、地板和腿部招式，其中抓住腿部的擒抱攻勢相當精彩。日本擅長的則是自由式角力。

POINT 5

讓對手陷入不利狀態就能得分

壓制勝以外的取勝關鍵，在於有效施展各種招式後獲得的分數差距。選手依招式種類可獲取 1 至 5 分不等的分數，在積極進攻時獲得的分數中，從立姿進而將對手摔倒可得 4 分，以地板招式將對手摔倒則獲得 5 分。此外，讓對手陷於不利狀態亦可得分，例如從立姿讓對手出界便能取得 1 分。

樂趣加倍！觀賽小知識

體重級別

男、女子組以體重分級，依量級進行比賽。詳細量級區分如右表所示。

	男子組	女子組
自由式	57kg 級	50kg 級
	65kg 級	53kg 級
	74kg 級	57kg 級
	86kg 級	62kg 級
	97kg 級	68kg 級
	125kg 級	76kg 級
希羅式	60kg 級	
	67kg 級	
	77kg 級	
	87kg 級	
	97kg 級	
	130kg 級	

主要違規事項

以下行為會被判定為犯規或遭裁判警告：

- ●拉扯頭髮。
- ●咬。
- ●以頭部撞擊對手。
- ●抓皮膚、扯手指。
- ●拉扯角力服。
- ●將手臂往背後彎折超過 90 度
- ●以拳頭或踢擊攻擊對手。
- ●進行抱頭摔時，不得只固定對方頭部。

除伴隨危險性的動作外，當一方犯規或攻勢消極時，裁判會給予「警告」。此外，比賽時選手有義務隨身攜帶止血用的白手帕。

鼓勵積極進攻的自由式角力

自由式角力中，對於裁定選手的消極態度十分嚴格。首犯時，裁判會口頭警告；再犯的話則會判給 30 秒的進攻時間（進攻得分時間），該選手若未能在此時間內得分，就會失去 1 分，並記警告 1 次。第 3 次之後同樣都會判給消極選手進攻時間，然而一旦累計 3 次警告，即會判定該選手敗陣，比賽隨即結束。

不服裁判結果時，選手可以提出申訴

若是對判決有意見，選手方有權要求調閱錄影片段。每場比賽輔助員可以向裁判團提出 1 次申訴，方法通常是將和該選手角力服同色的海綿丟至場上。但要申訴也必須經過選手本人同意，有時選手也會加以拒絕。

只要贏的一方晉級決賽就還有希望——敗部復活賽

比賽採淘汰制，準決賽的勝者晉級金牌賽，敗者晉級銅牌賽。在 16 強與 8 強賽中輸給 2 名晉級決賽者的選手可進入敗部復活賽，取勝的 2 人可晉級銅牌賽。銅牌賽會舉辦 2 場，由獲勝的 2 名選手位居銅牌，輸的選手則成為第 5 名，因此銅牌與第 5 名的位置會各有 2 人。

主要招式

可分成選手使出的招式經判定有效而得分，與使出招式讓對手陷入特定狀態而得分。

自由式　希羅式

壓制

按倒對手，讓對手雙肩同時觸及角力墊超過 1 秒鐘，經執行裁判判定為「壓制勝」後隨即勝出，比賽宣告結束。

自由式　希羅式

擒抱

可說是角力的基本進攻招式。選手趁隙衝向對手，架住、控制對方。希羅式角力會使用上半身擒抱；自由式則依選手鎖定的部位分成雙腿擒抱或單腿擒抱。

自由式　希羅式

滾橋

自後方扣住對手的腰部後往側邊翻轉的動作。由於翻轉時對手雙肩會瞬間觸及地面，因此能獲得 2 分。

自由式

鎖踝

滾橋的進階版，以手臂紮實扣住對手雙腳的腳踝，並在此狀態下橫向翻轉自己的身體同時翻動對手。1 次翻轉能得 2 分，順利的話甚至能翻好幾圈，藉此獲得高分。

自由式

鎖腿

以自己的雙腳夾住對手的單腳後撐開，順勢翻轉對手身體。利用雙腳夾住、鎖死對手的股關節，並迅速反折對手上半身。

自由式　希羅式

正胸腰橋

對手擒抱而來時，扣住其手臂和脖子，並看準時機往後方拋摔。

自由式

掃腿翻摔

面對俯臥姿態的對手，於其雙腳內側使出掃腿，使對方無法趴臥在地，藉此進一步翻轉對方身體進行壓制。

自由式

鎖腿翻摔

確實擋下擒抱而來的對手或雙方膠著時，用手扣住、鎖死對方的股關節，將其拋往後方。

希羅式

抱頭摔

以左手勾住對手頸部，並如同抓住左肩般將其摔出。摔出時若是只用力扣住頭部會被視為犯規。

希羅式

後腰橋摔

抱住對手左臂，並將左手繞至對方背部。往前踏出左腳後收攏右腳，順勢像把對手用腹部頂起一般用力摔往後方。

自由式 希羅式

單臂過肩摔

抓住對手手臂的同時向外摔出。角力的摔技不像柔道還有抓握的步驟，因此重點在於看準時機順勢摔出。

自由式 希羅式

肩車摔

也稱做「Fireman's carry」，拉住對方手臂從其腋下鑽過，直接以類似側翻的姿勢摔出，並於摔出後壓制對手。

其他技巧

抓握攻防

比賽開始後，觀眾多半都會把目光放在充滿魄力的招式上，不過能夠牽制對手動作的細膩技巧也非常重要。為了奪得先機選手會展開抓握攻防，只要能利用「抓手」、「抓臂」或壓住手肘來控制對方動作取得主導權，就會有利於比賽。抓手動作中，選手會拉推對方的手臂，好讓對手失去重心。

主要得分方式

自由式

1分 ●界外分（對手出界時），對手記警告1次。

2分 ●撂倒對手（繞到對手背後，使其頭部、雙手、雙膝5個部位中有處觸及角力墊，或讓對手跌坐在地，背向角力墊等等）。
●將對手撂倒至地面後展開的攻防戰中，讓對手陷入危險狀態。

4分 ●摔出對手，並在瞬間使其處於危險狀態。

5分 ●使出大幅度技術動作時。

※危險狀態＝讓對手肩膀與角力墊之間的角度小於90度。
※大幅度技術動作＝在空中使出大幅度拋擲的動作，讓對手直接陷入危險狀態。是種強力的摔技。

希羅式

1分 ●界外分（對手出界時）。若對手因退避場外遭到警告，可得2分。

2分 ●撂倒對手（繞到對手背後，使其頭部、雙手、雙膝5個部位中有3處觸及角力墊，或讓對手跌坐在地，背向角力墊等等）。
●將對手撂倒至地面後展開的攻防戰中，讓對手陷入危險狀態。

4分 ●摔出對手，並在瞬間使其處於危險狀態。

5分 ●使出大幅度技術動作時。

■令人眼花撩亂的精彩攻擊與防禦

拳擊

2 名選手站在擂台上，以戴著拳套的拳頭對打。是種規則嚴格、僅能攻擊上半身的格鬥技。

>>>>> 競賽場地

拳擊擂台
於高約 1 公尺的台上設置圍繩，場地大小為 6.1 公尺 ×6.1 公尺。選手須穿著與所屬角柱顏色相同的無袖運動衣及拳擊褲；女子組選手著短袖 T 恤（亦可穿無袖），且須配戴護頭盔。

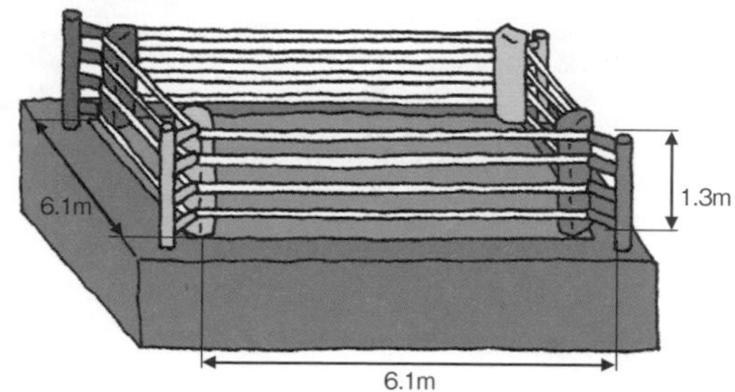

3 大觀賽基本重點

POINT 1 僅用拳頭攻擊對手。以 KO、RSC 和得分等方式決定勝負

攻擊手段僅有戴上拳套的拳頭而已。可攻擊的範圍限定在對手上半身的正面及側面，以及拳擊褲的腰帶線以上。比賽通常是以 KO、RSC 或得分一決勝負，不過也有因對手棄權、失去比賽資格、因故退賽而獲勝的情況。

主要的決勝方式

KO 擊倒勝（Knock Out）
選手被擊倒在地，10 秒內未能起身繼續比賽時，即判另一方獲擊倒勝，比賽就此結束。

RSC 裁定勝（Referee Stop Contest）
裁判認定雙方選手實力懸殊，或屈居劣勢的選手遭受過度攻擊時，可直接判定勝負結束比賽。

得分勝
依據 3 名以上的裁判在每回合的評分總和判定由誰獲勝。

POINT 2 比賽採 3 回合制，每回合限時 3 分鐘

奧運不分男、女子組皆採 3 回合制，每回合限時 3 分鐘。回合之間設有 1 分鐘的間隔，選手能在這段時間聽取輔助員的指示。

POINT 3 關鍵在於防禦

拳擊防禦技術可分成運用手部、身體和步伐 3 種，基本上會依據與對手的距離和招式種類選擇相對應的架式，但面對組合拳則會發動綜合防禦技（3 種防禦技術）應對，藉此擋下對方的攻勢並伺機反擊。攻防動作的切換可說是業餘拳擊的精髓所在。

樂趣加倍！觀賽小知識

體重級別

男子組	女子組
輕蠅量級（Light Fly） 49kg 級 蠅量級（Fly） 52kg 級 雛量級（Bantam） 56kg 級 輕量級（Light） 60kg 級 輕沉量級（Light Welter） 64kg 級 沉量級（Welter） 69kg 級 中量級（Middle） 75kg 級 輕重量級（Light Heavy） 81kg 級 重量級（Heavy） 91kg 級 超重量級（Super heavy） 超 91kg 級	蠅量級 51kg 級 雛量級 56kg 級 羽量級（Feather） 57kg 級 輕量級 60kg 級 沉量級 69kg 級 中量級 75kg 級 ※男子組為 2016 年里約奧運的分組方式。今後的分組方式將於 2020 年前決定。

計分方式

由 3 名以上的裁判針對雙方對有效攻擊面的擊中數、技術和策略優勢評分後計算得分。

主要的攻擊招式

刺拳（Jab）

攻擊招式中使用最頻繁也最重要的進攻技巧。不靠轉腰施力，而是僅藉由臂力迅速揮拳。

鉤拳（Hook）

從側邊攻擊對手的方法。即使近距離也能發動攻擊，利用離心力重擊對手。

腹擊（Body Punch）

泛指所有鎖定腹部的拳頭。雖然很難一拳擊倒對方，但透過連續攻擊身體可以削弱對手的體力。

主要的防禦動作

阻擋（Blocking）

此技巧是以拳、手臂和肩膀等部位擋下瞄準頭部、胸部的攻擊。

後仰閃躲（Sway Back）

後仰上半身躲開對手的拳頭攻勢。若是能躲開攻擊，就可以消耗對手的體力。

擺體閃躲（Weaving）

像是以頭部畫 U 字般左右閃避對方的拳頭。常見於雙方縮短距離之時。

■日本的看家本領之一，選手的「一勝」備受期待

柔道

選手赤手空拳對打，以瞬間分出勝負的摔技或摔出後的地板技應戰。是一種發源於日本、重視禮儀的競技。

>>>>> 競賽場地

榻榻米

在大小為 10 公尺見方、稱作「比賽場」的榻榻米上舉行比賽，四周設有名為「場外」的安全區（寬度 3 公尺以上），於場外的所有動作皆無效。選手會在比賽場中央面對面「行禮」後才開始比賽，結束時也會互相行禮。

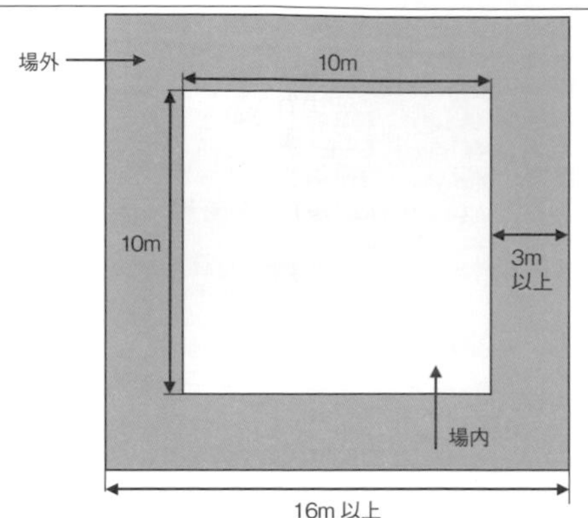

4 大觀賽基本重點

POINT 1

比賽時間 4 分鐘，由「一勝」、「半勝」和「犯規」決定勝負

選手於比賽時間內，若確實施展「摔技」或「固技」取得「一勝」即分出勝負。當「摔技」施展得不夠確實時則得「半勝」。以「固技」壓制對手 10 秒可獲「半勝」，20 秒則獲「一勝」；此外，2 個半勝可合計為「一勝」，比賽將立即結束。選手如採消極的對戰方式就會被判處「指導」，累積 3 次指導即構成「犯規輸」。4 分鐘內無法分出勝負時，就須進入依照黃金得分制進行驟死賽，由率先取得優勢的選手勝出。

一勝（一本／Ippon）

判定標準是選手在優勢狀態下，以足夠的力道與速度「使對方背部著地」。抑或是施展固技時對方出聲或以手勢表明「投降」，若使用壓制技則須壓制對方達 20 秒。

半勝（技あり／Waza-ari）

選手在優勢狀態下摔出對方，但在評判為「一勝」的 3 個要件中有部分不符。抑或是施展壓制技後壓制對方達 10 秒以上但未滿 20 秒時。

POINT 2

動作分為華麗的「摔技」與講究技術的「固技」

「摔技」是先瓦解對手姿勢再摔出、壓倒，可分類為「手技」、「足技」、「腰技」「正捨身技」、「橫捨身技」，主要的摔技招式有「過肩摔」、「大外割」等。「固技」是箝制對方身體動作的技巧，可分成「壓制技」、「絞技」和「關節技」，主要的招式有「袈裟壓制」、「滑襟勒」、「腕挫十字固」等。趁對手出招時加以還擊，反過來將對手摔出的技巧則稱為「反擊技」。

POINT 3

輕量級的看點在於出招速度，重量級則是威震全場

輕量級的比賽動作十分激烈，常常在轉眼間就分出勝負，讓觀眾片刻都無法移開視線。重量級選手雖然身形魁梧，卻不代表他們行動緩慢，有時觀眾一不留神，場上選手就已奪下一勝。重量級比賽不僅出招的瞬間速度也是極快，而且力道強勁，可謂魄力十足。

POINT 4

組手攻防與反擊技也很重要

選手施展動作時，「組手」（即抓握技巧）是相當重要的一環。基本上會用一手抓住對方柔道衣的領子，另一隻手則抓住袖子。只要組手對自己有利，就能更輕鬆地使出各種招式；相反地，若是讓對方搶到組手，就很可能給對方出招的機會，因此組手攻防是致勝的一大關鍵。然而如果持續畏戰逃避組手，便會被判處「指導」。此外，若因為搶到組手就輕易出招，也很有可能落入對手的圈套，被反擊技打個正著。

樂趣加倍！觀賽小知識

體重級別

柔道是在 1964 年的東京奧運首次列入正式比賽項目，當時比賽共分為 3 個級別 4 種項目，即無限制、重量級、中量級及輕量級，可以說充分反映出柔道「以柔克剛」的精神。後來隨著柔道逐漸進軍國際，才開始依體重細分階級，時至今日男、女子組都已分作 7 個級別。

男子組	女子組
60kg 級 66kg 級 73kg 級 81kg 級 90kg 級 100kg 級 超 100kg 級	48kg 級 52kg 級 57kg 級 63kg 級 70kg 級 78kg 級 超 78kg 級
混合團體賽	
男子組 73kg 級、90kg 級及超 90kg 級；女子組 57kg 級、70kg 級及超 70kg 級的選手上場	

主要招式

摔技

「摔技」是先瓦解對手姿勢再摔出、壓倒的技巧，讓對手失去防禦能力並仰面倒下。可分為「手技」、「足技」、「腰技」、「正捨身技」、「橫捨身技」。

過肩摔

抓住對方單臂，運用腰至背部的力量，像是背起對手般將其摔出。

大外割

先使對手失去重心，從外側往內側掃腿，使對方面朝上倒下。

掃腰

像是以自身的腰部為支點，將對手翻轉摔出。

內腿

將一隻腳勾住對手大腿內側後，由下往上提高並順勢摔出。

拋摔

讓自己的身體向後倒，單腳頂住對手的腹部往後方摔出。

固技

「固技」也稱為寢技，是種箝制對方身體動作的技巧，可分為「壓制技」、「絞技」和「關節技」。

袈裟壓制

讓對手面朝上，箝制住對方的後衣領與單手。

上四方壓制

將面朝上倒下的對手從頭部以身體壓住，再用雙手抓住對方的腰帶。

橫四方壓制

將面朝上倒下的對手從側面以近乎直角的狀態加以壓制。

絞技、關節技

利用對手的衣領或自己的袖子絞勒的技巧。由於伴隨危險性，因此奧運等大型賽事幾乎不會採用。在應用上，從絞技展開的連續技通常會被用來當作得分的關鍵。關節技則是使用自身的腳、手臂和膝蓋等部位扣住對方的肘關節並逆向施力，藉此箝制對手的動作。

連續技

指組合複數招式進行連續出招。通常會先以第一個招式瓦解對手姿勢，接著摔出壓制。例如以小內割使對手失去重心，再用過肩摔制伏對手等等。

過去曾經存在的「有效」與「效果」

針對接近但不足為一勝或半勝的動作效果，裁判會給出「有效（Yuuko）」的評價；若是判定結果劣於有效則為「效果（Kouka）」。有效和效果無論累積多少都不會變成半勝或一勝，此外這兩種規則如今已成為過去式而不再適用。

違規及指導

比賽中，選手故意離開榻榻米、不服從判定結果、採取過度的防禦行為時，都將受到處罰。處罰形式有「指導」與「犯規輸」2種。若發生重大違規比賽會立刻中止，並判處「犯規輸」。此外，累積3次指導也會變成「犯規輸」。

主要違規事項

使出「河津掛」

以自己的腳纏住對方的腳並往後勾扯，再運用自身體重倒向後方。由於可能導致後腦杓受到強烈撞擊或傷及腳部關節，因此被列為具有危險性的禁用招式。

危險行為

例如將對手從頭部摔出，或拉起背部已經著地的對手再次撞擊地面等故意危害對手的行為。

對肘關節以外的部位施展關節技

因為有可能造成韌帶斷裂等後遺症，所以禁止對肘關節以外的部位施展關節技。

做出不尊重對手或裁判的發言

例如發出怪聲，出言侮辱對手或是不遵從裁判的判決。

主要會判處指導的情況

不積極應戰

例如用手按住自己的衣領等，未表現出積極應戰的態度。

持續抓握對手的腰帶或衣襬等

持續抓握對手的袖口或腰帶不放，無意進行正確的組手攻防。

用手或腳直接攻擊對手的臉部

例如在試圖掙脫對手動作時，直接用手、手臂或腳推踹對手的臉部。

衣衫不整，或未經裁判許可自行重繫腰帶

故意弄亂自己的柔道衣，或未經裁判許可自行重繫、鬆開腰帶。

採取極端的防禦態勢

即使比賽已經開始依然怯戰，或展現無意摔出對手的消極進攻態勢等。

出到場外，或將對手推至場外

在寢技、站姿狀態下出到場外，或故意將對手推至場外。

在站姿中，雙方持續以手鎖夾對方的手指

在站立狀態下持續以手鎖夾對方的手指超過 6 秒，沒有進一步的行動。

強行施展寢技

在無法施展寢技的狀態下強行使用寢技。針對寢技的使用時機有既定的規範。

場內與場外的判斷方式

場外判定

場外即位於 10 公尺見方的榻榻米外側的安全區，在此施展的動作都視為無效。

場內判定

10 公尺見方的榻榻米內側即是場內，於此施展的動作才會判定為有效。只要施展招式時人在場內，即使之後超出至場外也依然有效。

主審喊「暫停（Matte）」時

此為主審宣告中斷比賽時的用語，在裁判說出「Matte」後，雙方選手都要回到比賽場中央。暫停比賽的時機包括請選手整理凌亂的柔道服、雙方過招頻率低導致比賽僵持不下，或是發生流鼻血等意外事故。裁判喊出「Matte」暫停比賽並處理好狀況後，會喊出「開始（Hajime）」的口令宣告比賽重新開始。

教練的指導

比賽期間教練不得與選手搭話，但在比賽暫停期間（「Matte」至「Hajime」之間）則可對選手下達指示。此外，比賽時發出聲音、批評或要求裁判修改判決結果都是被嚴格禁止的；亦不得對裁判、一般觀眾或自己指導的選手做出侮蔑行為。

始於「禮」也終於「禮」

柔道是種重視禮儀的運動，所有行為都不可「失禮」。賽前，選手要先行禮才能踏進比賽場，並向對手行完禮才能開始比賽；而賽後離開比賽場時也必須行禮。因此人們才會說柔道是「始於禮也終於禮」。

關於柔道衣

依據國際規則，選手必須穿著白色或藍色的棉質上衣與褲子。同時布料不得過厚、過硬，要能讓對手適當抓握。女性選手可在上衣底下穿著白色T恤或緊身韻律衣。比賽時必須打赤腳。

柔道用語

●**掃**＝意指用腳撥掃對手的腳。當失去重心想重新站穩時，若被對手掃中擺放重心的那隻腳，就很容易倒下。有出腳掃、掃腰、送腳掃等招式。

●**割**＝所謂的割就是施展足技時，扳起對手腳部使其倒地的腳部動作。除了有像大外割一樣大幅度的動作，也有如絆腳般快速出腳的「小內割」。

●**護身倒法**＝被摔出時用以緩和衝擊的技術。有向後倒、側身倒和向前倒法3種。

●**Toketa（解けた）**＝裁判認定壓制技已不具效力時的用語。當裁判宣告「Toketa」，即代表當下的壓制技已經無效。

黑帶不是最高段位

初學者為白帶，初段以上至5段為止的有段數者則為黑帶。至5段為止一般都是靠個人實力升段，但從6段開始多會根據實績或年齡加級升段，並從6至8段改為紅白帶。不過，現役選手通常只會繫上黑帶，像奧運這類大型賽事的出場選手也都是以黑帶為主。

日本「看家本領」的歷史

柔道是源自於日本的運動，原本只有日本人才會學習的柔道後來普及全球，並於1964年的東京奧運首次列入正式比賽項目。當時僅設男子組，分4個量級舉行賽事，最後由日本獲得3金1銀。當時日本國內甚至有人因此感到不滿，認為這項運動明明源自日本，「卻沒摘下全部4面金牌」。現今日本在奧運中累計獲得最多金牌的項目就是柔道，因此被視為日本最擅長的項目之一，備受民眾期待。

世界柔道現況

源自日本的柔道十分重視規則與禮儀，如今這種極具日本風格的運動已經受到全世界的喜愛。目前日本之外盛行柔道的國家包括巴西、法國、德國等，其中又以巴西特別受到歡迎，據說當地設有數千處柔道場。由於學習柔道在培養守規矩、禮儀和尊敬他人的同時還能磨練精神層面，因此年齡層遍及老少。此外據說也有人是因為覺得道場裡適度的緊張感具有沉澱身心的效果。

最新規則出爐，追求重視「一勝」的柔道

2018年國際柔道聯盟正式通過2020年東京奧運將會採用的新規則。主要的修訂內容包括僅限「一勝」、「半勝」和「綜合勝」才能得分，當中「半勝」也包含至今所謂的「有效」。此更動亦使得規則更貼近日本柔道界「著重『一勝』價值」的理念。此外，過去要累計4次指導才會變成「犯規輸」，現已將累計次數改為3次。

■展現令人目瞪口呆的招式速度與力道

空手道

源自日本的空手道，是從僅靠肉搏防身的武技衍生而來的運動。目前已普及全球，於2020年東京奧運首次列入正式競賽項目。

>>>>> 競賽場地

空手道墊（Tatami）
於邊長8公尺的正方形競賽區域中進行比賽，其外側各邊都設有1公尺的安全區。選手在安全區域中施展的招式皆不會採計分數。此外，在國外曾將場地稱為「Tatami」。

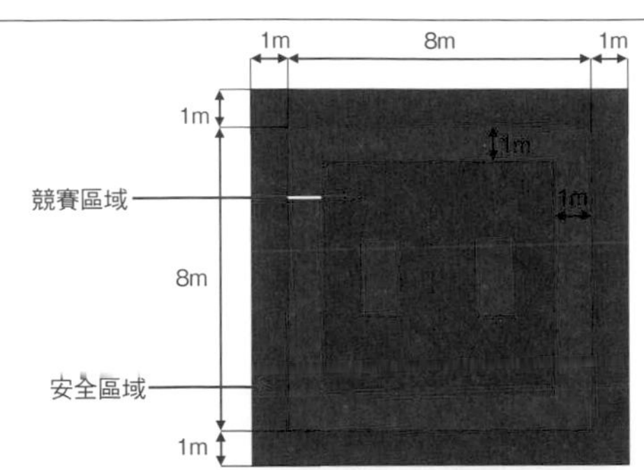

4 大觀賽基本重點

POINT 1

分為對打與型 2 種項目

設有「對打（組手）」和「型」2種項目。「對打」是以體重分設級別，由2名選手互相施展「直擊」、「踢技」進行攻防。所謂的「型」則是指預想對手行動所構成的一套應對招式，會由每位選手輪流上場演武，較量彼此的技術熟練度。

POINT 2

對打的比賽時間是男子組 3 分鐘，女子組 2 分鐘。型則是表演完一套即結束

對打時男子組限時3分鐘，女子組2分鐘。其中一方領先達8分即獲勝，或是比賽時間終止時由得分高者勝出。若為同分則進入延長賽，由「先取（先取得得分）」者勝，否則交由裁判決定勝敗。「型」的比賽會由2名選手從WKF世界空手道聯盟指定的清單中挑選型來做演出，並根據5名裁判的舉旗數多寡決定勝負。選手在每一場大會中，不得重複使用同一種型。

POINT 3

對打競爭得分多寡，型則是以演武形式一較高下

「對打」時，以直擊動作命中上段和中段部位即為「有效（1分）」；踢中中段為「半勝（2分）」；踢中上段或以直擊命中倒下的對手即為「一勝（3分）」。「型」則是由裁判根據雙方在表演型的技術熟練度來進行綜合評比。

POINT 4

對打與型各有不同的精彩之處

對打時的直擊、踢技等動作雖然是得分關鍵，但其實在擊中鎖定部位之前選手會控制好力道點到為止。在高速下一邊控制手腳一邊準確施展招式，正是空手道對打的妙趣所在。觀看型的比賽時，不妨留意選手之間相互較勁的「準確度、力道、速度、動作拿捏和熟練度」。

樂趣加倍！觀賽小知識

體重級別

型沒有區分量級，僅設男、女子組。對打在世界錦標賽中不論男女皆設有 5 個量級，2020 年東京奧運則會舉辦型男子組、型女子組、對打男子組 3 量級、對打女子組 3 量級，共 8 個空手道項目。對打的量級區分如右表所示。

男子組	女子組
67kg 級 75kg 級 超 75kg 級	55kg 級 61kg 級 超 61kg 級

各項目的看點

對打

動作的控制

對打比賽中，選手並不會重擊對手，而是點到為止。比起出招打倒對手，重點反而在於能否施展出精確而恰到好處的動作。畢竟打中鎖定部位造成的「過分觸及」，以及攻擊手臂、腳、關節、胯部、腳背等「禁止攻擊的部位」都會構成犯規。

藉由「直擊」與「踢技」營造瞬間美感

對打的看點在於選手具有爆發力的直擊和踢技紮實命中鎖定部位的攻擊瞬間。選手發動的直擊或踢技猶如箭矢連射般飛快，是絕對不容錯過的精彩瞬間。

型

展現威力、準確度等招式之美

選手會在場上演出針對假想敵所編排出的一套攻擊技與防禦技。不同於對打的是，型是由裁判評分決定勝負。比賽雖採 1 對 1 模式，但會輪流上場。賽事重點在於呈現型的正確含意，以及直擊、踢技的力道與速度。兼具節奏、力道與熟練度的選手上場時，相當值得一看。

表演過程富含戲劇性

雖說是編排好的套路，但由於是以和敵人對戰為前提的演出，因此能否在一連串的動作之中融入打倒對手的氣勢並傳達給裁判就顯得十分重要，甚至會左右比賽結果。觀賽時不妨聚焦在頂尖選手富含戲劇性的演出。

比賽時 1 種型只能用 1 次，因此型的選擇與編排精彩可期

根據規定，一場大會中不得使用重複的型，因此選手都會以從預賽一路打到決賽為前提熟習 6 ～ 7 種型後才參加比賽。自己擅長的型要在預賽使用還是等到決賽再用等等，這類為了一路過關斬將擬定的策略也是賽事一大看點。

空手道服的差異

對打

選手著拳套、護牙套、腳部護具與軀幹護具。空手道服採用輕薄布料製成。

型

不著任何輔助套和護具，空手道服採用帆布般質地厚又硬挺的布料，選手迅速施展動作時會產生衣服的摩擦聲。同時為了避免鬆垮凌亂，會在空手道服左右交疊處以繩子繫緊。女子選手可在空手道服底下穿著素面的白色 T 恤。

對打的得分方式與手技、足技

對打比賽中，副審認定選手的擊踢動作有效時，會舉起代表該選手顏色的旗幟，4 名副審中有 2 名以上舉旗時即可得分。分數會依動作難度而異。

對打的得分方式

上段或中段擊打動作……1 分
中段踢技……2 分
上段踢技、對已倒地或摔出的選手施展直擊……3 分

〈例〉

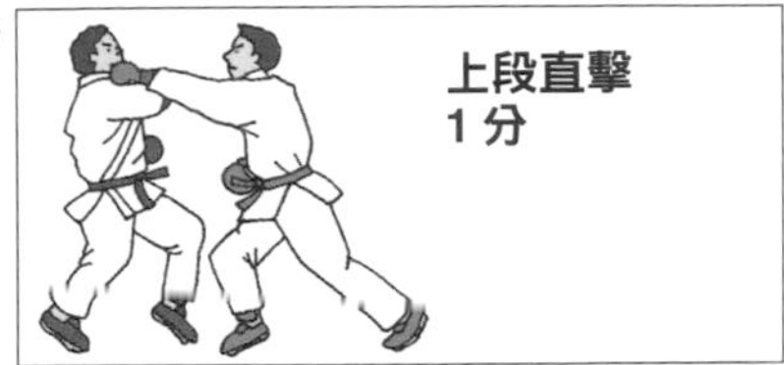

上段直擊
1 分

中段踢技
2 分

上段踢技
3 分

代表性手技

順擊

以正手揮出與前腳同側的拳頭。也可發動「追擊」，即再往前踏出一步使出順擊。由於身體重心會一起往前移動使得速度增加，變成一記威力強又快的直擊。

逆擊

以正手揮出與前腳不同側的拳頭。通常是往前踏出一步或閃開對手攻擊後扭擺上半身，伴隨重心轉移發動直擊。是種速度快又靈活的招式。

代表性足技

迴旋踢

由身體外側使出弧形踢技。進階應用的「內迴旋踢」則與一般迴旋踢相反，是由內往外使出弧形踢技。另有一種名為「勾踢」的衍生踢技，會由內往外踢出後勾起腳部，是種猶如纏住對手般的踢擊。

其他踢技

有彎起膝蓋直接往前踢出的「前踢」、彎起膝蓋背朝對手踢出的「後踢」，以及使用名為腳刀的部位側向踢出的「側踢」，種類十分多元。

型的評分要點

對每一個動作含意的理解程度

著重在選手是否能正確理解、呈現空手道動作的含意。正確表現出招式精神的流暢動作也是重要的得分關鍵。雖說是設想好的套路，但由於是以和敵人對戰為前提的演出，因此必須傳達出打倒對手的氣勢。

立姿與動作的準確度

與其他武術相同，空手道也是始於「禮」終於「禮」。尤其在型的領域中，甚至有人認為光從「行禮」的姿勢就能判斷選手的本事。此外，空手道有句話說「站姿要練 3 年」，可見習得正確的「站姿」至關重要。

動作力道、速度與整體平衡感的拿捏

比賽時必須使用事前向大會方提出申請的型，若更換不同的型即構成犯規。觀賽時可注意選手宛如行雲流水般兼具速度與節奏感的出招姿態。愈是有力、俐落的動作，就能獲得高分。若是中斷表演或腰帶鬆落，都會判為犯規。

從約 75 種的「型」中挑選

世界空手道聯盟指定的演武型約有 75 種，選手比賽時必須從中挑選進行演武。於淘汰賽制中，選手從預賽到決賽使用的型皆不得重複，因此出賽前就必須決定好至決賽所需的型。

型比賽中的聲響

型的比賽現場靜謐無聲，瀰漫著一股緊張氛圍。不過，選手發動直擊、踢技時會發出聲音，在施展這類犀利、速度極快、威力強大的動作伴隨著撕裂空氣般的聲響。此外還會聽見空手道服的摩擦聲、呼吸聲、地板摩擦聲、踏步聲等，選手就是在如此獨特的緊張氛圍中演武。同時也是親臨現場才有辦法體會的氣氛。但是，刻意拍打空手道服發出聲響等行為會遭到扣分。

空手道發祥自沖繩

相傳空手道是源自現今沖繩縣在琉球王朝時代的古老土著格鬥技「琉球手」，後來受到自中國傳來的拳法和日本武術等影響，才演變成獨樹一格的空手道。創始之初是作為在赤手空拳的情況下使用全身部位保護自身安全的武術而發展，明治時期之後在沖繩當地還把空手道定位成學校教育的一環，但直至 1920 年代之後才傳進日本本土，並於二戰結束後普及全球。

空手無先手

空手道創立的目的在於保護自己不受他人攻擊，因此基本理念是「專守防衛」。「空手無先手」是空手道的固有思想，這句話彰顯出空手道學習者的行動原則。不以出手攻擊為首要目標，而是著重在徒手護身的技術，這便是空手道的核心理念。

主要違規事項

對打的違規情況主要如下：選手未控制動作，故意打中鎖定部位的「過分觸及」；攻擊手臂、腳、關節、胯部、腳背等「禁止攻擊的部位」；偽裝受傷、誇大受傷情形、屢次跑出比賽場地；完全忽視自身安全的「無防備」攻擊模式；不進攻四處逃竄；用頭部、肘部、膝蓋等部位攻擊。型的犯規事項則有中斷型的表演，或表演的型非賽前指定的型。選手弄錯型的順序或動作卻繼續演武、演武瞬間停頓、刻意拍打空手道服發出聲響等行為都會遭到扣分。

空手道的流派

空手道自沖繩傳至日本本土普及後，也陸續創設了各式各樣的流派。知名流派包括被視為近代空手道創始者的船越義珍所創建的松濤館流，以及系東流、河道流、剛柔流等各式大小流派。為了推動空手道成為奧運正式競賽項目，空手道界於 1964 年以四流派為中心創設了全日本空手道聯盟；而以相同理念廣布全球後建立的就是 WKF 世界空手道聯盟。列入 2020 年東京奧運正式競賽的「空手道」項目，便是以 WKF 制定的相關規則為基準。

※ 以上內容為截至 2018 年 1 月之現有資訊，實際規則可能因後續修訂而異動。

■以變化多端的踢技為特徵的格鬥技

跆拳道（對打 [Gyeorugi]）

一種源自日本松濤館空手道、創始於韓國的格鬥技。2000 年雪梨奧運列入正式競賽項目，全球從事人口超過 7000 萬人。

>>>>> 競賽場地

八角形賽區
在正方形的區域內分成比賽區與安全區。兩區的地墊顏色有所不同，用色遵照大會競賽相關規定。

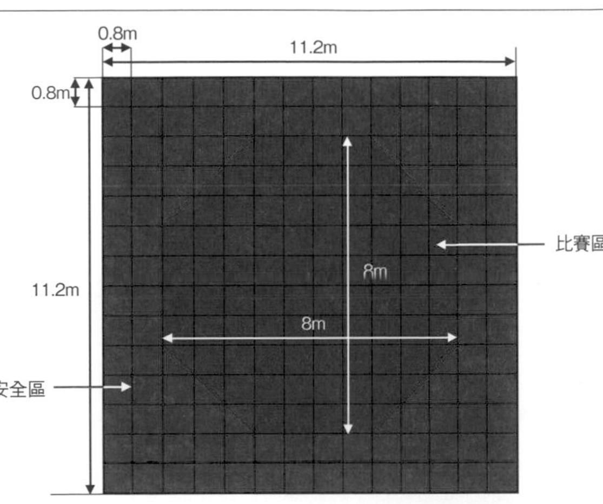

5 大觀賽基本重點

POINT 1

比賽採用得分制

比賽採得分制，分數依招式種類區分，最後由總分高者勝出。分出勝負的模式如下：依據第 3 回合結束時的得分差距裁定；第 2 回合結束或第 3 回合進行途中，雙方得分差距超過 20 分；第 3 回合結束時，雙方若平手就會舉行「黃金得分賽」，由先取得 2 分者勝出，否則將依裁判行使優勢裁決來決定勝者。犯規扣滿 10 分者即落敗；對手棄權則不戰而勝。

POINT 2

比賽為 3 回合制，每回合限時 2 分鐘

比賽為 3 回合制，每回合限時 2 分鐘，回合中間間隔 1 分鐘。選手必須在短暫的時間內不斷快速又靈活的出招，這 2 分鐘對於被激烈攻防戰深深吸引的觀眾來說，想必就如同轉瞬之間。

POINT 3

攻擊設有限制

比賽時為避免危險，規定選手必須在跆拳道服上穿著護具與護頭盔。攻擊時僅能攻擊軀幹護具（可用正拳與踢技）與護頭盔（僅可用踢技），其他部位的攻擊一概嚴格禁止。至於動作的有效性、打擊的強弱、打擊部位的準確度皆由電子護具進行判定。

制式服裝與護具

比賽制式服裝有電子軀幹護具、電子護頭盔、拳套、護牙套、穿在跆拳道服底下的護襠等。為了利於分辨，選手會分別穿著紅色與藍色的電子護具。

POINT 4 有效得分的攻擊動作

攻擊頭部與攻擊軀幹所獲得的分數各有不同。

對軀幹護具的正拳有效攻擊	1 分
對軀幹護具的踢技有效攻擊	2 分
對軀幹護具的迴旋踢有效攻擊	4 分
對頭部得分部位的踢技有效攻擊	3 分
對頭部得分部位的迴旋踢有效攻擊	5 分
對方遭裁判宣判扣 1 分時獲得的分數	1 分

POINT 5 違規行為的懲罰

當主審裁判宣告判罰，對選手喊出「Gam-jeom（扣分）」時，對手就會加 1 分。每位選手累積 10 次「Gam-jeom」便會直接落敗。會導致扣分的違規行為包括抓住對手後摔出、推倒對手、在裁判宣告停止後繼續攻擊或攻擊倒地對手；抑或是選手故意以手攻擊對手臉部、選手或指導教練出言不遜或阻撓比賽進行，以及主審裁判提出警告 1 分鐘後仍不遵從。

樂趣加倍！觀賽小知識

體重級別

除了奧運的量級區分方式如右表，一般會設有公開組、少年組及青少年組，且有各自的量級區分。

男子組	女子組
58kg 級 68kg 級 80kg 級 超 80kg 級	49kg 級 57kg 級 67kg 級 超 67kg 級

主要得分動作

正拳

以正拳攻擊軀幹中端。連擊無法得分。

推踢

以腳尖往前踢出。與前踢類似但不同。

中端旋踢

攻擊中端的旋踢。踢兩下就稱「雙重踢」。6 至 7 成的得分都來自這種踢技。

上端旋踢

攻擊上端的旋踢。

3分

跳後踢

跳躍的同時加入迴旋，最後直線踢出。常見於反擊時。

下壓踢

以腳底從正上方往下壓的踢技。

向前迴旋踢

像是賞人耳光般朝臉部使出踢技。

迴旋踢

身體迴旋 180 度後踢出。踢中中端得 4 分，踢中上端得 5 分。

～

側踢

如同由內側朝橫向揮出般踢擊頭部。

後旋踢

轉身的同時使出旋踢。

側踢

以腳刀發動踢擊。

跳後旋踢

跳躍的同時使出後旋踢。

後踢

轉身的同時直線踢出。

跆拳道術語

- Charyeot ＝立正。
- Gyeong rye ＝敬禮。
- Junbi ＝準備。
- Sijak ＝開始。
- Guman ＝停止。
- Gyesok ＝繼續。
- Hon ＝紅方。
- Chyon ＝藍方。
- Sigang ＝停止計時。
- Kyesi ＝計時 1 分鐘。

■在高度的緊張氣氛中，瞄準目標放箭

射箭

拉弓射箭，較量箭靶上的得分。依據弓或項目的不同有各式各樣的賽事。比賽時選手除了技術，專注力和意志力更是不可或缺的關鍵。

>>>>> 競賽場地

射箭場
奧運會場設置於室外平坦的場所。選手站至發射線跨開步伐，朝 70 公尺遠的標靶射出箭矢。

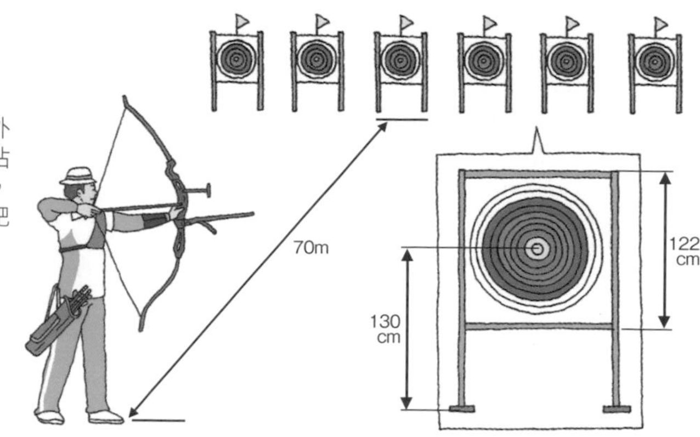

5 大觀賽基本重點

POINT 1 計算命中箭靶的分數，以總分一決勝負

拉弓射箭，目標是圓形的標靶。命中靶心為 10 分，自靶心往外每偏離 1 圈就減少 1 分。最後以選手射中之處（得分帶）的分數總和決定勝負。項目設有個人賽與 3 對 3 的團體賽。當選手以弓射出的箭矢挾帶著非凡氣勢命中靶心的瞬間，無不令觀眾熱血沸騰。

POINT 2 每人一回合射 3 箭，共計 5 回合

個人賽採新積點制，每人每回合射 3 箭最多 5 個回合，贏得 1 回合可得 2 分，平手時雙方各得 1 分。先獲得 6 分者得勝，且每箭都必須在 20 秒內射出。團體賽則會依據每隊 3 名選手於個人排名賽的得分總和排定名次，再依據該名次進行 1 對 1 的淘汰賽。每位隊員每回合可射 2 箭，共計 6 箭並限時 2 分鐘，最多舉行 4 個回合。各回合得分最高隊伍可獲得 2 分，平手時雙方各得 1 分，由率先獲得 5 分的隊伍勝出。

POINT 3 不會舉行預賽，以排名賽決定競爭對手

射箭沒有預賽，選手會先參加排名賽以此決定對手，之後再循淘汰賽模式相互競爭。排名賽結果適用於個人賽與團體賽，團體賽的賽程也是依據各隊選手於排名賽的成績總和來進行配對。

排名賽

所有出場選手皆射 72 箭，再以總得分進行排名。之後淘汰賽就根據此結果安排對戰組合，由第 1 名對上最後 1 名，第 2 名對上倒數第 2 名，依此類推。

POINT 4

強大的精神力極其重要

射箭可說是種老少咸宜的運動，但是比賽時一點失誤就有可能全盤皆輸，因此除了講求技術層次，不為壓力所動搖的心理素質更是重要。此外，選手也必須做到處變不驚，例如比賽會場起風時，依然可以冷靜思考風的影響程度。

POINT 5

比數變化經常高潮迭起

由於雙方選手是輪流射箭，每射 1 箭就會獲得分數，因此分數的累計過程可說是高潮迭起。時間限制使得戰況瞬息萬變，每支箭矢射出時都能為觀眾帶來十足的緊張感。

樂趣加倍！觀賽小知識

弓箭簡介

弓（Bow）
弓的種類多元，其中有些操控難度較高。各大賽事中，有的也會指定比賽用弓的種類。

反曲弓（Recurve Bow）
為了提升準度而在弓身組裝了多種輔助配件，操作難度較高，適合長距離射擊。為奧運指定用弓。

裸弓（Bare Bow）
相當於沒有輔助器材的反曲弓，由於構造簡單，初學者較易上手。適合近距離射擊，射擊時會將手固定在顴骨下緣。

複合弓（Compound Bow）
使用名為放箭器的裝置，以像是拉動扳機的動作射出箭矢。弓身兩端附有滑輪，拉弓時滑輪會跟著轉動。射程比反曲弓更遠。

箭（Arrow）
構造可分成穿入箭靶的前端箭頭、箭身、附在箭身上的箭羽部分。比賽通常選用鋁合金或碳纖維製成的箭矢。

其他
除弓箭外還須備妥裝箭用的筒狀箭袋、護臂、保護手指的護指套、防止弓弦勾到衣服的護胸等物品。

競賽項目

2020 年東京奧運將舉行男、女子組個人、團體，還有男女混雙團體的 70 公尺標靶賽。

箭的時速約達 250 公里

比賽時射出的箭矢速度雖然會依弓的種類而不同，但有時甚至可達時速 250 公里，足以射穿厚度數公釐的鐵板，威力超乎想像。箭矢速度帶來的震撼和眨眼間就分出勝負的結果，都是觀看射箭賽事的樂趣所在。

射箭的比賽種類

標靶賽
於室外平坦的地面上自一定距離射箭，較量最後總分。可分成各種距離項目，奧運則是 70 公尺。

原野射箭賽
在山野或草原中，活用自然地形布置比賽場地，並以各種距離設置 12 座標靶。選手依順序射靶後，以最後總分決定勝負。

室內賽
於體育館等設置於室內的賽場上，從 18 公尺的距離射 60 箭（每人每回合射 3 箭，限時 2 分鐘，共 10 個回合分 2 輪舉行），以最後總分決定勝負。通常會辦在戶外不宜舉行賽事的冬季。

■以腳力激出競爭火花的多元競技

自由車

伴隨自行車製造技術的進步與道路鋪設的普及，自行車也成為一種競速的運動。自 **1896** 年的雅典奧運就已列入正式競賽項目。

>>>>> 競賽場地

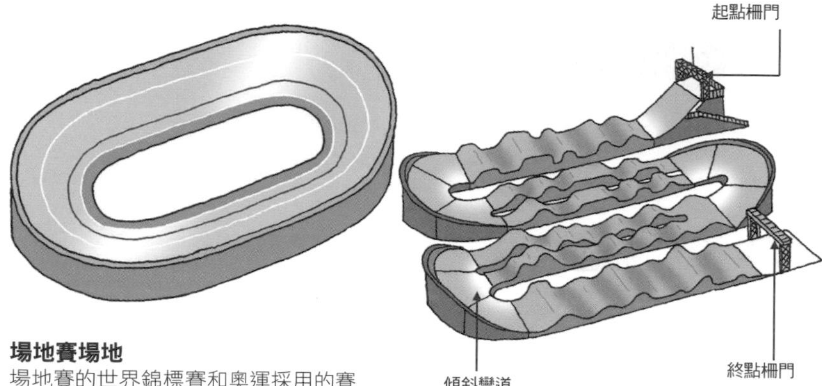

場地賽場地
場地賽的世界錦標賽和奧運採用的賽道周長為 1 圈 250 公尺。彎道部分的傾斜角度達 45 度。

BMX 土坡賽場地
全長 300 ～ 400 公尺，以高 8 公尺的柵門為起點，由起伏劇烈、可讓選手彈跳的直線道與傾斜的彎道構成。

公路賽場地
路線配置主要利用經過鋪設、實施交通管制的道路，當中也會穿插上坡或下坡路段。路線距離男子組須超過 200 公里，女子組須超過 100 公里。

登山車賽場地
路線以未經鋪設的道路為主，1 圈約 4 ～ 6 公里，再穿插山路、陡坡或僅能容許 1 台自行車通過的「單行道」等各具特色的路徑。

3 大觀賽基本重點

POINT 1

項目可分為場地賽、公路賽、登山車賽與 BMX

比賽種類眾多可說是自由車競賽的魅力。分為場地賽、公路賽、登山車賽與 BMX 4 大類型，每種類型底下還細分成多種競賽項目。列入奧運正式競賽項目的有場地賽 6 種、公路賽 2 種、登山車賽 1 種、BMX 2 種。

POINT 2

4 種賽事精彩看點與決定勝敗的方式各有不同

競賽項目眾多，賽事看點自然也很豐富。此外除了 BMX 公園賽以外的項目雖然都是競速比賽，但決定勝敗的方式會依項目而異。

POINT 2

場地賽

場地賽的項目最多，選手無不拿出看家本領互相競爭，賽事相當精彩。比賽項目各具特色，有單打獨鬥爭奪冠軍的爭先賽、以團隊出賽但最後會單獨抵達終點的團隊競速賽、力抗風阻保護隊友的團隊追逐賽、最後衝刺震撼力十足的競輪賽、得分優先於抵達順序的美式接力賽以及綜合 4 種項目的個人全能賽。

公路賽

公路賽項目分為公路個人賽與公路個人計時賽。公路個人賽中，選手會同時出發，並在途中如坡道等各種地形發揮各自強項一較高下。至於公路個人計時賽則是按一定的間隔先後出發，因此要等所有選手都抵達終點後才會揭曉最後結果。

登山車賽

通常在未經鋪設的山路舉辦的奧運越野賽的最大特色便是可以欣賞到選手充滿魄力的身影。賽道多變的地形以及選手倚靠腳力與技術巧妙攻克賽道的身姿都值得一看。此外，由於賽道地形複雜，有許多難以追趕超越對手的地方，因此一般認為利用出發時的衝刺取得領先，藉此甩開其他對手是致勝的不二法門。

BMX

BMX 即「Bicycle Motocross」，是從摩托車的越野障礙賽演變而來的項目。因此，可以看到 BMX 土坡競速的賽道具有各式起伏，選手藉此施展出的高空飛躍等華麗動作正是賽事精彩之處。公園賽則是比劃空中動作、旋轉等花式技術的項目。

POINT 3

各賽事使用的自行車種類各有不同

競賽用的自行車當然有別於一般市售的腳踏車，皆是專門研發而成的車款。由於不同的競賽項目會有各自的性能需求，因此每種車款都會具備專精於某些性能的特徵，依照項目配備符合需求的裝置。

樂趣加倍！觀賽小知識

競賽項目

2020 年東京奧運的自由車競技，男、女子組皆如右表所示，預定舉辦 4 大類 11 種項目的賽事。

	男子組	女子組
場地賽	爭先賽	
	團隊競速賽	
	競輪賽	
	團隊追逐賽	
	個人全能賽	
	美式接力賽	
公路賽	公路個人賽	
	公路個人計時賽	
登山車賽	奧運越野賽	
BMX	公園賽	
	土坡競速賽	

各項目的規則

場地賽

爭先賽

每場比賽主要由2名選手參與，騎行2圈或3圈，以抽籤決定賽道內圈還是外圈。最初半圈由內圈賽道出發的選手勢必會保持領先，但隨後便會因為承受較大風阻等不利情況而開始相互牽制。

團隊競速賽

由1隊3人（女子組2人）騎乘3圈（女子組2圈）來展開競速。第1名領騎車手在騎完1圈後就必須離開賽道，接著第2圈結束時換第2位領騎車手離開。最後一圈第3名車手必須獨自騎乘，並計算抵達終點時團隊所費時間。

競輪賽

由最多7名選手一同繞行賽道，競逐1500公尺的距離。出發後會有稱作「Pacer」的領騎員騎在最前頭，並在距離終點前約750公尺處離開賽道，讓各選手展開衝刺競逐抵達終點的順序。

團隊追逐賽

4人1隊組成的2支隊伍在賽場上差距半圈的地方同時出發，若追趕過前方領先半圈的對手隊伍時即獲勝，否則以騎完4公里的所需時間判定勝負。隊伍領騎者因為必須承受較大風壓，所以隊員會於途中輪流擔任領騎，以求得更好的成績。

個人全能賽

由集體出發賽、節奏搶分賽、落後淘汰賽及領先計分賽4個項目組成。頭3個項目會依名次給予得分，最終項目則是在比賽途中進行加分，最後將由所有項目的合計分數最高者勝出。

美式接力賽

由2人1隊組成的複數隊伍參賽，每次最快通過指定圈數的前4名隊伍會給予積分，最後按總分排名。2名隊員會輪流出賽，由未上場的待命選手緩慢騎在外側賽道，換人時觸碰另一名選手後即可上場。

公路賽

公路個人賽

男子組的比賽距離超過200公里，女子組超過100公里，可說是自由車版的田徑馬拉松。雖然是依據通過終點線的先後順序來決定名次的個人競技，但也能看見選手打團體戰的一面，例如安插輔助選手幫王牌選手減低風阻，或是藉此牽制其他團隊。

公路個人計時賽

於經過鋪設、實施交通管制的平坦道路上比賽，每位選手以1～2分鐘的間隔出發，競逐抵達終點的時間。出發順序通常會依前年度的表現來決定，排名高的選手會在壓軸登場。等所有選手完賽後，才會公布名次。

登山車賽

奧運越野賽

於1圈4～6公里未經鋪設的賽道上騎完指定圈數，比賽抵達終點的順序。騎乘圈數是根據競賽預估時間（男子組約1.5小時）來決定，賽道配置則會隨著比賽地點不同而出現大幅差異。比賽途中，選手僅可在固定地點更換比賽用車或拿取食物飲料。

BMX

公園賽

利用跳台、斜坡或牆壁，一邊跳躍一邊使出「縱向後旋翻」、「橫向360度迴旋」，或是僅讓單車旋轉的「擺尾」等動作。裁判會依據難度、完成度、動作高度、動作組合為基準進行評分。

土坡競速賽

8名選手自柵門一齊出發後展開競速。各分組由4強選手出線，順利晉級決賽的8強選手即可角逐冠軍寶座。在地形起伏激烈的賽道中難保不會發生碰撞，因此選手都有義務配戴全罩式安全帽。

勝敗條件一覽表

場地賽	**爭先賽**	抵達終點的順序
	團隊競速賽	隊上最後一名選手抵達終點線的所需時間
	競輪賽	抵達終點的順序
	團隊追逐賽	追趕過對手或計時較短者勝出
	個人全能賽	以 4 個項目的總得分決定名次
	美式接力賽	進行計分賽（每騎完指定圈數後，成績前段的選手會獲得積分），比賽得分多寡
公路賽	**公路個人賽**	抵達終點的順序
	公路個人計時賽	計時較短者勝出
登山車賽	**奧運越野賽**	抵達終點的順序
BMX	**公園賽**	以評分決定名次
	土坡競速賽	抵達終點的順序

使用的自行車差異

場地賽
由於是設計用來奔馳於具有坡度、橢圓形場地賽賽道的專用車，因此也被稱為「場地自行車」。車體未裝載煞車器和變速器，踏板則直接以鏈條與車輪連接。車頭握把的形狀會依競賽項目各有不同。

公路賽
公路賽使用的自行車著重於高速行駛性能的設計，因此也被稱為「公路自行車」。在專家研發下，製造用的零件和材料還在持續進化，如今已是所有自行車中重量最輕的類型。

登山車賽
用於越野賽的自行車，在構造上禁得起在荒野或山區中的高速行駛、上下陡坡、越過高低落差等等。然而除了追求騎乘性能，也力圖提升輕量化、耐撞性、騎乘姿勢的變化自由度等等。

BMX
競賽用自行車中以 BMX 的構造最為簡潔且堅固。上頭將照明、擋泥板、停車支架等一般自行車會有的裝置通通移除，徹底追求競賽性能。由於並未裝設變速器，不適合長距離行駛。

競輪賽源自日本「競輪」

此奧運競賽項目源自日本起家的競輪，自 2000 年的雪梨奧運就已列入正式競賽項目。至於日本第一次在此項目獲得獎牌的選手，則是 2008 年北京奧運的銅牌得主永井清史。

速度與汽車無異

自行車競賽以競爭速度居多，且速度之快幾乎與汽車無異。例如競輪賽中的領騎者準備離開賽道時，選手的平均時速為 50 公里，到了抵達終點時卻可加速到 70 公里。

BMX 還有其他賽種

BMX 除奧運競賽項目的「公園賽」外，還有在經過鋪設的平地舉行的「平地賽」、利用扶手或階梯落差的「街道賽」，以及在土坡間飛躍的「土坡跳躍」等項目。

■聚精會神的專注力乃致勝關鍵

射擊

射擊選手使用步槍或手槍狙擊標靶，是種較量精準度的競技。使用的槍械包括步槍、手槍和散彈槍。

>>>>> 競賽場地

步槍、手槍靶場
選手自距離標靶 50 公尺處朝靶心射擊。50 公尺射擊所採用的標靶為直徑 15.44 公分的同心圓。

飛靶靶場
由拋靶機將名為「飛靶」的素色泥盤（直徑 110 公分）拋至空中，選手則以散彈槍加以擊碎。

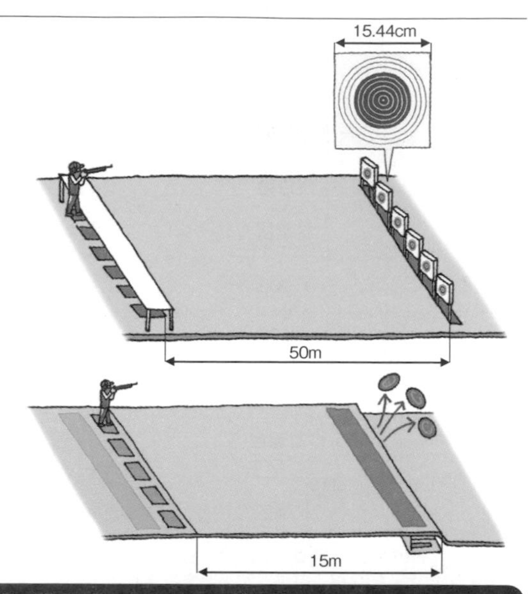

4 大觀賽基本重點

POINT 1 競爭命中標靶的總得分或擊碎的飛靶數量

步槍、手槍射擊比賽時，選手會瞄準繪有等間隔排列的同心圓標靶擊發子彈。命中點越接近靶心，得分就越高。有分成使用步槍或手槍的項目，指定的槍械種類與跟標靶的距離也大不相同。飛靶賽事則是以擊碎的飛靶數量排定名次，可見所有項目都必須在指定時間內競爭射擊精確度。

POINT 2 分為步槍、手槍射擊與飛靶射擊

步槍、手槍射擊的競賽項目有 50 公尺步槍三姿，10 公尺空氣步槍、10 公尺空氣手槍、25 公尺手槍等等。飛靶射擊則分為選手必須一邊沿著設置好的射擊定點移動、一邊射擊飛靶的「不定向飛靶」，以及路徑比不定向飛靶還更複雜的「雙不定向飛靶」。

POINT 3 單發成績決定名次，每次射擊都是決勝關鍵

射擊比賽首先會透過擊發 40 ～ 120 發子彈的資格賽選出 6 ～ 8 名選手，再混合分成 5 組進行最後決賽，依靠 50 秒內擊發的每 1 發子彈爭奪名次。令人屏息的緊張賽況正是賽事精彩之處，所有觀眾都會緊盯著大螢幕上映照出的選手雙眼與電子靶的彈著點。

POINT 4 良好的瞬間判斷能力與反射神經是飛靶射擊的關鍵

由機具拋至空中的飛靶秒速為 22 ～ 30 公尺，而所謂的飛靶射擊就是要以散彈槍擊發秒速超過 300 公尺的子彈擊中這些飛靶。靶場地形與當天風向都會導致飛行路徑難以預測，因此選手必須具備良好的瞬間判斷力與反應能力。

樂趣加倍！觀賽小知識

競賽項目

步槍、手槍射擊與飛靶射擊根據不同項目，所需的彈數及比賽時間等條件也會有所差異（但不分男、女子組）。若能在賽前事前了解規則，就能添增更多觀賽樂趣。

<table>
<tr><th colspan="2"></th><th>男子組</th><th>女子組</th></tr>
<tr><td rowspan="6">步槍、手槍射擊</td><td rowspan="3">步槍</td><td colspan="2">50 公尺步槍三姿
比賽時間：2 小時 45 分／臥射：40 發，立射：40 發，跪射：40 發，共計 120 發</td></tr>
<tr><td colspan="2">10 公尺空氣步槍
比賽時間：1 小時 15 分／立射：60 發</td></tr>
<tr><td colspan="2">10 公尺空氣步槍男女混合賽
比賽時間：50 分／男子組立射：40 發，女子組立射：40 發</td></tr>
<tr><td rowspan="3">手槍</td><td>25 公尺快射手槍
比賽時間：共有 8 秒 5 發 ×2，6 秒 5 發 ×2，4 秒 5 發 ×2 這 3 種項目，賽程共 2 日／單手立射：2 日共 60 發</td><td>25 公尺手槍
比賽時間：慢射射擊 5 分 30 發、快射射擊 3 秒 1 發，共計 30 發／單手立射：共 60 發</td></tr>
<tr><td colspan="2">10 公尺空氣手槍
比賽時間：1 小時 45 分／單手立射：60 發</td></tr>
<tr><td colspan="2">空氣手槍男女混合賽
比賽時間：50 分／射擊距離 10 公尺／男子組單手立射：40 發，女子組：40 發</td></tr>
<tr><td colspan="2" rowspan="3">飛靶射擊</td><td colspan="2">不定向飛靶
25 個飛靶／射擊定點：橫向排列 5 處／拋靶機：各射擊定點前方 15 公尺處設置 3 台（共 15 台）。選手沿著射擊定點依序移動，擊落 25 個飛靶</td></tr>
<tr><td colspan="2">雙不定向飛靶
25 個飛靶／射擊定點：半圓弧形上排列 7 處，中央 1 處（共 8 處）／拋靶機：半圓弧形上的射擊定點位置兩側設置 2 台，選手沿著射擊定點依序移動，擊落 25 個飛靶</td></tr>
<tr><td colspan="2">不定向飛靶男女混合賽
以男女混合隊伍進行不定向飛靶賽　※ 以上為資格賽之競賽內容，不適用於決賽。</td></tr>
</table>

步槍三姿

步槍的射擊姿勢分為臥射、立射和跪射。選手要在 2 小時 45 分的比賽時間中分別採用 3 種不同姿勢各擊發 40 發子彈，是種十分艱辛的競賽，必須具備相當的耐力。

空氣步槍

選手必須以不穩定的立姿一邊操控槍枝一邊射擊來爭取勝利，屬於高難度的項目。

快射手槍

男子組才有的競賽項目。比賽時射擊的 60 發會分兩階段實施，每階段各 30 發。各階段會分為 8 秒 5 發 ×2，6 秒 5 發 ×2，4 秒 5 發 ×2，共計 30 發，賽程共 2 日。

25 公尺手槍

手槍為快射及慢射各擊發 30 發的女子組項目。10 發為一組，總計射擊 60 發後結算排名。

空氣手槍

10 公尺空氣槍須射擊 10 公尺前方的標靶。10 發為 1 組，以 6 組共計 60 發的總得分決定順位。

不定向飛靶

此項目在於射擊不斷遠離自己的飛靶，選手必須依序站到 5 個射擊定點擊落 5 個飛靶，並且重複 5 輪。最多能用 2 發子彈射擊 1 個飛靶。

雙不定向飛靶

設置 8 處射擊定點，半圓弧形上 7 處、中央設置 1 處，選手必須依序站至定點並擊落 25 個飛靶。拋靶機有時會 2 台各拋出 1 個飛靶，有時只有其中 1 台會拋出 1 個。

男女混合項目

為實現參賽者男女比例均等的國際目標，因而增設混合項目。2018 年起新增了空氣步槍、空氣手槍和不定向飛靶的男女混合賽。

賽用槍械

步槍

步槍口徑為 5.6 公釐，重量部分男、女子組皆為 8 公斤以上；空氣步槍口徑 4.5 公釐，重量不得超過 5.5 公斤。照門禁止裝設放大鏡，服裝也有嚴格規範。

手槍

比賽使用口徑 5.6 公釐的手槍、4.5 公釐的空氣槍。射擊姿勢僅採立姿，必須單手持握。射擊時，手腕不得仰賴支撐物。

散彈槍

飛靶射擊用槍，採用 12 號口徑或以下的自動散彈槍。12 號口徑意指槍口大小為 18.5 公釐，可裝填雙彈匣，一次可擊發 2 發子彈。

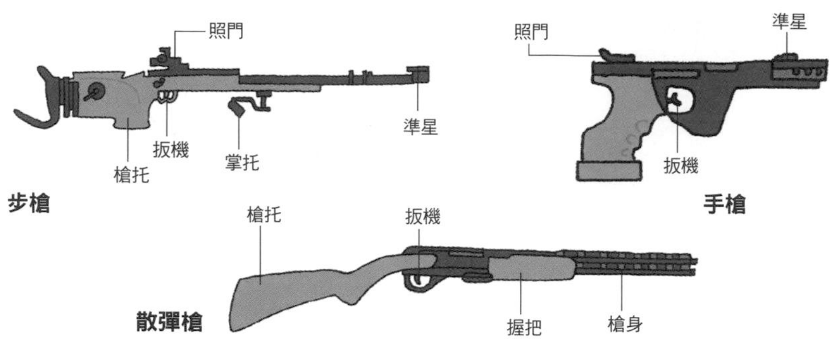

射擊三姿

立姿 以站立姿勢射擊。支撐槍身的手盡量垂直立起，以腰骨或側腹部撐住手肘，盡可能擺直頭部。身體可稍微後傾，藉以調整與槍枝的相對位置。可戴手套。

跪姿 採單膝蹲立，一方膝蓋著地的射擊姿勢。支撐槍身的手肘置於膝蓋上，頭部盡量擺直。腳踝下方可墊緩衝器具，亦可配戴手套、槍背帶（用於輔助穩定槍身）。

臥姿 以趴臥姿勢射擊。頭部不可過度偏向左右或前傾，隨時確保一定的力量讓槍托抵緊肩窩，避免錯位。支撐身體的手臂和地面的角度要大於 30 度。亦可配戴手套、槍背帶。

射擊時的遮眼

步槍射擊比賽中，可在槍身或瞄準器裝上遮眼板。高度須小於 30 公釐，且從照門孔洞中央到非瞄準眼的距離不可超過 100 公釐。不過，現今的主流以配戴裝有遮眼板的眼鏡居多。

日本射擊運動現況

飛靶射擊在二次大戰前雖相當興盛，但隨著人口老化，約 17 萬的愛好者當中據說有 8 成都已超過 50 歲。日本因槍砲刀械管制法的規範，一般人無法輕易擁有步槍、散彈槍等槍枝，所以步槍、手槍的奧運參賽選手多是自衛官或警察。然而，也有很多選手在就業前的高中時期就已經開始參加青少年組的競賽項目。相較之下，飛靶選手就比較多一般民眾而非自衛官或警察。

現場觀賽能體驗到十足的震撼力與臨場感

雖然射擊作為競賽項目相對小眾，但實際到場觀戰的人多半都會在賽後激動訴説當下受到的衝擊與感動。例如飛靶射擊時，選手必須展現高度的瞬間判斷力與反射神經來捕捉會移動的標靶，據説會讓現場觀眾也不禁被這股緊張氣氛傳染。在靶場地形和風向影響下，射擊條件無時無刻都在變化，然而當選手在這樣的環境裡命中目標時，觀眾也感受到同等的興奮與爽快，這正是射擊賽事的醍醐味。不論是擊發時獨特的響音還是火藥味所帶來的臨場感，都帶給現場觀眾無比的感動。

※ 以上內容為截至 2018 年 6 月之現有資訊，實際規則可能因後續修訂而異動。

■與濺起的水花一同前進，刺激又爽快的競技項目

輕艇

作為輕艇原型的獨木舟是自古以來許多人生活中不可或缺的工具。如今作為競技項目則會駕著 2 種輕艇互爭快慢。競賽項目類別繁多，各有可看之處。

>>>>> 競賽場地

激流標桿場地

賽道全長 200 ～ 400 公尺，設有 18 ～ 25 處標桿。標桿種類有逆流而上通過的逆流標桿（紅標桿），與順流而下通過的順流標桿（綠標桿）。

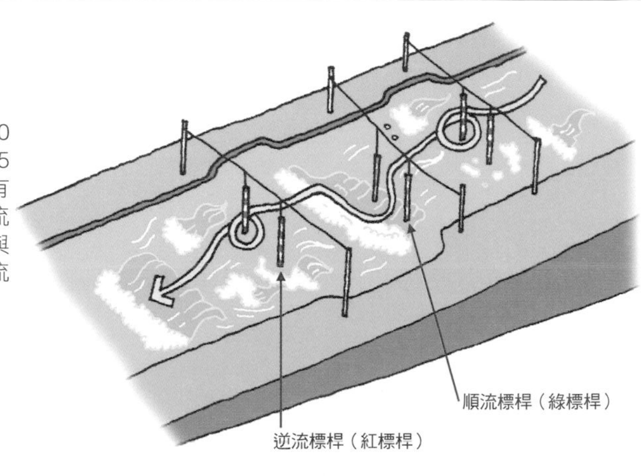

終點線
150m
賽道寬 9m
200m 起點線
500m 起點線
1000m 起點線

靜水競速場地

水不會流動的直線賽道。設有 200 公尺、500 公尺和 1000 公尺 3 種項目，選手出發後朝著各項目設定的終點線划行。通常以 9 條賽道進行比賽。

3 大觀賽基本重點

POINT 1 在設置於水上的賽道中競速，較量抵達終點的順序或時間

除了人工設置的場地，也會利用河川、湖泊等水域劃分出賽道，透過划動輕艇拚搏速度快慢。靜水競速以抵達終點的順序，激流標桿則以耗時長短決定勝負。靜水競速的輕艇有分單人、雙人與 4 人項目，以激流標桿來說若為卡雅克式艇就只有單人，加拿大式艇則有單人和雙人項目，但奧運僅設單人。比賽時的看點除了選手速度，操艇技術更是不容錯過。

POINT 2 有靜水競速與激流標桿 2 大類型

大致可分成 2 大類型，分別是在直線賽道競賽的靜水競速，和在激流中競賽的激流標桿。而且各自又依船型細分比賽項目，包括「卡雅克式艇」及「加拿大式艇」，兩者在船槳和外形都不甚相同。

POINT 2

靜水競速

所有選手一起出發，單純比賽誰先抵達終點。出發後加速衝刺，以極快速度前進的身影充滿魄力。此外，雙人及4人項目中搭配得天衣無縫的動作姿勢也值得一看，令人大呼過癮。採用自動起航裝置的出發場面亦不容錯過。

激流標桿

選手必須邊划邊克服激烈起伏的賽道，同時依照規定的順序與方式通過標桿，否則將依罰則判給罰點。「起點到終點所划的秒數與全部的罰點相加」即為選手最後的成績。

POINT 3

靜水競速的可看之處在於划艇速度，激流標杆則可留意操艇技巧

靜水競速的選手自出發到抵達終點展現的速度感乃賽事最大看點。激流標杆最值得一看的部分在於選手能否在不犯規的狀態下順利通過標桿，驚險刺激的場面令觀眾也不禁捏把冷汗。此外，比賽也會受到河川水流和波浪狀態的影響，因此選手當下的應對能力也是一大看點。

樂趣加倍！觀賽小知識

競賽項目

下表為奧運會舉辦的項目，靜水競速在乘艇人數和距離上都設有許多項目，只不過男、女子組的比賽距離略有不同。另一方面，激流標桿無論是卡雅克式艇還是加拿大式艇都只有單人項目。

	男子組	女子組
靜水競速	單人卡雅克式艇 200m	
	單人卡雅克式艇 1000m	單人卡雅克式艇 500m
	雙人卡雅克式艇 1000m	雙人卡雅克式艇 500m
	4 人卡雅克式艇 500m	
	單人加拿大式艇 1000m	單人加拿大式艇 200m
	雙人加拿大式艇 1000m	雙人加拿大式艇 500m
激流標桿	單人卡雅克式艇	
	單人加拿大式艇	

靜水競速與激流標桿的賽道與規則

靜水競速

使用在河川、湖泊、水庫等非流動水域中設置的直線賽道。依規定每條賽道的寬度為9公尺，選手若超出賽道即失去比賽資格。終點前100公尺的位置設有紅色浮標，名次根據艇首通過終點線的先後順序排定。雙人和4人賽通過終點線時，必須所有選手都在輕艇上才算有效成績。

激流標桿

除人工設置部分，也會利用自然地形打造出變化多端的賽道。選手必須依照規定的順序與方式通過標桿，過程中觸碰標桿會遭判罰點。如果觸碰標桿，通過終點線的成績就多加2秒；若是沒能通過標桿，每漏掉1處就會多加50秒。因此只有速度快、犯規少的選手能奪下金牌。

卡雅克式艇與加拿大式艇的差異

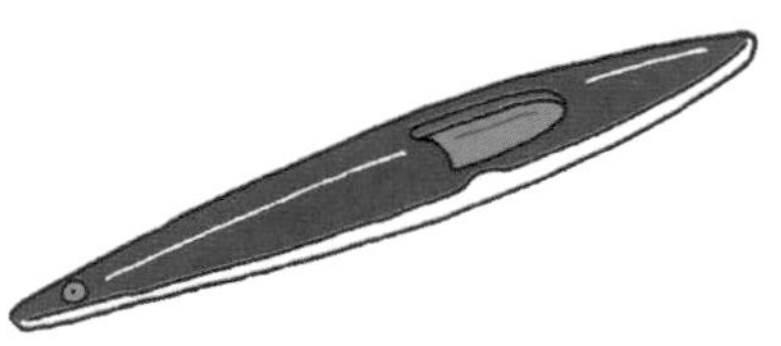

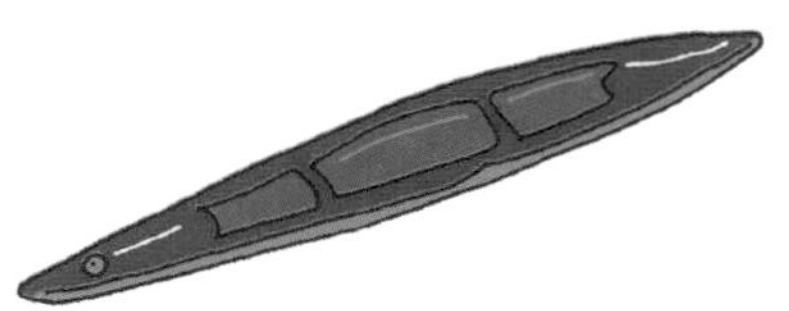

卡雅克式艇（Kayak，K 艇）
左右交替擺動兩側皆能划水的雙葉槳，以腳操舵往前划行。僅有選手坐艙才有開口，其餘部分幾乎都包覆著外殼，稱為「密閉式甲板」。整體強度高於加拿大式艇。

卡雅克式艇速度較快
由於使用雙葉槳，因此速度會快於加拿大式艇。特別是在 4 人共划的靜水競速項目，其速度位居輕艇所有項目之冠。速度感與划行的震撼力正是卡雅克式艇的最大看點之一。

加拿大式艇（Canoe，C 艇）
使用僅單側能划水的單葉槳，因此只會在左側或右側划槳前進。乘艇姿勢為單跪姿或跪坐。除選手坐艙外，通常還設有多個開放式空間，且船上無舵，構造相當簡單。

加拿大式艇操作難度較高
因為使用只能從單側划水的單葉槳，所以連筆直前進都很不容易。選手必須靈活地操控船槳往前划行。靜水競速自然不在話下，激流標桿更是需要高難度的技巧。

多元的輕艇競技項目　除了奧運比賽項目以外還有許多不同種類。

激流越野
順著河川等激流而下，競爭所需時間長短。設有短距離的「競速」與長距離的「經典」2 項目。看選手如何克服岩石等障礙物正是賽事精彩之處。

輕艇激流花式
選手駕著卡雅克式艇在波濤洶湧、高低落差較大的激流中操槳前行。有時整艘卡雅克式艇還會在水裡或空中翻轉，是種非常刺激的項目。

輕艇水球
使用單人輕艇，以 5 人 1 隊進行水球比賽，由射入對方球門的球數較多者獲勝。與對手的衝撞等場面都超乎想像地激烈。

龍舟
源自中國，據說是世上最古老的划船競技。現已普及至日本的沖繩及九州地區。以五彩繽紛的龍首船艇為最大特徵。

輕艇術語

- Bow ＝艇首。
- Stern ＝艇尾。
- Paddle ＝槳。
- Blade ＝槳葉。
- Paddler ＝槳手。
- Stroke ＝每一次划槳。
- Up gate ＝逆流而上通過的標桿。
- Eddy ＝水流因障礙物減緩流速，形成水流較平穩的區域。
- Drop ＝水流強勁和存在強大漩渦之處。

■擺槳划船 2000 公尺，較量速度的水上賽事

划船

相傳起源於北歐海盜的實力測試，是誕生於 18 世紀英國的船艇競技。1900 年的巴黎奧運列入正式競賽項目，歷史悠久超過百年。

4 大觀賽基本重點

POINT 1 直線划行 2000 公尺，以船首通過終點的先後順序決定名次

規則簡單明瞭，選手自起點線划行 2000 公尺至終點，較量速度快慢。船隻出發前須將船尾靠在固定式浮橋，出發後船首通過終點線時即為抵達終點。順帶一提，有別於輕艇選手會面朝前進方向划行，划船選手則是背對著划行方向。

POINT 2 分為雙槳式與單槳式

划船競賽項目依選手划行時用的船槳數量可分為 2 大類型。一是選手以左右手分執架設於船隻左右兩側的船槳划行，此為雙槳式；另一種則是雙手持握 1 根船槳划行的單槳式。

雙槳式　選手持 2 根船槳，以左右對稱的方式划船前進。設有 3 種競賽項目，分別是划船競賽唯一的個人項目「單人雙槳式」、2 名選手合作無間的「雙人雙槳式」與 4 名選手展現團隊力量的「4 人雙槳式」。

單槳式　選手雙手持 1 根船槳，於船隻的左側或右側划行前進，因此至少要有 2 名選手一起參賽。設有雙人、4 人和 8 人 3 種競賽項目。奧運僅設 8 人單槳式項目，除了負責划船的 8 名選手外，還會搭乘 1 名舵手。

POINT 3 充滿魄力的出發情景，與最後互不相讓的精彩衝刺

划船競賽中，選手必須在裁判發令和紅燈亮起後，聽到音響訊號且燈號轉為綠色時才能出發。出發後若一口氣衝至領先，就能掌握其他對手的動向，對賽況較為有利，但萬一發生搶跑等違規情形，累積 2 次就會喪失比賽資格。此外，各選手接近終點時選擇衝刺的時機也值得注目。

POINT 4 1/100 秒的差距就可能輸掉比賽

由於划船比賽時常直到最後關頭都難分勝負，因此計時會計算到 1/100 秒，並且根據架設在終點線上的攝影判定裝置拍下的畫面來判斷各選手抵達終點的順序。順帶一提，選手於比賽期間若是划入隔壁水道掀起波浪影響對手船隻或予以碰撞，將會失去比賽資格。

樂趣加倍！觀賽小知識

競賽項目

2020 年東京奧運的競賽項目如右表所示，男、女子組皆設 7 個項目。輕量級設有選手體重限制，男子組個人不得超過 72.5 公斤，平均體重不得超過 70.0 公斤；女子組個人不得超過 59.0 公斤，平均體重不得超過 57.0 公斤。

	男子組	女子組
雙槳式	單人雙槳式	
	雙人雙槳式	
	4 人雙槳式	
	輕量級雙人雙槳式	
單槳式	8 人單槳式	
	4 人單槳無舵手式	
	雙人單槳無舵手式	

雙槳式與單槳式的船艇差異

雙槳式

划船競賽使用船隻稱為「賽艇」，特徵在於為了加快速度而設計的細長船形。但也因此划行時穩定性低，尤其是單人雙槳式的比賽用船，選手一旦失去重心就很容易翻覆，因此主辦方會按項目規定船隻的最低重量。此外，船隻長度也會依乘坐人數不同而有所變化。

單槳式

單槳式項目雖然也使用賽艇，不過 8 人用的賽艇船尾還多了舵手乘坐的空間（有的也會將舵手乘坐空間設置在船首）。單槳式項目由於是使用以雙手持握划行的船槳，因此尺寸大於雙槳式用槳，長約 3 公尺，重約 2.5 公斤。

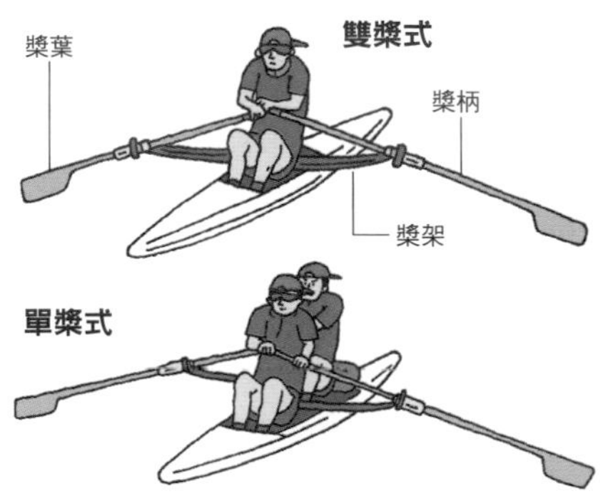

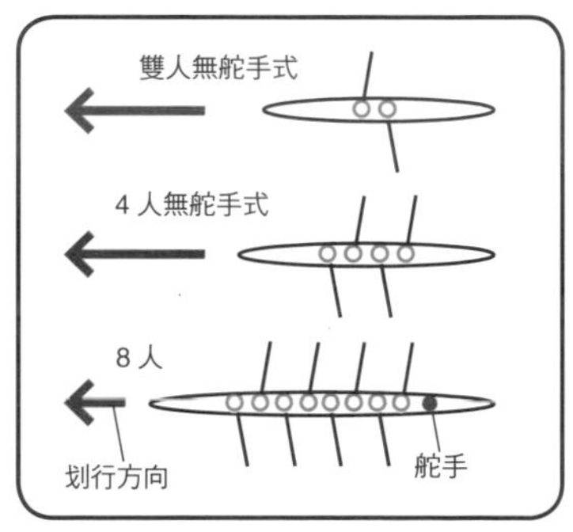

舵手與划槳手的任務

舵手主要負責操舵，盡可能以最短距離朝終點邁進，同時也須觀察對手船艇情況思考配速後下達指令，是形同隊長般的存在。此外，位在中間位置的划槳手負責聽從指令調控擺槳頻率，就好比全隊的引擎。至於最靠近船首的划槳手則負責留意所有划槳手的狀態，同時發號施令讓全隊擺槳頻率能夠一致。

划船技巧

划船基本動作有其正確順序，首先將船槳的槳葉置入水中（入水），再使出全身力氣划動加速（疾駛），結束加速後將槳拉起（拉槳結束）。在划船競賽中，最理想的模式便是划槳手以整齊劃一的優美動作如滑過水面般前行。一旦划船技術有所精進，選手就能在不發出水聲、不揚起水花的狀態下搖動船槳。

■與大自然鬥智為課題的海上競賽

 帆船

操控裝有風帆的船艇相互競爭排名的競賽。賽道設於海上，因此致勝關鍵在於選手能否確實掌握海潮與海風，擬定策略駕駛船隻。

>>>>> 競賽場地

帆船比賽場地
於海面上設置名為「浮標」的浮球來構成比賽路線。起航線依照規定須與風向垂直，如遇風向改變，即使在比賽途中也必須加以調整。右圖為一般常見的比賽路線。

4 大觀賽基本重點

POINT 1 依照設置於海上的路線航行，競逐抵達終航線的順序

依比賽項目不同，會由 1～2 名選手駕駛帆船朝終航線邁進，途中須依規定順序與次數繞行設置於海面的浮標。選手不一定要沿著路線筆直航行，逆風或側風吹拂時可以 Z 字形前進，藉此迎合風向。遇上大型轉彎時參賽選手是否有足夠本領大膽俐落地切換方向，非常值得一看。

POINT 2 比賽精彩看點在於與對手和大自然鬥智

帆船比賽中，參賽者不僅要應付其他船隻，還得對抗海浪高度、海潮流向和風向等大自然變化。選手除了具備能掌握瞬息萬變的環境變化、其他船隻的相對位置以及自身船隻狀態等情況並隨時提出對策的頭腦，也必須習得能夠加以實踐的技術。

POINT 3 好的起航將事半功倍

啟航地點設於下風處，所有選手將同時出發。啟航前 5 分鐘會開始倒數，只要能在起航訊號發出時以最快速度搶先通過起航線爭取到最佳位置，將對接下來的比賽非常有利。所有選手都想率先抵達第 1 個浮標而爭相前進的激烈賽況可說是比賽剛開始最令人熱血沸騰之處。

POINT 4 會舉行 10 次左右的預賽，於決賽排定最終名次

依抵達終航線的次序給分，第 1 名 1 分、第 2 名 2 分、第 3 名 3 分並依此類推，名次越高者得分越低。雖因不同項目而異，但預賽通常會舉辦 10 次左右，由總得分最低的前 10 名選手晉級有「獎牌爭奪戰」之稱的決賽。最後將以決賽名次和先前預賽的總得分決定最終排名。此外，預賽的舉行次數也會受到天候或海象等因素影響。

樂趣加倍！觀賽小知識

競賽項目

帆船競賽依照船隻種類、駕駛人數區分項目。奧運設有男子組項目 5 種、女子組項目 4 種、男女混合項目 1 種。

男子組	女子組
RS:X 型 雷射標準型 芬蘭型 470 型 49 人型	RS:X 型 雷射輻射型 470 型 49 人 FX 型
男女混合　雙體船 Nacra 17 型	

RS:X 型

屬衝浪板上裝設風帆的風浪板項目。奧運中被歸類於帆船項目。相較於風浪板輕巧的外型，選手必須具備相當的體力與耐力。最高速度可達 50 公里，因此控速能力也很重要。

雷射標準型、雷射輻射型

雷射標準型為男子組項目，採用全長 4.3 公尺、寬 1.37 公尺的小型船艇。女子組項目的雷射輻射型船體大小與標準型相同，但裝設的風帆較小。小型船艇特別容易受到風勢和海浪影響，操控難度較高。

芬蘭型

於 1952 年赫爾辛基奧運列入正式競賽項目，為現今奧運帆船項目中歷史最悠久者。選手須獨自操控全長 4.51 公尺、寬 1.50 公尺的大型船艇，所以除技術外也必須具備足夠的體能。

470 型

船隻全長為 4.70 公尺，日本選手都暱稱其為「470」，是日本最擅長的項目。由 2 名選手乘船，1 人操控舵桿和主帆，另一人操控副帆（前側風帆）。

49 人型、49 人 FX 型

49 人型項目使用全長 49.9 公尺、寬 2.9 公尺的大型船艇，為雙人操控的男子組項目。女子組的 49 人 FX 型則是在同大小的船體上裝設較小的風帆，同樣由 2 人駕駛。選手用細鋼索連接船身與自己的身體後整個人向外傾斜，不時挪動以取得平衡的景象可說是賽事最精彩的畫面。

雙體船 Nacra 17 型

男女選手各 1 名駕駛全長 5.25 公尺的雙體船，是帆船競賽中唯一的男女混合項目。2 名選手各司其職，隊長負責操控舵桿和風帆，隊員負責從船上向外傾出身體取得平衡，至於男女如何分配職責則交由隊伍自行決定。

採低得分決勝法

帆船競賽採用「低得分決勝法」，最後會由得分最低的隊伍勝出。只要犯規就會加分，藉此簡化評分方式。此外，比賽全程遵照「國際帆船賽事規則」辦理，期間發生的船隻衝撞、阻礙航行皆依此規則裁定。

海上裁判機制

對手犯規時，選手可於賽後提出申訴，再經裁判面談後裁定成立與否。不過，唯獨在決賽時採用海上裁判機制，會有裁判船跟隨在選手船後方。如此一來就能免去面談裁定的步驟，於比賽結束的同時確定選手的最終排名。

國際信號旗

國際信號旗原是海上船隻用來溝通的旗幟系統，在帆船競賽中則是主辦方與選手交流的手段。以下為奧運帆船項目中時常使用的幾面旗幟。

P旗

出航前 4 分鐘的信號。升起時代表準備信號。

N旗

棄賽信號。升起時代表比賽棄賽或中斷。

L旗

宣告通知的信號。代表集合或跟隨該船隻航行。

■選手精湛又強勁的球技與戰術運用魅力無窮

網球

網球是種不分男女老幼、愛好者眾多的運動。各大公開賽中，一場場令人屏息的高水準對戰，讓觀眾看得目不轉睛。

>>>>> 競賽場地

網球場

球場以球網分隔，並畫上單打用與雙打用的各式標線。球場種類則有草地、水泥、瀝青等等。

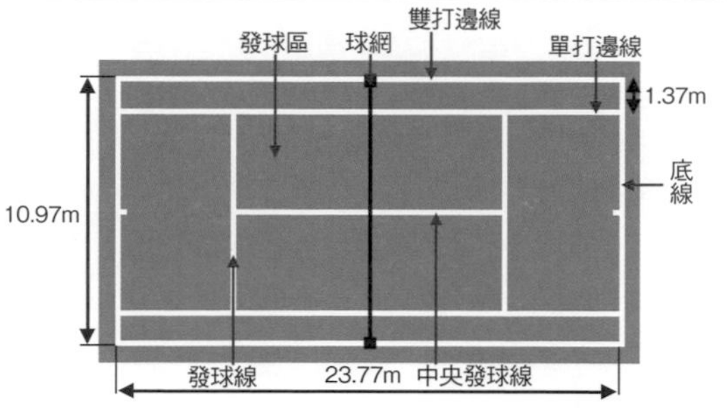

5大觀賽基本重點

POINT 1 取得3盤2勝者贏得勝利

每盤先贏6局者勝，先拿下4分者可奪1局。在如溫布頓等大型公開賽中，男子組單打項目採5盤3勝制。男女子組的項目分別設有單打、雙打與男女各1人的混合雙打。

POINT 2 擁有發球權者較佔優勢

以發球開場的網球運動中，發球方由於能調節自身在該局的進攻態勢，因此較佔優勢。擁有發球權的局數可稱為「發球局」，選手能否持續保住對自身有利的發球局是致勝的重要關鍵。此外發球有2次機會，即使第1次失敗也還有第2次機會，這也是較佔優勢的原因之一。每局結束後都會換人發球。

POINT 3 致勝關鍵在於能破多少對手的發球局

因為擁有發球權者較佔優勢，所以若是能搶下對手的發球局，將會大幅提高獲勝機率。贏得對手發球局一般稱為「破發球局」，一方選手若能順利取得對手的發球局，下一局發球權就會回到自己手上，藉此提高率先贏得該盤的機率。此外，差1分就能破對方發球局的狀態稱為「破發點」，此時雙方選手的專注表現正是精彩看頭。

POINT 4 心理狀態會依賽況不斷改變，更顯自我調適的重要性

網球是種在對戰過程中不論戰況或心理狀態都會不斷改變的運動。隨著賽事進行不僅會消耗體力，發球和擊球的精準度也會出現變化。選手若是察覺自身疲態，就可能出現想要速戰速決，卻因過於躁進而產生的失誤，或是在看到對手無懈可擊的擊球後喪失鬥志，進而遭對手趁勝追擊。因此在長時間的比賽當中，選手如何調適心理狀態也是非常重要的課題。

POINT 5 選手各有擅長與不擅長的球場種類

網球球場種類眾多，因此在不同球場打出的球也會出現不同的反彈方式和距離。由於 4 大公開賽的球場種類各異，因此即便是著名選手也不乏「某某公開賽怎麼打都打不太贏」的煩惱，很有可能就是因為球場種類的緣故。每位選手都有自己擅長的擊球、發球方式，所以與球場種類的適性可說是左右勝敗的要件之一。

樂趣加倍！觀賽小知識

計分時的比數宣讀法

雖是先拿下 4 分者贏得該局，但實際上裁判報分數時不會說成 1 分、2 分，而是選手獲得 1 分時會以網球獨有的得分念法說成「15（Fifteen）」，得 2 分時說「30（Thirty）」。此外，得分的構成單位從分（先拿 4 分者贏 1 局）→局（先拿 6 局者贏 1 盤）→盤（先拿 3 盤者贏得該次比賽）→ 1 場比賽。

比數宣讀法

得分	0	1	2	3	4
標示	0	15	30	40	G
念法	Love	Fifteen	Thirty	Forty	Game

比數宣讀法實例

15-0 Fifteen-love	30-30 Thirty-all	40-40 Deuce（平分）

※ 從擁有發球權的選手比分開始宣讀

平分與佔先

規則上雖是先拿下 4 分者贏得該局，但比分若是來到「40-40」，這種情況稱為「平分」。平分後率先得分取得領先時稱為「佔先（Advantage）」，接下來如能連得 2 分即可贏得該局。然而取得佔先的選手若無法連續得分便會回到平分的狀態，直到有一方連續取得 2 分。

決勝局

規則上雖是先拿下 6 局者贏得該盤，但當比數來到「5-5」，就必須連勝 2 局才能贏得該盤。如果打到「7-5」便能結束該盤，不過萬一比數來到「6-6」，就會改成在下一局先得 7 分者勝出（搶七）；然而要是下一局比分又來到「6-6」，將由先連續拿下 2 分的選手獲勝。此即名為「決勝局」的機制，但並非所有賽事都會採用。

挑戰機制

主審或線審判定球是否出界後，選手若不服裁判結果，可要求確認錄影片段重審，此即「挑戰機制」。選手要提出異議時可豎起食指或舉手，以手勢告知主審；然而，僅限設有電子裁判裝置的賽事才能提出挑戰。1 局內最多可挑戰 3 次，即便挑戰失敗也不會扣分，只會減少使用次數。

教練的指示

比賽中，教練或輔助員不得給予選手任何建議、指示或資訊。2 盤之間的休息時間，選手也禁止與教練接觸。教練只能在觀眾席觀看選手的表現，違反規定者將依規定懲處。不過，WTA 亞洲巡迴賽（女子組賽事）允許選手每 1 盤可呼叫教練到球場上給予建議。

球僮

說到網球比賽的特徵，就不得不提球僮的存在。他們負責在雙方選手結束來回拉球或發球失敗時上場撿球，平時則挺直身體不動或維持半跪姿，當球成為無效球就會迅速前去撿拾的身影令人印象深刻。擔任球僮的大多是年輕的少年少女，且必須接受訓練課程，徹底學好基礎知識。

擊球方式

擊觸地球（Stroke）
意指擊打觸地 1 次的球，源自英文的「Ground stroke」。不過 stroke 這個字有時也泛指所有的擊球動作。而擊打觸地球的方式有「旋球」和「削球」，所謂的「旋球」就是讓球旋轉，可分為向前旋轉的上旋球，和向後旋轉的下旋球（削球）。近年的網球比賽中，據說選手最常使用的擊球方式就是上旋球。

截擊（Volley）
意指擊打未觸地的球，常見於網前。比賽時常常能看到選手站到網前，在球的威力減弱前如同發射子彈般奮力擊出。好處是能藉此發動快攻給予對手壓力，但相對地跑向前方的選手需耗費時間回到原本的位置，而且快速擊球是種很難確實掌控的動作。

扣球（Smash）
像是甩下物品般擊打高於自己頭頂的球。力道強勁，但一不小心也可能成為對方的機會球。無論是已觸地 1 次或未觸地的球都能以這種方式處理，唯獨扣擊已觸地球的前提在於打擊點要高於自己的頭頂。

過網急墜球（Drop）
以球拍抵銷球的力道，使球快速墜落至對手側的近網處。這種打法可以讓對方措手不及或疲於奔命，根據出手時機甚至可以在對手來不及反應的情況下得分。不過這種擊球方式同樣不好控制，球一旦不夠近網或彈得較高，就很可能讓對手有可趁之機。

來回拉球（Rally）
兩邊選手來回持續擊球的狀態，直到某一方得分後才會結束。雙方在你來我往之間會窮盡各式打法，只為搶下得分。這並非單純在互相回擊對方攻勢，而是必須在不分軒輊的對戰過程中擬定戰術，思考如何擊球才能搶下分數。

發球（Service）
發球宣告了賽局的開始，也可稱為「開球」。將球拋至空中後，必須在球落地前擊出。把球拋至空中的動作稱為「拋球（Toss）」，且選手必須將球打進對方的發球區內才算有效，否則視為無效球。發球有 2 次機會，第 1 次即使失敗也不會失分。發球時速可高達 200 公里，是選手搶分的一大利器。

正手拍
擊打飛向選手持握球拍側的球。擊出時應拉開身體，就像要迎球入懷一樣。基本會採與球平行的平擊打法，不過目前主流是用正手拍擊出旋球。

反手拍
擊打飛向選手持握球拍另一側的球。選手擺出像是縮手般的姿勢擊球，有時用單手，有時用雙手。

ATP 排名與積分

ATP 係指針對男子的「職業網球聯合會」。選手只要出戰協會認定的賽事就能依據比賽成績獲得積分，再以積分多寡決定選手的排名，稱為「ATP 排名」，也就是一般所謂的世界排名。選手可憑藉過去 52 週內（約 1 年）參與的比賽與成績獲得積分，但 2016 年里約熱內盧奧運被從積分對象中剔除，未能累積積分，因此這項積分是否會在 2020 年東京奧運復活也備受關注。順帶一提，女子的世界排名稱為「WTA 排名」。

網球用語

- Fault ＝指發球失誤。兩次發球失誤稱為「Double fault」。
- Ace ＝接球方完全無法觸及的強力得分球。
- Cross ＝瞄準球場斜對角回擊。
- Passing Shot ＝穿越球，從網前對手側邊穿過的擊球。
- Down-the-line Shot ＝即邊線直線球，沿著邊線直線回擊的打法。
- Love Game ＝在一局內完全沒有得分或是沒讓對手得到任何一分。

球場種類

草地球場

使用天然草皮的場地。以往相當常見，但由於保養不易因此現在已經很少看到。場地特徵在於球滾動速度快，因此有利於發球球速快的選手。

特徵
- ●球的彈跳速度極快。
- ●反彈高度低。
- ●場地難以保養維護。

紅土球場

使用紅土、黏土和沙鋪設。對選手腳部和腰部的負擔較小，場地看起來是紅色的。由於球滾動速度較慢，因此比起擅長強力發球更適合擅長擊球的選手。

特徵
- ●球的彈跳速度慢。
- ●反彈高度普通。
- ●容易打滑。

硬地球場

於水泥或混凝土上塗抹塑料而成的場地。宛如橡膠般的平整地面使得球少有不規則彈跳，但因堅硬不易打滑，會消耗選手較多體能。球的反彈高度高，有利於擅長強力發球的選手。

特徵
- ●球的彈跳速度慢。
- ●反彈高度高。
- ●球少有不規則彈跳。

鋪沙的人工草皮球場

以鋪有沙子的人工草皮構成的球場。排水性極佳，即使下過雨也能馬上使用。但四大滿貫與其他大型賽事皆未採用。

特徵
- ●球的彈跳速度慢。
- ●反彈高度低。
- ●球少有不規則彈跳。

競爭激烈的四大網球公開賽

四大網球公開賽堪稱職業網球的最高殿堂，每年都會於美國、法國、英國和澳洲舉辦，為網球界的年度盛事。選手若能在 1 年內摘下四大公開賽的冠軍，即稱作「大滿貫」，因此也有人直接將四大公開賽統稱為「大滿貫賽」。網球界每年都會舉辦許多巡迴賽，但無論對選手還是觀眾而言，四大公開賽都極為特別且備受矚目。

澳洲網球公開賽

新一年的賽事就從澳洲拉開序幕。在墨爾本舉辦的澳網採用的是硬地球場，由於澳洲地處南半球，意味著歐洲、美國和亞洲選手必須從寒冬前往酷夏之地，導致某些備受期待的選手甚至可能在預賽落選或棄賽。此外，這是唯一導入中暑防護機制的大賽，當氣溫超過 35 度，主審可延後開賽時間。

法國網球公開賽

於法國巴黎的羅蘭加洛斯球場舉辦的賽事，採用紅土球場，因此有許多人對法網的印象就是「滿滿的紅土」。也許是因為這個緣故，球在場上容易出現不規則彈跳，所以法網也以難以預料著稱。此外，四大公開賽中只有法網的所有球場皆未搭設頂棚，因此時常會有遇雨順延或中止賽事的情況，讓選手苦於調適體能與心理狀態。

溫布頓網球公開賽

於英國溫布頓舉辦，採用草地球場，選手必須在容易打滑的球場環境上奮戰。由於歷史悠久富有傳統，選手們不僅在比賽時，就連平日練習都要穿著白色服裝。另外，價格不斐的中央球場觀賽門票也十分有名。中央球場據說每年只會在舉辦公開賽的兩周期間內開放使用，在溫布頓也是有「網壇聖地」之稱的特別球場。

美國網球公開賽

賽事地點位於美國紐約郊外的法拉盛，採用硬地球場。曾更換過兩次球場類型，歷經從草地球場換成紅土球場後，才又換成現今的硬地球場。比賽獎金和觀眾規模堪稱世界第一，也是紐約當地的年度盛事之一。另一特徵則是在決勝盤引進決勝局機制。

■風靡全球、人氣高漲的熱門運動

足球

足球是只靠一顆球就能開打且規則相對單純的運動。從事足球競賽的人口為全球之最，普及範圍甚至遍及世界五大洲。

>>>>> 競賽場地

足球場

在英文也可稱為「Field」、「Pitch」。場地幾乎都採草皮形式，長度規定為100～110公尺，寬64～75公尺；奧運規格則將長度訂為105公尺，寬68公尺。

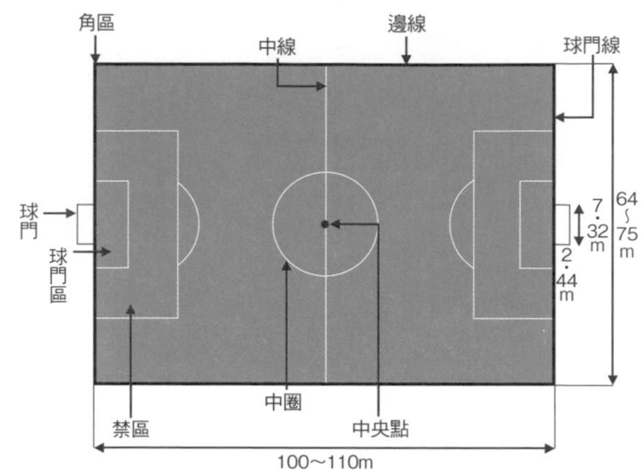

7大觀賽基本重點

POINT 1 每隊11人出場，得分多者贏得比賽

除了在球門前阻擋對手得分的守門員，其餘10人都負責在場上反覆守備與進攻，前進對手球門射門得分。選手依靠傳球及運球攻進對手半場，憑藉攔截對手傳球或以行動向對方施加壓力來防守球門，不論個人技巧還是隊友的合作無間都是賽事的精彩看點。由於得分相對困難，因此只要拿下1分，觀眾就會群起沸騰。

POINT 2 比賽時間分為上、下半場各45分，其間設有中場休息時間

男、女子組比賽皆分為各45分鐘的上下半場，當中間隔了15分鐘的中場時間。替補選手或緊急處置傷者等造成比賽中斷的時間，也會在45分鐘後以「傷停時間」的形式補回。基本上一場比賽每支隊伍最多只能替補3次選手，若是進入延長賽，就會放寬至4人。由於足球是種難以得分的運動，因此常可見到兩隊平手結束比賽；假使比賽採一定要分出勝負的淘汰賽等模式就會舉行延長賽，萬一延長賽還是同分，則會以PK賽分出高下。

延長賽與PK賽

延長賽分上下半場各15分鐘，中間設有5分鐘的中場時間。後半場結束時，由得分較多的隊伍獲勝。過去的延長賽曾以率先得分的隊伍為勝方，或是上半場得分已有差距時隨即結束比賽，但現在即使得分有一定差距也會打完全場。若延長賽依然無法分出勝負，就會舉行PK賽。所謂PK賽是指守門員和對手球員在1對1的狀態下由對手球員踢球，進球數較多者即贏得比賽。兩隊總共會踢5輪，如果踢完還是無法分出勝負，則將繼續互射，直到一方進球數贏過對方為止。

POINT 3

定位球是得分的絕佳機會

定位球指的是球越出邊線或對方選手犯規時，必須重新開球進行比賽的狀況。主要的定位球有「角球」、「自由球」和「點球」。特別是選手和守門員 1 對 1 對決的點球可說是得分的最好機會。在比數遲遲沒有變化之際，觀賽時不妨多多留意有絕大機會帶來得分的定位球。

POINT 4

華麗的個人技巧值得一看

個人技巧包含運球、傳球、停球等動作，不過觀賽時最顯而易懂的便是傳球。所謂的傳球是指選手邊踢球邊把球往前帶，但如果僅止於此，球瞬間就會被對手截走。因此選手必須展現個人技巧，例如在運球時加入假動作，或是玩弄對手般左右交互運球，抑或是以迅雷不及掩耳的速度運球。足球賽事精彩之處不只有射門，懂得欣賞這些華麗技巧也是樂趣之一。雖然隊伍難以單靠運球這類個人技巧贏得比賽，有時卻也能突破賽時僵局，開闢出通往球門的道路。

POINT 5

隊友間行雲流水般的傳球同樣令人驚嘆

選手可以運球進攻起腳射門，也可以長傳隊友助攻得分。賽場上突破球門的方法雖然很多，當中也有以團隊進攻的戰術，即同隊的選手不停地相互傳球。通常在對手嚴密防守下，就算把球往前踢也很難突破防線，但藉由流暢而縝密的傳球如同穿針引線般進攻，就有可能攻破對方的防守。透過令人眼花撩亂的團隊傳球擺弄對手並不斷攻進對方陣地，便有射門得分的機會。

POINT 6

非帶球選手的行動亦至關重要

據說每位足球選手在 90 分鐘的比賽中大約只有 2 分鐘的控球時間，其餘時候幾乎腳下無球。然而這些選手沒在控球時都在做些什麼？選手這時的行動稱為「無球跑動」，且會隨著比賽進展變得愈加重要。選手會一邊觀察賽況一邊跑去接下隊友的傳球，或是為了讓隊友方便傳球而跑往無人區域，引開前來防守的敵隊成員。這類行動並不是為了持球的瞬間，而是綜觀全場採取相對應的策略以確保下一波攻勢能夠成立。觀眾在看比賽時很容易把目光全都集中在球上，不過若能一面思考其他選手會如何行動，或哪位選手要怎麼行動才會有得分機會，無疑也是一種樂趣。

無球跑動

意指選手未持球，或位在球附近但沒上前控球的情況。「無球跑動」的戰術可分為選手在踢出有高機率不會受到攔截的傳球後，為了延續攻勢繼續跑動的「短跑傳動」，以及為擾亂對手守備而以斜角穿越球場的「斜角跑」等等。

POINT 7

注意比數容易出現變化的時段

剛開賽、開賽後的 20 分鐘左右和比賽快結束時，都是比數容易有所變動的時段。無論上下半場，這三個時段之所以容易出現得分上的變化，也許是因為剛開賽時選手還未進入狀況，無法穩定發揮實力，到了中盤可能是由於鬆懈、專注力下降，尾盤則是因為內心焦急而出現意外失誤。其他像是剛替補完選手和剛射門得分後，也都是比數容易出現變化的時段。

樂趣加倍！觀賽小知識

場上各位置的職責

前鋒（FW）

距離對手球門最近的位置，主要負責進球得分。必須具備確實射門的技術，與能夠製造射門機會的行動戰術。

中前鋒（CF）

最靠近球門的前線位置。雖以進球得分為首要之務，但也必須具備一定的控球力，以及積極搶攻卻不會構成越位的精湛技術。

前鋒（ST）

配置在比中前鋒稍微後方位置的選手。負責和中前鋒聯手搶分，賽時藉由傳球、運球製造射門機會，或是引開對手讓中前鋒能盡情進攻等。

邊鋒（WG）

賽時負責邊場的區域，將隊友運來的球或傳至邊場的球橫傳（對準禁區的長距離傳球）給中前鋒等位在球門前的選手。

中場（MF）

從防守到進攻都會參與。該位置堪稱球隊的心臟，必須統籌隊伍的比賽節奏，讓整支球隊的行動都能充分發揮效果。

攻擊中場（OMF）

在中場球員中屬於積極進攻的位置。負責製造射門機會或進球得分，例如自中場運球突破敵人防線或傳球給第一線的隊友，有時也會起腳射門。該位置在日本又名「TOP 下」，會在中前鋒後方以進攻為主要任務。雖屬中場，但也被稱為「影子中鋒」或「第二中鋒」。許多著名選手都是擔任這個位置。

防守中場（DMF）

擔當防守的重責大任。最重要的任務是阻擋對手進攻，但也可能會從該處展開己方的攻勢。其中「 Anchor」是專司防守的位置，配置在中場陣容偏後方。「Volante」則是負責有效傳球到前線，作為進攻起點。雖然「Anchor」著重防守、「Volante」是傾向進攻，但也有兩者兼具的情況。

中路中場（CMF）

位在中場正中央的位置。能放眼整座球場掌握賽況，向隊友下達指示和調節隊伍的比賽節奏。主要負責支援各方隊友並保持全隊的協調性。「邊前衛」則被配置在邊線旁的位置，當隊友難以突破選手容易聚集的中央區塊時，邊前衛就會從邊側運球進入發動攻勢，或是截走對手的球加以反擊。這個位置在防守上亦是貢獻良多。

翼衛（WB）

位在邊前衛和邊後衛之間。這個位置攻守兼備，通常都是由邊前衛或邊後衛兼任，較少配置專職球員。至於實際上會偏向進攻還是防守則取決於兼任的球員。

後衛（DF）

鎮守在守門員前方的最後防線。防守人員的判斷或失誤很可能導致對手射門成功。

中後衛（CB）

位在防守陣型正中央。主要負責阻擋對手的傳球、射門，或是攔截對手的橫傳，挺身防守己方陣地。其中「Stopper」會 1 對 1 貼身緊盯對手前鋒，不讓對方起腳射門。由於時常與對方近身纏鬥，所以必須具備一定的單挑能力。俗稱清道夫的「Sweeper」則是負責掩護或支援「Stopper」；至於擔當「Sweeper」卻又會積極參與進攻的位置就是俗稱的自由人「Libero」。

邊後衛（SB）

意指左右兩側的後衛。主要負責貼身防守從邊側進攻而來的對手球員，或是當對手打算將球橫傳至場中央時進行阻擋。雖是防守位置，但一有進攻機會也要能從邊場衝出，將球橫傳出去。此位置的球員必須擁有一定的運球、橫傳準確度，以及豐沛的體能。邊側球員基本上是右撇子就負責右側，左撇子負責左側，不過也有兩側皆能勝任的選手。

守門員（GK）

場上唯一能用手碰球的選手，但範圍僅限己方的禁區。以拳擊（像出拳般阻擋球）或腳阻擋，防止對手射門成功。此外，位處最尾端的位置能環視整個球場，因此也負責調度防線隊員，或指示隊友前去緊盯封鎖對手球員。PK 賽時，更是一肩挑起擋下射門的重責大任，是個非常重要的位置。

獨一無二的位置

準確的判斷力、精湛的技巧以及挺身面對球的勇氣，都是守門員必備的條件。正如有句話說「強大的隊伍背後一定有個優秀的守門員」，該位置尤其在歐洲等地更是受到球迷歡迎。

各式戰術

足球戰術據說可謂不計其數。其實依時代和教練的不同，各選手的配置、攻防方式等戰術都會有所差異。

陣型配置

意指場上選手的配置。通常會依後衛、中場、前鋒的順序，以「4-3-3」、「4-2-2」、「3-5-2」等方式標示各位置的人數。頭一個數字若是愈大，就代表後衛配置人數愈多，中間數字愈大就代表中場人數愈多，這就是陣型配置。以中場配置 5 人的「3-5-2」陣型來說，該隊採用的戰術應是希望提升團隊傳球力，積極主導控球權。

控球式足球

指選手持續控制球的運用方式，意味著提高控球率的戰術。為此，選手就得盡量不用長傳，必須以無數短傳進攻至前線。長傳雖能輕易將球送往前方，但遭對手攔截的機率也非常高，因此選擇運用不斷地短傳攻至對方球門前，再使出成功率高的傳球或射門爭取得分。

反擊式足球

強化防守，待對方攻進己陣時截走對手的球一口氣反攻，這就是速攻型的反擊式足球。即使對手動員多人發動攻勢，只要確實防守球門就不會被攻破，並且還能反過來發動速攻，進攻對方防守薄弱的陣地。採行這種戰術時防守能力固然重要，但隊上也必須要有能夠一口氣反攻、確實射門得分的前鋒。

區域施壓

積極向對手施加壓力，持續進攻前線的戰術。採用的並非緊迫盯人的「1 對 1 防守」，而是結合隊友交替防守目標選手的「區域防守」，以及由數名隊員同時對對方控球球員施壓的「緊逼防守」。在這種戰術下，球員都會集中到前線，因此隊伍的防守線也會拉到前線附近，全隊皆採小規模的積極進攻配置，以多人數包圍控球者，對其施加壓力。

全能足球

相較於一支足球隊的選手通常會依防守、進攻等位置有明確的分配，但這種戰術卻打破了位置間的區隔，讓隊伍進行「全員進攻或全員防守」。意思就是原本負責防守的隊員也會參與進攻，負責進攻者也能確實協防，並以精確的傳接球提高己方的控球時間，以及確實執行區域施壓等戰術為前提。由於每位選手都必須具備能攻能守的全方位技術，因此只有平均水準很高的隊伍才有辦法在場上真正執行。

射門種類

中距離射門、遠距離射門

中距離射門是從禁區外 20 ～ 30 公尺遠的地方起腳，若超過 40 公尺則為遠距離射門。由於距離相當遠，因此選手必須有良好的控球技術。

無旋轉射門

踢球時，球通常會自帶旋轉飛出，但只要不帶旋轉就能產生不規則的飛行路徑，形成難以擋下的射門。若能又快又準確地踢中球的中心點，便可踢出無旋轉射門。

凌空射門
選手在騰空狀態下直接踢球射門。雖然很難抓準出腳時機且球路有時還會變成弧狀，但只要踢對地方，不用太大力也能踢出威力十足的射門。

抽球射門
由上往下墜的射門球路。透過讓球帶有縱向旋轉以弧線飛出，並在球門前急速下墜。是踢自由球常見的踢法，好讓球跨過擋在前方的防守人牆直接進門。

曲線射門
會左彎或右彎的射門球路。像是擦過球中心點偏外側的地方把球踢出，就能讓球呈曲線旋轉。射門之外，也常用於角球與自由球。

頭槌射門
用頭而不是用腳的射門方式。雖說用頭，但基本上要用額頭撞擊球才是正確的頭槌。當球躍至空中後，選手想在較高位置控球時使用。

倒掛射門
把腳抬到比頭還高的位置，以類似後空翻的姿勢踢出，是種特技表演般的射門方式。由於背對球門，還要在向後方翻身的狀態下踢球，因此控球難度非常高。

何謂越位
這項規則是用來防止進攻方為求得分，事先派人埋伏在守備方陣地。藉此避免進攻方的選手先到對手陣地的球門前等球，與守門員形成幾近 1 對 1 單挑的狀態。

越位線→
DF
GK
防守方陣地→
越位位置→

GK 防守方守門員
DF 防守方後衛
● 進攻方選手
○ 球

關鍵字

越位線
包含守門員在內，以從防守方陣地最後方算起的第 2 名選手所在地為基準，從該名選手的位置橫向延伸出一條線。

越位位置
指位在對手陣地內球門線與包含守門員在內從最後方算起的第 2 名選手之間的位置。

構成越位的情況
●位在越位位置的選手接下傳球。
●己方選手射門之際，位在越位位置的選手阻礙對方選手的行動。
●隊友射門未進門之際，奪球繼續比賽。

未構成越位的情況
●未參與射門等己方的任何行動。
●接下球門球或角球等定位球時。

越位知識小測驗 下述是否構成越位？

Q1 位於下圖位置的選手（紅點）接球。

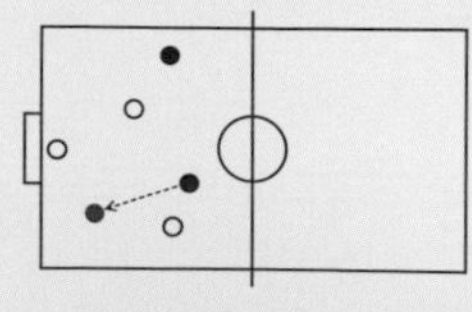

A1 防守方=○ 傳球=---->
進攻方=●●

由於位在越位線與球門線之間，因此構成「越位」。

Q2 位於下圖位置的選手接球。

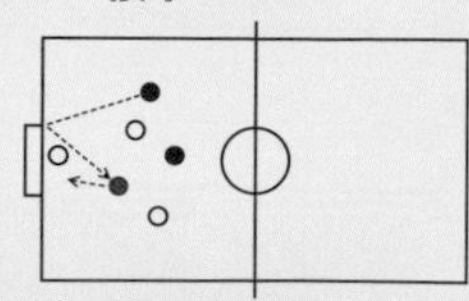

A2 防守方=○ 射門=-->
進攻方=●●

由於位在越位位置才能取得優勢，因此構成「越位」。

Q3 下圖位置的選手在球被踢出後移動接球。

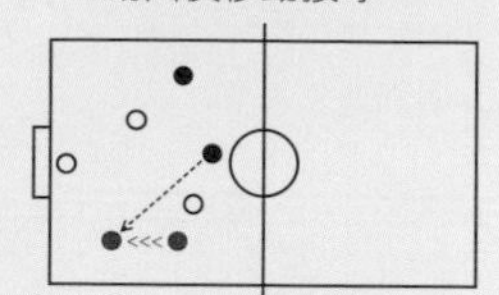

A3 防守方=○ 傳球=---->
進攻方=●● 移動=>>>

隊友在踢球瞬間尚未超過越位線，因此不構成「越位」。

定位球

自由球

一方犯規時，未犯規方能在犯規處踢自由球。依犯規內容還分為「間接自由球」和「直接自由球」。間接自由球是指發球者即使直接將球踢入球門也不算得分，必須由其他隊友觸及後再射門才算數。

角球

防守方選手若是將球踢出己方的球門線，對手就能踢角球。選手會將球擺在角區，踢向球門前。若是沒大力踢向球門前，而是像是傳球般踢給距離角區較近的選手，則稱為「短角球」。

球門球

進攻方選手將球踢出對手方的球門線外時，比賽會暫時中斷，由對手方的守門員發球後恢復比賽。

點球

一方在自家禁區內犯規時，就會判對手罰點球。由於會和守門員 1 對 1 對決，因此是得分的大好機會。

擲球入場

一方將球踢出邊線時，對手就能擲球入場。這時選手不是用腳踢，而是用手將球投入進球場。

主要違規事項

絆人

絆倒或企圖絆倒對方球員。

犯規衝撞

刻意過度衝撞對方球員。

犯規鏟球

鏟球時，在碰到球之前先觸及對方球員。

推人

推對方球員。

偽裝

過度誇大實際情況，例如假裝摔倒，或聲稱對手做出犯規行為。

以手部持球

即用手拿球。不只有手掌部位，手臂整體都是罰則適用對象，以手臂擊球也視為犯規。

阻礙

阻礙對方未持球球員前進或行動。過去在英文稱為「Obstruction」。

黃牌與紅牌

選手若出現違反運動精神或在比賽期間脫衣等行徑，經判定為違規行為時，裁判會舉黃牌「警告」。一場比賽中被舉 2 次黃牌的選手在當下會立即遭舉紅牌並強制退場。此外，向對手做出過度危險的動作，或吐口水、頭槌等侮辱行為時，裁判可馬上舉紅牌要求該選手立刻退出比賽。

奧運與世界盃

奧運的男子組足球項目歷史比世界盃還要悠久。過去參賽標準有明確區分成業餘選手參加奧運，職業選手參加世界盃，但如今由於職業選手也可以參加奧運，因此奧運參賽條件中新增年齡限制，規定選手年紀不得超過 23 歲，但每隊最多能配置 3 名 24 歲以上的選手（超齡球員）。女子組則無年齡限制。

席捲全球的世界盃足球賽熱潮

世界盃足球賽為 4 年一次、競逐足球界王者寶座的大型賽事。全球有超過 200 個國家參加，由通過預賽的 31 國和主辦國共 32 支隊伍出賽（2026 年起預計將出賽國家隊伍數量增加至 48 隊）。儘管全世界只有 32 個國家能參與這場賽事，在世界盃舉辦期間來自全球各地的球迷會湧入主辦國，在這一個月的時間裡群起激昂。電視轉播的收視率甚至更勝奧運，除了參賽國以外，就連其他眾多未出賽的國家也爭相轉播，影響與熱門程度難以估量。賽事更是精彩可期，不僅可以看到著名明星球員精彩絕倫或出乎意料的表現，也能見證新一代明星球員的誕生。此外，替選手加油的球迷也令人印象深刻；看臺上會布滿各代表隊的象徵色調，球迷更以各國充滿創意的獨特加油方式拼命聲援。為代表隊的勝敗感到欣喜或憂愁的球迷身影，也可說是足球圈才有的狂熱。

■以飛快速度來回穿梭場上的激烈球類競技

全員進攻、全員防守輪番出現，令人眼花撩亂的攻守交替為賽事最大特色。由於籃球比起其他球類競技相對容易得分，因此觀眾也會看得熱血沸騰，沉醉於選手們的精彩表現。

>>>>> 競賽場地

籃球場

比賽舞台為大小 28 公尺×15 公尺的室內球場。籃框高 3.05 公尺，框內徑為 45 公分。球場上繪有各式標線。

28m
15m
底線
罰球區
邊線
三分線
中圈
罰球線

7 大觀賽基本重點

POINT 1 每支隊伍 5 人上場，得分多者勝

5 人組成的隊伍只要將球投入對手的籃框就能得分，是種以得分多寡決定勝敗的運動。選手利用運球、傳球串起攻勢，再以射籃爭取得分，然而球一旦落入敵隊手中，攻守就會立即互換。此外，針對控球或碰撞都訂有詳細的違規罰則。遊走在犯規邊緣的激烈攻防，讓賽事更添看頭。

POINT 2 比賽採 4 節制，每節 10 分鐘

比賽共 4 節，每節 10 分鐘，總計 40 分鐘，其間設有可用來休息或讓教練下達指示的休息時間。休息時間為 2 分鐘，唯獨第 2 和第 3 節之間為 15 分鐘，即「中場休息時間」。第 3 節開始時，雙方會互換防守的籃框。比賽結束時若為平手，會舉行一次或多次的 5 分鐘延時賽，直到分出勝負為止。

跳球

比賽開始時會進行跳球。雙方各派 1 名選手面對面站於中圈中心線的兩側，由裁判從中向上拋球，兩人再以能讓隊友拿到球的方式跳起搶球。不過，得分後重啟比賽和第 2 節以後每節開始時，則會從底線開球。

POINT 3

中籃 1 次得 2 分，自三分線投球中籃得 3 分

一般射籃成功可得 2 分，但自三分線外側的投籃可得 3 分，罰球中籃則為 1 分。三分線投籃並非扭轉賽況的萬靈丹，且因為距離長難度高，縱使是頂尖選手也並非百發百中，因此當有選手成功投進三分球時，現場都會為之沸騰，成為賽事一大看點。

罰球

選手在一定條件下構成犯規時，敵隊即獲判投罰球的機會。對方能派出 1 名球員站至罰球區內，在無人防守的狀態下投籃。選手依情況可投 1 至 3 次不等。

POINT 4

全員進攻、全員防守輪番出現。以飛快速度進行比賽，得分相對容易

籃球競賽最大的特徵在於隊伍裡的 5 人必須同時肩負進攻與防守的職責。由於設有不少限制進攻時間的規則，因此賽況可說是瞬息萬變。賽時的攻守交替十分頻繁，一換防就可看見兩隊選手穿越球場。也因此一場比賽下來都會出現其他比賽少見的高得分數。選手之間不斷上演電光石火般的近身攻防，還有各式欺敵假動作，再加上令人眼花撩亂的賽況變化，正是籃球競技的魅力所在。

POINT 5

灌籃等爽快打法不容錯過

比賽能得分的不只有投籃，還有直接帶球起跳將球扣入籃框的「灌籃」。這種威力強大的豪邁動作連不太懂籃球的人都耳熟能詳，不僅對選手來說能夠盡情展現自身球技，對觀眾而言也是能夠感受選手力量、跳躍力和刺激賽事的好機會。此外，選手還會使出「上籃」、「跳投」等技巧高超又不失美感的投籃招式，深深吸引觀眾目光。

POINT 6

控球後衛左右整場賽事

一般認為在籃球比賽中主導賽事走向的便是控球後衛（又稱為「1 號」），這個位置相當於進攻時的司令塔，須以最短時間判讀情勢並發號施令進而得分。若說球隊強弱取決於控球後衛的能力高低，其實一點也不為過。此外，NBA 傳奇球星麥可．喬丹則是主打得分後衛（2 號），除了得分能力強，也會大幅牽動賽況，人氣極高。

POINT 7

搶籃板正是下次得分的關鍵

「搶籃板」即當某名選手投出的球未中籃時，其他選手會跳起搶球，為比賽期間值得一看的動作。出手射籃的隊伍若是搶下籃板，就能繼續進攻投籃，但敵隊若成功搶到球就會一鼓作氣地攻向另一方陣地，因此搶籃板時常成為影響賽況的分水嶺。兩隊選手在籃框底下爭相跳起搶球的畫面猶如激烈的空中戰，觀賽時不妨注意擅長籃下行動的中鋒（5 號）和大前鋒（4 號）大展身手。

樂趣加倍！觀賽小知識

場上各位置的職責

控球後衛（1 號）

隊伍的司令塔，在冷靜正確判斷賽況的同時向隊友下達指示，負責組織隊伍的攻勢，因此也被稱為「賽場上的教練」。必須具備高超的傳球與控球技術，以及激發出隊友潛力、掌控賽況的能耐，展現高度的領導能力並適時鼓舞士氣。被視為隊伍中最重要的位置。

得分後衛（2 號）

此位置以得分為主要任務。進攻時施展中長距離投籃積極搶分，面對對手時也能發揮強韌的意志力，同時也必須輔助控球後衛。NBA 的明星球員麥可·喬丹和柯比·布萊恩等都是主打此位置，他們倚靠卓越的能力克服各種狀況搶下分數的表現十分搶眼，可說是隊伍中最受矚目的人物。

小前鋒（3 號）

與 1 號、2 號一樣，主要負責的區域是在三分線外側，但依據情況也會進到三分線內側或籃框下積極參與攻防，進而活躍於全場。負責選手要具備強大的體能、速度和高度控球技巧，來應付賽時飛身搶籃板或挺身參與近身攻防的需求。其中不乏許多備受期待的明日之星。

大前鋒（4 號）

主要負責籃框下的得分、搶籃板或近身防守戰等位於三分線內側的行動。除了擅長搶籃板，同時必須具備能夠擋下對手投籃的充沛體能與強韌意志力。一個優秀的大前鋒還會兼具能將隊友的傳球轉為得分、或是使出中距離投籃的技術。

中鋒（5 號）

中鋒堪稱全隊的支柱，相當於隊伍的中心人物。一般認為控球後衛和中鋒是籃球場上最重要的位置，畢竟只要中鋒能確實守住籃下禁區，就可以穩定賽況進而帶領全隊贏得勝利。中鋒的特徵在於籃下阻攻、搶下籃板投籃等充滿魄力的打法，通常都會傾向由隊伍裡身形最魁梧的選手擔任。

第六人（替補球員）也值得注目

第六人雖是替補球員，但也背負了重責大任。其貢獻在於隊伍陷入劣勢時協助隊伍找回比賽節奏，處於優勢時則更添氣勢。在這層意義上，就能知道第 6 人的能力未必輸給先發球員；有時也能看到一些隊伍為了求勝，刻意到比賽途中才「亮出王牌」。

籃球術語

● **Pivot =**
指軸心腳。固定單腳作為軸心，切換身體方向。

● **Fast Break =**
拿到球後，立刻趁對手防守態勢尚未重整時展開攻勢。也稱為「速攻」。

● **Cut In =**
空手切入，指進攻方未帶球選手閃過防守往籃下移動。

● **Screen =**
掩護。兩名以上的進攻方選手協力牽制防守方的動作，創造進攻機會。

運球緩急與技術

藉由運球帶球前行時最重要的並非運行速度，而是運球的節奏緩急。若是突然快速交替控球的手讓運球產生變化，就能讓對方措手不及，在沒有防守壓力的狀態下繼續前進，這才稱得上是高超的運球方式。以下列出幾種運球的技巧。

換手運球

基礎的運球技巧，於對手前方快速交換控球的手。又稱為「Front Change」。

胯下運球

運球時像是讓球穿越自己胯下般以左右手交替控球。即使在對手逼近的狀態下也能相對輕易地甩開對方。

變向運球

佯裝要換手運球並以此來欺騙敵方的戰術。對手上鉤後，再趁其身體擺往錯誤方向時突破防守。

背後運球

於身體背面換手控球的方法。在對方無法出手干擾的情況下一邊控球一邊躲開防守。

控球轉身

一邊運球一邊轉身，藉此甩開防守。要在不減速的狀態下轉身並朝著目標方向繼續前進相當不容易。

擲界外球

指在對手犯規或得分後，自球場邊線或底線發球入場。擲界外球時應遵守的規定包括球必須在5秒內離手；要在球場界外發球；擲球後在其他選手碰觸到球之前，發球者不得碰球；從裁判給球的位置沿著場線不得移動超過1公尺。

背身單打

選手在籃框附近以背對籃框的態勢待機，並在接球後傳球、切入籃下禁區或瓦解對手防線出手投籃的行動稱為「背身單打」。背身單打由於會和對手展開近身攻防，因此必須具備強韌的體魄。一般常見於中鋒或大前鋒。

傳球也富含各種技巧

看準對方防守空隙，在不被對手攔截的情況下傳球給隊友其實也需要高度的技術。當中包括自胸前平行傳出的「胸前傳球」、讓球落至地面後傳出的「地板傳球」、把球繞至身體後傳出的「背後傳球」、不對上目光就傳出的「聲東擊西傳球」等，隊友間精準又華麗的各式傳球總讓觀眾大呼過癮。

代表性的射籃方式

帶球上籃

基本是依左右腳的順序踏出，同時以右手出球。如是用左手出球，腳步順序就會變成先左腳再右腳。以掌心向上像是要把球放入籃框般的出球方式為最大特徵。此外也有類似於跳投的「超手上籃」，或橫越籃下以背對籃框的姿勢從另一側出手的「反手上籃」等應用技巧。

跳投

跳起後，在到達最高位置時出手投籃。也有跳起後尚未到達最高點就出手投籃的「低位跳投」，以及相較於通常朝正上方或稍微前傾跳出的一般跳投，會往後跳再出手的「後仰跳投」等應用技巧。

灌籃

並非投球，而是直接把球扣入籃框，是種既華麗又令人熱血沸騰的知名技巧。籃球場上有許多豪邁的灌籃招式，例如在空中接到球後直接灌籃的「空中接力」；從罰球線起跳灌籃的「罰球線灌籃」。

違規分成違例與犯規

違例（Violation）

主要規範與控球方式或時間相關的禁止事項。違反規定時持球權將歸另一方所有，並從距離犯規場所最近的邊線或底線擲球進場，繼續進行比賽。

運球走步

在運球狀態下持球走動超過 3 步。軸心腳類的行動雖不算 1 步，但軸心腳若是移動即構成違例。

兩次運球

停止運球一度以手持球後，又再次開始運球。

踢球

用腳踢球或用腳停住球。

干擾投籃得分

指投籃的球位在高於籃框的位置又或者已碰擊籃板且尚在掉落途中，其他球員碰觸該球的行為。

秒數相關規則

籃球的特色之一在於比賽過程設有各式時間限制。如此一來除了可確保比賽節奏明快，也能增添觀賽的樂趣。

3 秒規則

進攻方的選手，不得在對方籃下禁區停留 3 秒以上。

5 秒規則

擲界外球後超過 5 秒才傳球，或罰球時超過 5 秒才出手投籃。

8 秒規則

持球隊伍讓球從後場（己方陣地）進到前場（敵方陣地）的時間超過 8 秒以上。

24 秒規則

進攻方從取得控球權到出手投籃為止的時間超過 24 秒以上。即使在球員出手投籃後計時器隨即響起，只要中籃或碰到籃框就不算違規。

犯規（Foul）

主要規範球場上選手間肢體碰撞的相關禁止事項（正式名稱為個人犯規）。違反規定時對手可獲罰球，或能擲界外球入場重啟比賽。

撞人犯規

進攻方的選手故意以身體推撞對手或是用手推壓來妨礙其行動。

推人犯規

屬於推擠行為的犯規。防守時用自己的肩膀或腹部推擠對手的身體。

阻擋犯規

不管對手是否持球，運用自己的身體不當阻擋對手前進。

拉手犯規

抓住對手手臂防礙其行動，或以類似抱住的動作封鎖對手行動。

5 犯出場

每位選手只要犯規 5 次時就必須離場，由其他選手替補。

其他犯規

相對於個人犯規，場上選手對裁判或對手暴言相向，以及位在候補區的選手或教練造成的違規行為則稱為「技術犯規」。此外，故意擊打、踢踹、推擠對手等行為也可能遭裁判以「違反運動精神」驅逐出場。最嚴重的犯規甚至會予以「取消比賽資格」，選手將被迫立刻離場。

選手替補不限次數

籃球比賽中可無限次替補球員上場。只要提出申請，遇上死球（投籃成功或犯規造成比賽中斷）時便可依裁判指示進行替補。即便有選手因累積 5 次犯規或受傷退場也能加以替補。

職業選手亦能參加奧運

雖然某些職業選手參加奧運之際會先暫時退出職業活動，但實際上奧運並無限制職業籃球選手不得參加。美國匯集 NBA 明星球員組成的「夢幻隊」就曾蔚為話題。

籃球衣與籃球鞋

籃球由於是種激烈的運動，因此球衣偏好選用輕盈又帶吸汗速乾特性的材質。此外，籃球鞋尤其在 NBA 明星球員的加持下，如今已成為時尚流行單品而廣受歡迎。

NBA 選手組成的夢幻籃球隊

1992 年，麥可·喬丹等 NBA 頂尖選手組成美國國家男子籃球代表隊，參與了巴塞隆納奧運的籃球項目。人們替這支聚集史上首屈一指明星球員的隊伍取了個暱稱，名叫「夢幻隊（Dream Team）」。爾後，美國便都以 NBA 選手為中心組成代表隊，出征奧運籃球項目。

NBA (National Basketball Association)

1946 年於北美創立的男子職業籃球聯盟。與美式足球、棒球和冰球並列為北美四大職業運動聯盟。

歷代傳奇球星

●麥可·喬丹（Michael Jordan）
生涯平均得分高達 30.12 分，為 NBA 歷年之最，曾二度獲得奧運金牌。一連串耀眼的成績讓他獲得「籃球之神」的美譽，為史上傳奇球星之一。

●魔術強森（Magic Johnson）
1980 年代曾帶領洛杉磯湖人隊拿下 5 次冠軍。與麥可·喬丹和賴瑞·柏德等人被視為在全球颳起 NBA 旋風的卓越控球後衛。

●史考堤·皮朋（Scottie Pippen）
與麥可·喬丹為同期選手，撐起芝加哥公牛隊的黃金年代，曾二度創下 NBA 三連霸的傲人成績。世人盛讚為史上最強小前鋒之一，為防守能力也十分優秀的全能型選手。

●俠客·歐尼爾（Shaquille O'Neal）
運用 216 公分的龐大身軀與超群體能，活躍在 NBA 6 支隊伍之間。由於擅長使出豪邁的灌籃，展現所向披靡的強大破壞力，因而得稱「黑色旋風」。

●柯比·布萊恩（Kobe Bryant）
有長達 20 年的時間都效力於知名的洛杉磯湖人隊。經歷十分輝煌，擁有史上最多的 4 座明星賽 MVP。湖人隊為了紀念他，決定永久空出他的 2 個背號（8 與 24 號），堪稱 NBA 史上首見。

1992 年對上克羅埃西亞一度意外落後

巴塞隆納奧運首次成軍的美國夢幻籃球隊，由麥可·喬丹、魔術強森、皮朋和賴瑞·柏德等球員組成，名單之精彩可謂傳奇。儘管在奧運場上依然勢如破竹陸續擊敗對手，但與克羅埃西亞的決賽中居然在前半被對方取得 23 比 25 的領先，跌破眾人眼鏡。然而後半隨即發揮本領逆轉賽局，最後成績雖是 8 場奧運比賽中得分差距最小，但還是以大勝 32 分的比數贏得冠軍。

2004 年首次痛失金牌，以銅牌作收

巴塞隆納奧運榮登王者寶座後，以 NBA 選手為中心組成的美國國家代表隊繼續在奧運賽場上連奪金牌。不過到了 2004 年的雅典奧運，當時 NBA 多了不少外國人選手，因此 NBA 選手也開始活躍於其他國家的代表隊。在他國實力顯著成長的狀態下，由 NBA 明星球員馬紐·吉諾比利領軍的夢幻隊在準決賽中碰上阿根廷國家隊，最後居然以 81 比 89 落敗；這是夢幻隊成軍以來首次將金牌拱手讓人，氣勢如虹的阿根廷隊最終也順利從決賽中勝出，拿下意料之外的奧運金牌。

■由街頭「3 對 3 鬥牛賽」演化而來的 3 人制籃球比賽

3 對 3 籃球

國際籃球總會制定了 3 人制籃球的正式規則，於 2007 年起列入正式競賽項目。同時也是 2020 年東京奧運正式競賽項目之一。

>>>>> 競賽場地

三對三籃球場
球場大小為 15 公尺×11 公尺，約為 5 人制籃球的一半。

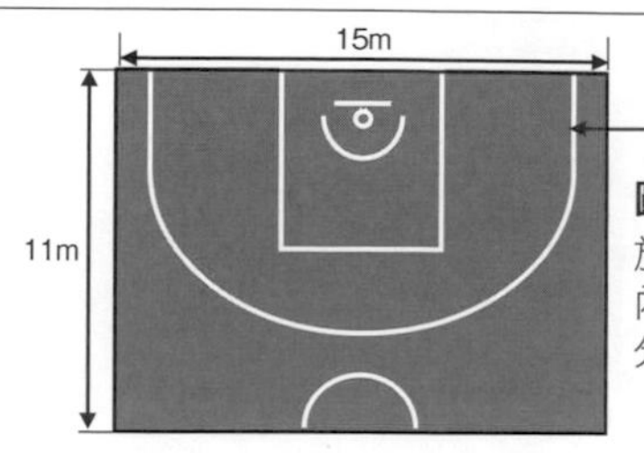

圓弧線
於線外中籃時，分數比線內多 1 倍，因此又稱為 2 分線。

3 大觀賽基本重點

POINT 1 3 人 1 隊上場，得分多者勝出

比賽時間為 10 分鐘。即使未滿 10 分鐘，只要有一方先奪得 21 分就會結束比賽，平手則進行延長賽。每支隊伍最多由 4 人組成，其中 1 名為替補球員，比賽過程中不限替補次數。此外，有別於 5 人制籃球，總教練或教練不會待在場邊。男、女子組的用球皆採 6 號大小 7 號重量。比賽會透過擲硬幣決定攻守順序，接著進行洗球（防守方球員於圓弧線外側將球交給進攻方球員）後開始比賽。

POINT 2 於圓弧線內側中籃時得 1 分，自線外中籃可得 2 分

於圓弧線內外側的得分大不相同，自內側射中籃框可得 1 分，外側可得 2 分。從外側投籃的準確度高低將是決定勝敗的關鍵。

POINT 3 攻守交換時，必須先將球運至圓弧線外側

防守方於圓弧線內截球（搶走進攻方的球）或搶籃板後攻守互換之際，必須先將球運出圓弧線外，不論運球或傳球皆可；但帶球選手必須雙腳都踏出圓弧線外側才算數。

樂趣加倍！觀賽小知識

帶球選手必須在 12 秒以內出手投籃

投籃限時（至出手投籃為止的限制時間）為 12 秒。能否在有限的時間內確實進攻，選手的判斷力和攻防轉換的速度（Transition）至關重要。觀賽時可以體會到比 5 人制籃球更加緊張刺激的比賽節奏。

團隊犯規

並非個人犯規，而是規定團隊最多犯規 6 次。第 7 次犯規後，對手每次能獲得 2 次罰球；犯規第 10 次之後，對手可獲得 2 次罰球機會和進攻權。

■團隊合作接傳球後，發動一記俐落精湛的扣球

排球

誕生於美國，是從羽球發想出的競賽。居高臨下的攻擊方式等充滿震撼力的打法令觀眾難以移開目光。

>>>>> 競賽場地

排球場

球場大小為 18 公尺×9 公尺。位於中線上的球網高度在男子組為 2.43 公尺，女子組則是 2.24 公尺。

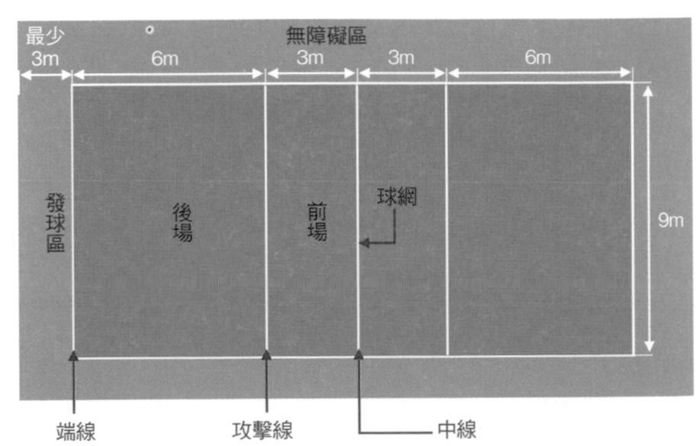

7 大觀賽基本重點

POINT 1 每隊 6 人上場，得分多者勝

比賽時每隊由 6 人上場競爭比數高低，賽前會請兩隊代表擲硬幣決定發球順序以及指定使用的場區，由獲得發球權的隊伍發球後，即代表比賽開始。回合會一路持續到球掉落地面、出界或是有人犯規為止，贏得該回合的隊伍可得 1 分。

贏球得分制

6 人制排球過去採用的是「發球得分制」，僅擁有發球權的隊伍贏得回合時才能得分。1999 年修訂規則後改採「贏球得分制」，不論隊伍有無發球權皆能得分，並且由得分的一方獲得發球權。

POINT 2 比賽採 5 局 3 勝制

一場比賽有 5 局，先贏 3 局者獲勝。前 4 局先取得 25 分的隊伍即能贏得該局，而第 5 局只須先獲得 15 分就能得勝。不過，當比數來到 24 比 24（第 5 局為 15 比 15）平手時，比賽會持續到其中一方領先對手 2 分為止。每局結束後都會互換場區，此外第 5 局有一方先取得 8 分時，也會對調場區。

POINT 3 接球、托球、攻擊，要在 3 次擊球以內將球打至對手場區

依規定，球隊要在球未落地的狀態下，於 3 次擊球（觸碰到球）以內將球回擊至對手場地內，因此基本的打法便是接球、托球再扣球，也就是接下來自對手的發球或回擊的球後，將球舉給主攻手，再由主攻手將球打進對手陣地。

POINT 4

唯一一位身穿不同顏色的比賽服裝，此人就是專職防守的自由球員

各隊伍皆可登記專職防守的「自由球員」。在比賽中自由球員僅能擔任後排，而且能無限次替補後排球員。但是，自由球員不得進行發球、攔網或從高於球網的位置扣球。由於此名球員身穿的服裝顏色會不同於其他隊友，因此一眼就能辨識出來。

POINT 5

除了主攻手，舉球員和自由球員也都值得一看

說起排球賽事最精彩的橋段，人們多半都會先想到主攻手使出強力扣球，將球擊回對手陣地得分的畫面。但要是舉球員沒把球托上適合攻擊的絕妙位置，或者自由球員如果沒有確實接球傳給舉球員，這種扣球也就無法實現。因此觀賽時不妨多加留意展現高超接球、托球技巧的自由球員和舉球員，相信一定能更加體會到排球的魅力所在。

POINT 6

攔網也是得分關鍵

攔網是配合對方攻擊的時機在球網前高高跳起，阻止對方攻擊的手段。如果能把對手的強力攻擊原封不動地擋回去，就會增加得分的可能性。此外，攔網時的碰球不會計入 3 次擊球的限制。

攔網

意指將手伸高至球網上方，藉此阻擋對手的攻勢。只要沒有妨礙到對手的動作，負責攔網的球員即便手部超過球網也無妨。

POINT 7

精彩看點在於男子組的強力攻勢，以及女子組不屈不撓的攻防戰

男子組排球賽的精彩之處莫過於強力的攻勢。跳躍發球的時速可達 120 公里，身高超過 2 公尺的選手們所施展出的豪邁攻勢，其威力之大甚至能使球在對手場區內大力反彈。另一方面，女子組的特徵在於互不相讓的長期攻防戰。這般不屈不撓地把球救起使比賽延續的緊張戰況，正是女子排球的獨特魅力。

樂趣加倍！觀賽小知識

賽場位置與輪轉換位

擁有發球權的隊伍發球後，當接球的一方贏得該回合並獲取發球權時，各選手都會順時針輪轉一個位置，此即輪轉規則。若是擁有發球權的隊伍得分時則不必進行輪轉，以原來的位置再由同一名選手繼續發球。當發球被擊出的瞬間，各選手如果沒有在規定的位置上就會構成犯規。

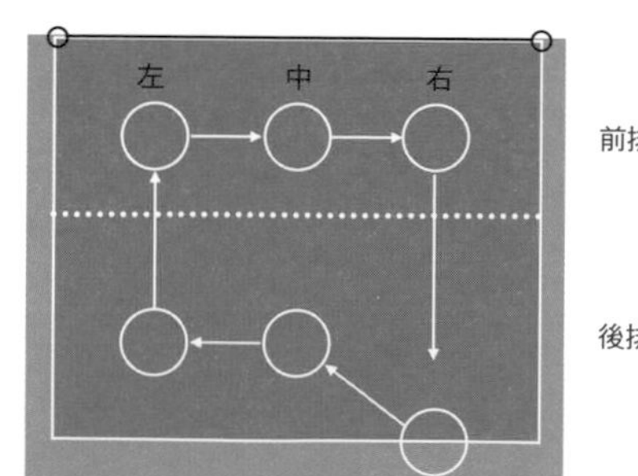

發球時的位置與違規事項

發球時兩隊的位置須遵照比賽前擬定的「陣容單」。球員位置分成前排與後排，再根據面對球網的位置分成左、中、右。後排選手的位置不得超過前排選手，例如後排右的球員若是位在前排右球員的前方或旁邊時即構成違規。此外，右（或左）的選手，至少有一隻腳必須位在中位選手雙腳的右側（或左側）。發球後，所有選手就會馬上移動到最容易發動攻擊的位置。

各位置的職責

主攻手

扣除發球和攔網，將球擊回對手場區的動作就叫做「攻擊」，而這正是主攻手的主要職責，即接下傳球或托球後朝對手隊伍強力扣球，贏取得分。此外，該位置的球員必須具備卓越的跳躍力、強大的臂力和能夠根據情況有效施展各種不同攻擊招式的技術。

攔中手

主要負責攔截阻擋對手的攻擊。常駐於網邊，多為高個子選手。須具備速度與緊迫盯人的能力，藉此仔細觀察對手舉球員和主攻手的行動，隨時左右移動進行攔網。

舉球員

即時掌握賽況發動攻勢，是支撐整支隊伍、如指揮官一般的存在。該選手須具備精確的托球能力，畢竟舉球員能否在各種位置完成合適的托球，將大幅影響隊伍攻擊模式的廣度。此外還須擁有觀察、看穿敵我方選手行動的洞察力，以及活用各種情報的豐富經驗。有時也會趁對方攔中手掉以輕心時自行將球直接擊回對場贏得分數。

自由球員

從 1998 年正式採用的位置，為不參與攻擊的防守重鎮。通常會由具備高度傳接球能力、能把球確實傳到舉球員手上的球員擔任。

發球後，球員可在己方場地內任意移動

在完成發球前，兩隊選手都必須待在自己的位置，等到發球結束後就能任意移動。不過，當回合結束到下次發球前，則又必須回到所屬的位置。

每局最多替補 6 次球員

按照規定，比賽時每局最多能替補 6 次選手。此外，替補次數是以人數為單位，所以同時替補 2 人時即計算為 2 次。但替補自由球員時則不列入次數計算。

每局最多暫停 2 次

為了傳達戰術或讓選手休息，教練或隊長可向副審請求「暫停」，每局最多可申請 2 次，每次限時 30 秒。此外，當領先球隊得分達 8 分與 16 分時，會自動施行限時 60 秒的「技術暫停」（第 5 局無此規定）。唯奧運未採用技術暫停機制。

自由球員獨有的規則

自由球員適用下述的特殊規則。

- 各隊至多能登記 2 名自由球員。
- 自由球員的服裝顏色必須異於其他選手。
- 可無限次任意替補場上後排球員。
- 不得發球。
- 不得攔網，或試圖攔網。
- 不得從高於球網的位置將球擊回。
- 其他選手不得從高於球網的位置，將自由球員在前場（攻擊線靠近球網側的區域）以高手托球舉高的球擊回對手場區。
- 退場時可以與之替補的對象僅有原球員或是另一名自由球員。

發球的種類

高手發球
身體朝向正面將球拋至頭部上方，像是往前推一般擊出。此種發球會直線飛出，再加上球體不會旋轉，所以較容易控制或增加球路變化，甚至可讓球在對手前方突然下墜。

旋轉發球
帶有快速旋轉的發球。利用手腕的瞬發力讓球快速順時針旋轉，藉此增加對手接球前的下墜速度。只要能確實增加旋轉力，就可擊出又快又強勁的發球。

跳躍發球
助跑跳躍後擊出扣球般的強力發球。雖然難度較高，但從高處擊出的球威力更大，因而也較容易發球得分。拋球的穩定性、起跳時機和是否能果斷擊出的意志力將是成功關鍵。

攻擊技巧

扣球
基本為助跑後高高跳起，將球用力打向對手場地。「攻擊」包含扣球、後排攻擊等，泛指除發球和托球之外，所有將球擊回對手陣地的行動。

後排攻擊
後排球員自攻擊線後方起跳，朝對手場區擊球的攻擊方式。攻擊效果佳，能讓對手措手不及。發動攻擊時，若踏到或跨越攻擊線即構成犯規。

吊球
佯裝要使出強力扣球，實則出奇不意地打向對方攔中手側邊或場地空曠處，是種輕緩無力的回擊球。關鍵在於，要能確實降低施力讓球墜落。

攔網出界
即攔中手把球擋出界外。由於會判攻擊方得分，因此主攻手有時會刻意瞄準攔中手的手指前段或指尖，企圖刻意製造攔網出界。

不擅接球的選手容易被鎖定

接球須承受威力強大的發球或攻擊，因此很需要具備瞬間判斷力與足夠的技術，而這也使得不擅長接球的選手容易遭到鎖定。此外，強力的主攻手亦時常成為鎖定目標，藉此讓主攻手難以發動攻勢。

舉球員的傳球技巧

舉球員的職責在於將球托舉到主攻手較易出手的位置。托球的準確度說是會影響攻擊成功率也不為過。舉球員為了配合主攻手的助跑或起跳時機，會採用下列各種不同的托球方式。

高手傳球
最基本的托球方式。沿著球網將球高高托起。

背後傳球
將球托往位在攔中手背後的主攻手。由於必須掌握人在背後的主攻手位置及距離，因此合作默契也很重要。

跳躍傳球
舉球員直接在球的下墜處起跳，將球托舉至高處。如此一來能快速將球傳給主攻手，同時也能讓對方攔中手難以判斷己方會採用的托球方式。

全身所有部位皆可碰球

1995 年規則修訂後，球可觸及的身體部位由「膝蓋以上」更改為「全身」，因此用腳接球也會是有效球。不過，持球或投球依然構成違規，僅發球時不在此限，必須以單手持球。

攻擊模式

在排球比賽中，選手的身高和力量確實具有指標性，但也不代表不具備這些條件的隊伍就一定無法獲勝。各隊都會擬定各自戰術，施展變化多端的攻擊。

主要攻擊方式

快攻

主攻手在舉球員將球托起的瞬間開始助跑，搶在對方攔中手跳起阻擋前發動攻擊。成功的關鍵在於舉球員和主攻手的合作默契。

雙快攻

兩名選手同時進入攻擊模式，藉此擾亂對方攔中手的判斷。

時間差攻擊

以主攻手的動作引誘對手起跳攔網，再由其他選手發動攻擊，藉此躲開對方的攔網。可與快攻合併使用。

個人時間差攻擊

一名選手佯裝準備起跳攻擊，引誘對手攔網，但實則延後起跳時間，慢一步才跳躍扣球。

單腳跳衝攻擊

主攻手助跑後單腳起跳，擺動身體的同時擊球攻擊。由於對手難以預測主攻手的位置，因此好處在於能夠避開攔網將球打進對方場地。

主要違規事項

比賽進行中的犯規

●將球擊回對方場地前已觸球 4 次（4 擊）。
● 1 名選手連續觸球 2 次（連擊）。
●持拿或拋擲球（持球）。
托球時有瞬間用雙手拿住球等等。

網前球員的犯規

●施展動作期間碰觸到球網或球網兩側的標誌桿。
●選手從球網下方進入對方陣地防礙其行動。
●選手的單腳或雙腳完全踏入對方場地。

發球的犯規

●主審宣告發球後，球員未在 8 秒內完成發球。
●進行托球或拋球超過 2 次。
●發球的瞬間碰觸到包含端線的球場內側或是發球區外的地面。

擊球的犯規

●位在後排的選手踏進前場（攻擊線至球網之間）並起跳，擊打高於球網位置的球。
●對手發出的球在高於球網的位置以及前場區域內時擊打該球。

攔網的犯規

●攔中手在對手發動攻擊前或當下，觸碰位於對方場地內的球。
●位在後排的選手或自由球員進行攔網，或企圖攔網。
●自標誌桿外側攔阻位於對方場地的球。

球網附近的球

己方選手接起的球彈至對手側的無障礙區時，可於 3 次的擊球限制內將球擊回己方陣地。但擊回時必須從位於球網兩側的標誌桿外側通過。此外，球觸網後至落地前亦可於 3 次的擊球限制內救起繼續比賽。

亦有 9 人制排球

9 人制排球是日本獨有的競賽模式，規定的球網高度比 6 人制低（男子組 2.38 公尺，女子組 2.15 公尺）。女子組的球場大小與 6 人制同為 18 公尺 ×9 公尺，但男子組則為 21 公尺 ×10.5 公尺。其他還有許多規則上的差異，例如比賽為 3 局制，每局先贏 21 分者勝出；發球失敗時僅可重發 1 次，且發球時其他選手沒有位置上的限制，也沒有與位置相關的違規事項或輪轉規則。其他還有諸如攔網的觸球算在 3 次擊球限制中的 1 次、球觸網時可在 4 次擊球以內擊回對場，以及後排選手沒有行動限制等等，採用了比 6 人制排球更適合初學者的規定。

排球術語

● **In Play** ＝
發球後到變為死球（回合因球落地等原因結束時）為止的過程。

● **Interval** ＝
每局之間的休息時間，基本為 3 分鐘。

● **Screen** ＝
發球方隊伍有一或數人進行妨礙，使對手方無法看見發球路徑。

● **Crossing Space** ＝
球網上方介於標誌桿之間，並向上延伸至天花板的空間。向隊訪場內擊球時都必須通過這個空間。

● **Dig** ＝
即救球，接下來自對手的扣球。

● **Mopper** ＝
以拖布或毛巾維持地板整潔與乾燥的工作人員。

■沙灘上的球類競技，激烈攻防為最大看點

沙灘排球

1996 年亞特蘭大奧運列入正式競賽項目。魅力之一便是能在戶外一邊觀賽一邊欣賞周遭美景。

>>>>> 競賽場地

沙灘排球場

球場大小為 16 公尺 ×8 公尺。球網高度與排球項目相同，男子組為 2.43 公尺，女子組為 2.24 公尺。

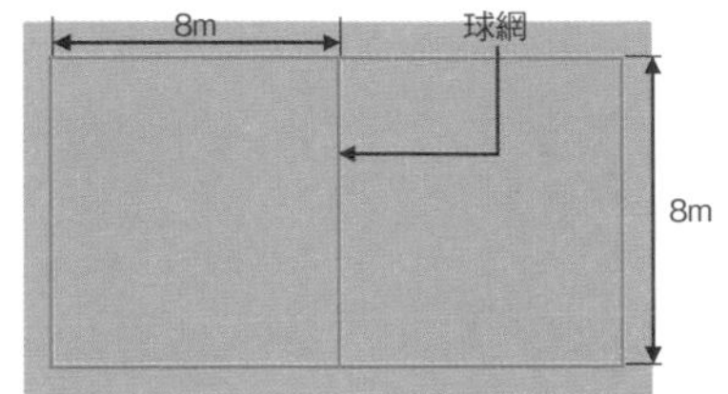

3 大觀賽基本重點

POINT 1 2 人 1 組，採 3 局 2 勝制

不僅球場略小於排球場，人數也較少，1 隊只有 2 人。每場比賽共 3 局，第 1、2 局由領先 2 分且先奪得 21 分的隊伍拿下該局，若比數來到 20 比 20，則必須持續比賽到其中一隊領先對手 2 分為止。先贏得 2 局的隊伍就能獲勝，但若是局數比為 1 比 1，則須進行第 3 局比賽，由領先 2 分並率先取得 15 分的隊伍勝出。

POINT 2 沒有替補球員的高強度運動

僅由 2 名選手在不好活動的沙子上鞏固陣地，同時使出渾身解數與對手展開激烈的攻防戰，可說是種十分辛苦的競賽。而且沒有替補球員，也禁止教練給予建議，所以選手也必須具備強大的意志力。

POINT 3 兩人合作無間的華麗身影令人讚嘆不已

相較於一般排球場雖然場地較小，但球網高度相同。兩位選手在顧及偌人陣地的同時還要注意回擊時不能觸網，簡直是難上加難。也因此隊友之間能否展現天衣無縫的合作默契就顯得更加重要。

樂趣加倍！觀賽小知識

比賽用球

比賽用球的大小幾乎與排球無異，不過球壓較低，因此難以拉高球速。另一方面也很容易受到風勢影響，所以控球難度相當高。

賽事風雨無阻

雖然是戶外賽事，但雨天依然照常舉行，唯獨雷雨時會中斷比賽。選手能否把沙灘式賽場和風勢的影響轉化為助力，也可說是沙灘排球獨有的觀賽樂趣。

主要違規事項

在沙灘排球中，以指腹觸球為犯規行為。以指尖或手背控球則符合規定。

■選手奮力躍起投出震撼全場的射門

手球

以手控球投入球門的運動競技。起源於歐洲，風行於世界上約 200 個國家。於 1963 年首次列入奧運正式競賽項目。

>>>>> 競賽場地

手球場

球場大小為 40 公尺 ×20 公尺，比籃球場大上整整一圈。有分室內與室外球場，奧運的比賽則會在室內舉辦。

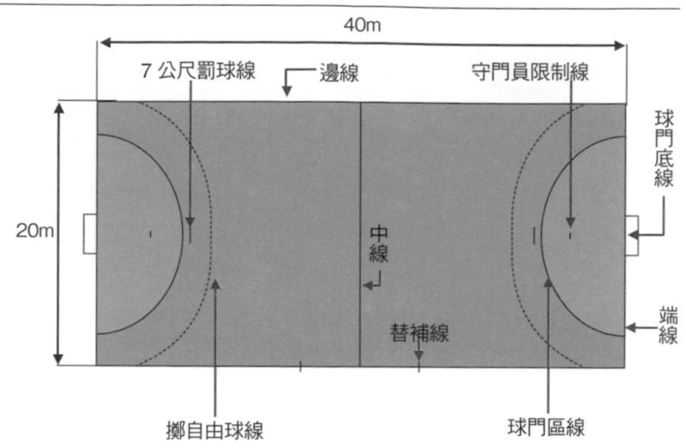

6 大觀賽基本重點

POINT 1

每支隊伍由 7 人上場，得分多者勝

每支隊伍由 7 名球員組成，包含 1 名守門員和 6 名「上場球員」。用手將球擲往地面往前推進，或與隊友相互傳球，若能投進對方球門就能獲得 1 分。規則像是足球和籃球的混合版，瞬息萬變的賽況、變化多端的戰術和選手華麗的射門等，精彩魅力多不勝數。

POINT 2

比賽時間分為上下兩個半場各 30 分鐘，中間設有休息時間

比賽分為前、後半場各 30 分鐘，總計進行 60 分鐘，中場休息時間為 15 分鐘。最後若是平手將再舉行 10 分鐘的延長賽。前、後半場開場以及得分後重啟比賽之際，進攻隊伍要把腳置於中線上，並在 3 秒以內開球。

POINT 3

賽況變化快速，選手得分機會多

由於選手持球設有時間限制，所以球會在場上不斷移動，賽事走向也因此瞬息萬變。有時甚至會看到原是防守方的隊伍截走球，在 5 秒後射門得分。由於射門機會較多，因此每支隊伍的最終得分幾乎都會超過 20 分。比賽期間能夠看到不少爽快的射門場面，而這也是手球賽事的魅力之一。等同足球 PK 賽的「7 公尺罰球」也是絕佳的得分時機。

7公尺罰球

當進攻方有機會射門得分卻遭防守方妨礙且構成犯規時，進攻方即能獲判 7 公尺罰球。選手要在 7 公尺罰球線後 1 公尺的範圍內射門。防守方除守門員以外的所有選手都必須與擲罰球的選手保持 3 公尺以上的距離。

POINT 4 射門動作豪邁而講究，帶給觀眾精彩絕倫的比賽

談到手球的看點，就不得不提豪邁又富含變化的射門。由於守門員以外的選手不得進入球門區線內側，所以射門動作必須具備各式技巧，以便從遠處也能進球得分。其中最常見也最具代表性的就是「跳躍射門」，即跳至高處擲出高速射球。其他諸如速度同樣飛快的「長距離射門」等等，全都很有看頭。

球門區線

球場上繪製的半圓形標線，距離球門 6 公尺遠，也稱作「6 公尺線」。包含防守方的選手在內，守門員以外的球員踏入此區是犯規行為，但若是從球門區線外起跳射門卻在標線內側落地，則不算構成犯規。

POINT 5 允許肢體接觸，比賽過程因而驚險刺激

手球比賽中身體正面的任何接觸都不會構成犯規，因此時常可以看到選手之間激烈的碰撞。氣勢如虹地朝敵陣前進的攻擊方，和使出渾身解數全力阻擋的防守方，雙方短兵相接的畫面好比一場格鬥技。奮力奔跑、跳躍、擲球，手球具有其他運動項目所沒有的獨特震撼力，魄力十足的賽況讓全場觀眾難以移開目光。

POINT 6 消極性比賽為犯規行為

「消極性比賽」是手球特有的違規項目，意指沒有打算積極進攻的比賽態度。若有選手只是持球一直不射門，就屬於消極性比賽，選手應常保積極進攻的意志。

樂趣加倍！觀賽小知識

各位置的職責

守門員

負責防守球門，阻擋對手方射門得分。必須具備洞察對手行動、瞬間作出判斷的爆發力，以及不顧一切救球的勇氣。一旦對手進門得分守門員就必須即刻發動攻勢，因此也必須擁有一定的技術能將球準確傳給展開反攻的隊友。

中鋒

隊伍的總司令，也是攻勢的發動者。與左右鋒協力傳球助攻，有時亦主動出手射門。須具備冷靜觀察戰況的判斷力、宏觀的洞察力和卓越的行動力。同時，與隊友的溝通能力也很重要。

助攻手

進攻時站在對手防守陣容之間，負責支開防守進行助攻。偶爾也會擺脫防守出手射門。不僅要理解戰術，也必須能隨機應變製造進攻機會，是隊上的無名英雄。通常以身形魁梧力氣大的選手為最佳人選。

右鋒與左鋒

射門最為頻繁的射門高手，尤其左鋒更被稱為隊上的王牌隊員。必須具備足以閃過防守的運球能力，還有能因地制宜施展長距離射門、中距離射門等各種射門的辨別力與決策力。

右翼與左翼

位在己區兩側，除提供後方支援外，還會從比左右鋒更靠邊線的地方伺機射門。雙方攻守互換時也能見到這些選手立即動身，發動快攻。多由腳程快、體能好的選手負責擔當。

可無限次替補球員

比賽期間沒有限制選手替補的人數，也無須向裁判申請。相對地，就只有在規定的區域內才能進行替補，以中線起 4.5 公尺以內作為即是各隊的替補區域。當攻守互換時，進攻方通常會換上專精進攻的隊員，防守方則讓擅於防守的選手上場。

比賽用球

男子組使用 3 號球，女子組使用 2 號球。3 號球圓周為 58 ～ 60 公分，重量為 425 ～ 475 公克；2 號球圓周為 54 ～ 58 公分，重量為 325 ～ 375 公克。須具備相當的握力才有辦法用單手持續持拿，因此選手都會塗上松香（從松科松屬樹木分泌出的天然樹脂）粉止滑。

消極性比賽與防守方的行動

進攻方如不積極進攻，就會被判罰「消極性比賽」。裁判通常會先舉出警告手勢，若情況未改善便會鳴笛判罰。通常當裁判一舉手，進攻方立刻就會出手射門；此時，防守方會冒著犯規的風險以激烈的碰撞來阻擋攻擊，因為這時即便防守方因犯規讓進攻方獲得擲自由球的機會，消極性比賽的警告依然存在，假使進攻方在擲自由球後態度依然消極，犯規就很有可能成立。

守門技術

守門員為隊伍的守護神，就算說守門員的能力會影響獲勝機率也一點都不為過。首要重點之一便是站位，要能靈活移動，例如配合進攻方的行動縮小對方的射門範圍，或是衝出球門對敵隊施加壓力。以稍微前傾的姿勢張開雙手雙腳穩穩站立，在對手射門之際瞬間挪動手腳把球擋下。負責的選手除了具備魁梧的身材，擁有足夠的速度、跳躍力及柔軟度也是必備條件。

射門方式

射門是手球比賽中最關鍵的動作。當選手運用各種技術成功以華麗的射門得分，現場就會響起震耳欲聾的歡呼聲。以下將介紹幾種主要的射門方式。

跳躍射門

加速後往前方高高跳起，同時凌空出手射門。由於是從高處擲出，因此球的威力相當大，時速有時甚至會超過 100 公里。起跳後與守門員間的攻防相當值得一看。

墊步射門

不跳躍只墊步向前，於助跑後出手射門。踏地前進可以保持重心穩固，朝目標位置擲出威力強大的射門。若能錯開對方的防守再迅速擲出，成功率會更高。

倒身射門

朝球門區跳去，在前傾倒身的同時，於空中出手射門。也稱為「Plungeion Shoot」。由於最後會往地上倒，因此擲球後會瞬間轉採護身姿勢。多用於從邊場射門。

拋投射門

趁守門員衝出球門時，拋投出像是跨越守門員頭頂的弧線射門。訣竅門在於盡量引誘守門員，再出奇不意地出手射門。

隱蔽射門

利用對方防守球員作為遮蔽物，從守門員看不見的位置出手射門。因為球來自死角，所以守門員很難立即察覺。

選手間的快速傳接球

傳球也有許多種類，球員間快又準的傳接球讓人看得心情舒暢。但這確實需要一定的技術才能投出對手難以攔截、隊友卻能輕易接到的傳球。比賽時，選手們會看情況施展令人讚嘆的傳接球，這也是手球賽是獨有的精彩畫面之一。

肩上傳球

高舉手臂投出的傳球。相對好控制且對手難以攔截，因此也會用於長距離傳球。

體側傳球

利用手腕爆發力施展的快速傳球，讓對手難以判讀出手時機和路徑。

彈地傳球

讓球碰地反彈傳給隊友。可在腳邊有足夠空間時使用。

持球移動超過 4 步即犯規

雖然相當於籃球運球走步的違規行為，但手球有其獨特的計步規則。最多能持球行走（奔跑）的步數是 3 步，但跳躍至空中接球後落地時不算步數（最初的第 0 步），因此實質上可移動 4 步。

持球時間最長 3 秒

另一項有關持球的重要規則，就是持球選手必須在 3 秒以內將球脫手。因此必須隨時觀察對手或隊友的動向，預先判讀情況採取行動。

主要違規事項

2 次運球

停止運球將球拿到手上後，又再度運球。

推人

防守時用自己的肩膀或腹部推擠對手身體。

抱人

抱住對方，或抓住對方手臂阻礙其行動。

撞人

進攻方選手故意用身體撞擊對手，妨礙其動作。

越線犯規

守門員之外的球員踏入球門區線內側的行為。一旦踩線即犯規。

得益規則

即使防守方做出犯規行徑，但進攻方仍持球且處於優勢時，裁判將不會停止比賽而是繼續進行。這稱為「得益規則」，是為了防止若是立刻判罰擲自由球或罰球，會損及進攻方當下的得分機會。

僅守門員可用腳觸球

至於守門員以外的球員，則規定只能使用膝蓋以上的身體部位。包含非故意的情況在內，只要用膝蓋以下的部位觸球就會被判踢球犯規。若是使用非限制部位則不論停球或壓球都無違規。

擲自由球

當防守方觸犯 7 公尺罰球之外的相關罰則，會判給進攻方擲自由球的機會。防守方在擲自由球線內側犯規時，進攻方即可從離犯規地點最近的擲自由球線擲球，這時防守方必須離擲自由球的地點 3 公尺以上。若於擲自由球線外側犯規，進攻方則從該地點擲自由球。順帶一提，擲自由球線至球門底線的距離為 9 公尺。

7 公尺罰球的選手鬥智

進行 7 公尺罰球時，守門員以外的選手必須移動到擲自由球線外側，因此擲球選手和守門員會形成 1 對 1 對決的態勢。擲球選手會觀察守門員的一舉一動，使出假動作或採用拋投射門等出奇不意的攻勢。此時便有機會一睹選手準確瞄準球門四邊角的射門，或從守門員胯下穿過的胯下射門等精彩絕招。

手球術語

● Spin Shoot ＝
旋轉射門，讓球快速旋轉，使得彈地後容易改變路徑。

● Cut In ＝
切入，進攻方選手穿越兩名防守球員之間，逼近球門前的行動。

● Sky-play ＝
騰空接球射門，進攻方選手接到隊友丟至球門區線內側空中的球後，直接騰空射門。

● Screen Play ＝
掩護戰術，進攻方選手交互奔跑，擾亂對方守備並互相傳球。

■桌台上你來我往，超高速的激烈攻防

桌球

持球拍的選手們於球台上互擊迷你的桌球，競爭得分。你來我往的擊球動作充滿震撼，展開令人屏息的激烈攻防。

>>>>> 競賽場地

桌球台

檯高 76 公分，球網高出檯面 15.25 公分。此外以桌球台為中心至少確保 14 公尺 ×7 公尺的比賽空間，周圍設有檔板。

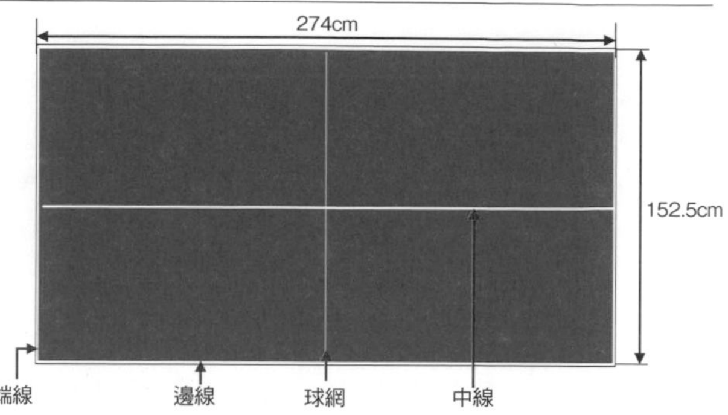

6 大觀賽基本重點

POINT 1 比賽採 7 局 4 勝制

每局先得 11 分者贏得該局，採 7 局制時，先拿下 4 局者勝出（5 局制則是先拿下 3 局者勝出）。選手於桌球台互擊桌球之際，對手若出現失誤，己方即得分。桌球賽用球以塑膠製成，非常輕巧，直徑 40 公釐，重 2.7 公克。

POINT 2 設有單打、雙打與團體項目

單打項目為 1 對 1 競爭，雙打則是雙人組合（2 對 2）的對戰。團體項目的比賽方式因賽事而異，奧運是由 3 人組成 1 隊，舉辦雙打 1 場，單打 4 場，總計 5 場比賽。各比賽皆採 5 局 3 勝制，先贏 3 場比賽的隊伍即贏得該輪。2020 年東京奧運除設有男、女子組個別的單打和團體賽之外，還會舉辦由男女選手搭檔出戰的混雙項目。

雙打項目規則

雙打賽事中，搭檔的兩人必須交互回擊。若由同一選手連續擊球即構成犯規，判對方得分。除此之外，擊球的順序會隨局數改變。

POINT 3 每發 2 球便交換發球與接發球方

桌球比賽是從一方發球且另一方接下發球回擊後才開始。發球時球必須先後觸及己側與對手球台各 1 次，實際打法五花八門。先由一方球員連續發球 2 次，之後每發 2 球就要換邊發球。一旦發球失誤或接發球失誤時，即判對手得 1 分。

POINT 4

每回對打以第 3 球為最重要的得分關鍵

面對發球後對手回擊而來的接發球，發球者較容易擊出強力球路。也就是說，利用對手接發球後的第 3 球發動攻勢，是桌球競賽最基本且重要的得分模式。接發球方若能做好準備加以回擊，在雙方實力相當的情況下就很有可能演變成一場令人嘆為觀止的漫長攻防。

POINT 5

賽事最大看點在於選手對打時使出的扣殺

雙方以極快速度互相擊球的連續對打是桌球賽事的最大看點。頂尖選手的扣殺球速度可高達時速 100 公里。有時一記扣殺，甚至能一口氣改變賽況，雙方選手邊判讀對方攻擊邊設法回擊的捉對廝殺相當精彩。不妨在雙方處於拉鋸戰時靜靜觀賽，等到某方得分後再替選手拍手喝采吧。

扣殺（Smash）

幾乎不讓球旋轉、用力揮拍的平擊即稱為「扣殺」。但並非用力擊出就好，而是要盡量把球打到對手難以回擊之處。

POINT 6

選手各有各的「戰型」

每位桌球選手擅長的技巧與領域都各有不同，這些打法風格稱為「戰型」。戰型大致可區分成「攻球型」、「削球型」和「近台快攻型」3 種。觀賽時若能先了解每位選手是以哪種戰型應戰，同戰型或不同戰型的選手對戰又會產生什麼火花，也是桌球賽事的一大樂趣。

樂趣加倍！觀賽小知識

比數宣讀法

桌球比數是以英文宣讀。例如當比數為 1 比 2 會說成「One-two」，平手時會說成「○ all」，比方說 6 比 6 的話就是「Six all」。此外，一方先奪下 11 分贏得該局時會說「One game」。若採 7 局制，率先贏得 4 局者就能贏得該場比賽。當某方選手差 1 分就能贏下該局，那 1 分就是局末點「Game point」；若是差 1 分就能贏得該場比賽，那 1 分就是賽末點「Match point」。

球拍相關規定

球拍的形狀與大小雖然沒有特別限制，但材質必須有 85% 以上是天然木料。體積如果太大就會太重，因此一般都是拿 15 公分左右的球拍。同時也並未限制握法，通常會採像是握手般握住球拍後豎直食指的「橫拍握法」，或如握筆般以拇指及食指夾握的「直拍握法」，可依個人習慣選擇。球拍的擊球面貼有橡膠製的膠皮，其材質與加工方式由於會改變球的旋轉模式與威力，因此選手都會幾經斟酌才選出適合自己的膠皮。此外，球拍未貼膠皮的一面不得用來擊球。

Deuce（平分）

意指當比數來到 10 比 10（Ten all），先取得 2 分的領先者就能贏得該局的情況。比賽會一直持續到其中一方領先 2 分才會結束。在平分期間，每發 1 球就會換邊發球，然而現今桌球的官方規則中並沒有「Deuce」的說法，這只是一種通稱而已。裁判宣讀時也不會說「Deuce」，而會以「Ten all」、「Eleven all」來表現。

發球方式

正手發球

由慣用手側擊出的發球。由於手腕容易使力，因此可打出較強勁的球。在球拍接觸到球時，還可由上至下或由左至右替球加上旋轉。

反手發球

反過手腕，自慣用手相反側擊出的發球。比起正手發球，現在較少選手使用。

蹲式發球

以下蹲的姿態施展正手發球的發球法。能讓球路左右彎曲。

發球規則

右手持拍時，先把球置於左手掌心，並讓球靜止在對手也能看見的位置。接著幾近垂直地拋往上方，在球下墜時以球拍擊打。球的上拋高度必須超過 16 公分。擊出後要讓球在己方球台彈跳後再進入對區。在準備發球至擊球之前，球都必須高於球台面且位於端線後方，此外也不得被任何東西擋住。

重發球

發球後若是先觸網才落進對方球台則無效，必須重新發球，稱為「重發球」。但如果球觸網彈回己區，則判對手得分。

主要技巧

攻球

由下往上揮拍，讓球往前旋轉的打法。分為速度特別快的「前衝攻球」、旋轉快速且呈現弧形球路的「弧圈攻球」，以及於前衝攻球再加上旋球打法而威力大增的「強力攻球」等等。

削球

把球拍微微朝上，再由上至下大力揮拍，擊打球體下緣製造下旋的回擊方式。

撥球

待球在球台上彈起後立刻擊打的擊球方式。透過快速揮動手腕可以形成威力強大的回擊。對手發球或放短球時就能藉此打法搶分。

下旋推擋

球拍面朝上，在球台內擦擊球的下緣，以下旋球路回擊。揮拍時就像是拿球拍在戳球。威力雖不大但控球容易。通常用來回擊對手的下旋球，讓對打能繼續。不過，當球未下旋而浮高時，反而會讓對手有機可趁。

側擰

以反手方式回擊球台上的球，施以橫向旋轉。擊出後的球路狀如香蕉，因此又稱作「香蕉球」。

放短球

回擊時使球落在對手球台靠近球網處，藉此中斷對手的攻勢。

桌球術語

- Topspin ＝向前旋轉。
- Backspin ＝向下旋轉。
- Sidespin ＝橫向旋轉。
- Knuckle ＝無旋轉，或指幾乎不帶旋轉的擊球。
- Lobbing ＝將球高高打起，劃出弧線的回擊球。
- Counter ＝利用對手攻球等的攻擊力道予以還擊。

主要戰型

攻球型

站在距離桌球台稍遠的位置，搭配步法強力擊球的戰型。無時無刻都在發動威力十足的攻擊，散發威震對手的壓迫感。擊球者會調整球的旋轉強度與方向，藉此讓對手無所適從。同時也是現今頂尖好手經常使用的戰型。攻球型選手的連續對打可說是球球強勁，精彩萬分。

削球型

自桌球台拉開一定距離，主要使用削球應戰，是種以球的旋轉變化誘使對手失誤的戰型。一邊壓制對手攻球攻勢一邊回擊，掌握到進攻機會時一口氣挺身使出強力擊球。選手必須具備靈活步法、削球技術和不屈不撓的意志力。但隨著桌球用具的進步，能強力擊球的選手愈來愈多，使用這個戰型的選手已日益減少。

近台快攻型

站在靠近球台的位置，隨時以快半步的節奏積極搶攻、先發制人的戰型。透過提早擊球時機令對方措手不及，或利用反擊式應對威力強勁的攻球，藉此在高速連續對打中取得優勢。嬌小的選手對上以力量取勝的選手時能發揮效果，日本女子桌球界便有許多選手使用這種戰型。

促進制度

每局比賽在開賽 10 分鐘後若雙方得分總和還未超過 18 分，裁判會宣告適用「促進制度」。在此制度下，每發 1 球就要換邊發球，且發球方必須在 13 次回擊以內得分，否則將判接發球方得分。因此發球方為求速戰速決，就會積極進攻。此外如果經雙方選手同意，可於比賽一開始便適用促進制度，只不過一旦適用就會一直維持到比賽結束。

決勝局時，一方若取得 5 分就要互換場地

通常每局結束後才會交換位置，但當比賽進入決勝局（7 局制時為第 7 局），只要某一方選手（雙打時以 1 組為單位）取得 5 分就必須對調場地。

回擊未彈跳的球即犯規

無輪是發球還是接發球，球都必須先在己區彈跳後，才能回擊至對手球台。一旦回擊未彈跳的球，就會判對手得分。此外，發球以外的回擊球觸網後進到對側也算有效球，雙方必須繼續對打；回擊球若是落在對方球台邊線上也依然有效，但如果打到球台側面就算對手得分。

僅雙方總得分為 6 的倍數時，才設有擦汗時間

當各局開賽後比數每累積 6 分（雙方得分總和為 6 的倍數）時，選手才可使用毛巾擦汗。不過進入決勝局後，互換場地的短暫時間裡也可使用毛巾。這條規則是為了防止選手頻繁使用毛巾來削弱對手的專注力，或藉此拖延比賽時間。同時，每次比賽選手只能喊 1 次「暫停」接受教練的指示，且時間不得超過 1 分鐘。許多選手都會在想扭轉戰局時喊出暫停，但由於只有 1 次機會，因此使用時機就顯得十分重要。

左撇子和右撇子搭檔出戰雙打項目較有利

雙打項目中，若兩名選手的慣用手都是同一邊的話，基本的站立位置也會相同，在連續對打時必須大幅移動，否則很容易和搭擋撞在一起；但如果是慣用手不同邊的組合便會有不同的站立位置，相撞的機率也因此降低許多。此外，雙打的發球通常會來到球台的右半面，因此比起右撇子的選手，左撇子選手更能輕鬆接發球。

■動作快慢交織，以變化多端的擊球方式擺弄對手

羽球

擊球的初始速度為球類運動之最，還獲得金氏世界紀錄認可。比賽用的不是圓球，而是帶有羽毛的羽毛球。目前日本也有眾多活躍於羽壇的選手。

>>>>> 競賽場地

羽球場

球場大小為單打 13.4 公尺 ×5.18 公尺；雙打 13.4 公尺 ×6.1 公尺。球網中央高度為 1.524 公尺。

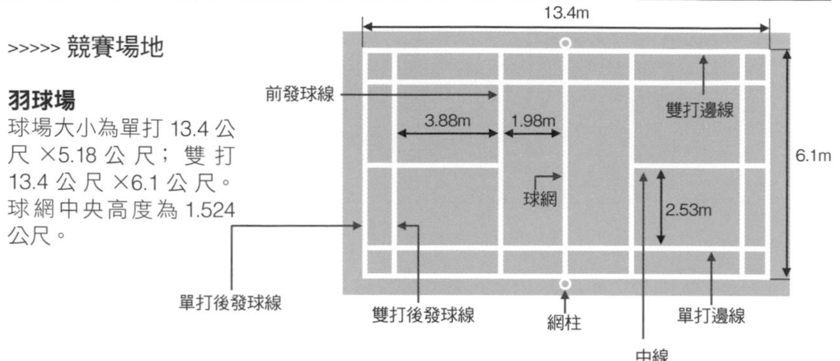

4 大觀賽基本重點

POINT 1 賽事採 3 局 2 勝制

每局先取得 21 分者勝。當比數來到 20 比 20，比賽將持續到某一方領先 2 分為止，但若達 29 平分，由獲得第 30 分者勝出。連勝兩局即可贏得比賽，但雙方若各贏 1 局就會舉行第 3 局，也就是決勝局。開賽前擲硬幣決定發球權，由獲發球權者的發球開場。賽事採用無關發球權、贏得對打中即可得分的「贏球得分制」，並由得分者獲發球權。

POINT 2 單打項目與雙打項目的差異與看點

單打與雙打項目中，發球及回擊的有效範圍各有不同。以發球來說，隔著球網位於發球者對角線上的對方場地為有效區域，但此區域於單打項目為縱長狀，雙打為橫長狀。發球以外的有效區域則以雙打項目左右較寬，隊伍須在此展現充分的團隊默契。

雙打的輪轉站位

雙打選手會藉由交換前後位置以便於回擊對手的攻勢，稱為「輪轉站位」。輪轉打法沒有一定的行動套路，重點在於與搭檔合作無間，流暢地交替應戰。

POINT 3 對打中的隨機應變、策略擬定與移動步法都值得一看

如果能在連續對打中壓制對手佔得優勢，進攻得分的機會也會增加，因此掌握連續對打時的主導權是贏得比賽的必備條件。例如讓對手滿場跑或是刻意把球打到各種標線邊緣的策略應用和臨機應變都是羽球賽事的精彩看頭之一。此外，選手活用步法和體能不屈不撓地連續擊球的緊張場面，也是比賽的魅力所在。

POINT 4

羽球的擊球速度具有獨特的緩急落差

頂尖男子選手擊球的初始速度雖可超過時速 400 公里，但飛到對手身邊時時速已降至 100 公里以下。如此巨大的速度落差是其他運動項目所沒有的，這種獨特之處也讓賽事更添樂趣。

樂趣加倍！觀賽小知識

球拍與用球

球拍依規定全長不得超過 68 公分，寬度不超過 23 公分（拍頭的長寬也有規定）。拍頭部分拉有名為「Gut」（或稱「String」）的拍線，用來擊打羽球，其張力的不同也會影響羽球本身的球路。羽球是在軟木塞插上鵝毛等羽毛製成，羽毛全長 62 ～ 70 公釐。氣溫與濕度的變化亦會影響羽球的飛行距離。

擊球方式

扣殺
以身體正上方再稍微前面一點的高處為打點將球擊發而出，是種帶有高球速的基本回擊方式。另外還有跳起後擊打、威力更強的「跳躍扣殺」等應用技巧。

切球
以球拍面像是切削般擊打羽球。雖和吊球一樣會先減速再掉落對方場地，但球路會更筆直。

輕挑短球
於網邊輕輕拍擊，讓球輕輕落到對方場地的網邊。此時的球路猶如髮夾一般，因此也暱稱為髮夾球。

吊球
在羽球接觸到球拍的瞬間放鬆力氣，藉此讓球掉落到對側發球線前方的區域。能以扣球的姿勢施展，讓對手措手不及。

推球
於球網邊像把羽球俐落推進對手陣地般的打法。不會大幅度下移或揮舞球拍。

高遠球
以高手擊球（從頭頂高處擊打羽球的方法）打球的瞬間拉高拍頭速度，讓球飛至對方場地深處。

賽場空調

由於羽球的用球本身易受風向影響，因此會極力避免使用會產生氣流的空調。但為維持競賽場地環境不得不使用時，會以隔絕所有外界氣流為條件。

休息時間

每局只要任何一方獲得第 11 分，即會進入最多 60 秒的休息時間。局與局之間的休息時間則不得超過 120 秒。

主要違規事項

●比賽期間越過球網侵入對方場地揮拍擊球。
●比賽期間球拍、身體、服裝的任何一部分觸及球網。
●比賽期間羽球觸及球員身體或服裝。
●同 1 名選手連續擊打 2 次羽球。
●雙打比賽期間，同隊選手連續擊打羽球。
●發球時拍柄未朝下。

挑戰制度

對於落至邊線的球是否出界的判斷若有不服，選手能向裁判申請重新裁決，此即挑戰制度。每局最多能申請 2 次，裁判會以錄下的影像進行判定。如果挑戰成功，可申請的次數不會減少，但若是失敗則會扣除 1 次機會。近年來各大國際賽事和國內大型比賽為了減少誤判，也紛紛導入此制度。

■華麗的操棍身影與飛快的賽事節奏，深深吸引觀眾目光

曲棍球

以球棍將球擊入球門的球類競賽。據說源自古埃及，不過近代曲棍球是英國板球選手為冬季設計出的運動項目。

>>>>> 競賽場地

曲棍球場

大小為 91.4 公尺 ×55 公尺，比足球場小了一圈，英文同樣稱之為「Field」。兩端設有球門，其周圍畫有半圓形的標線。

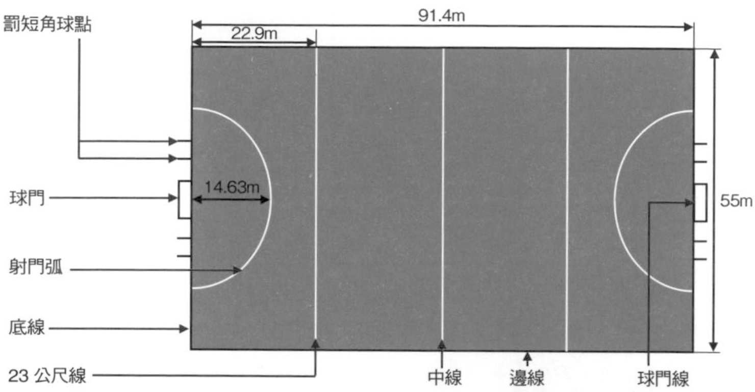

6 大觀賽基本重點

POINT 1 每隊由 11 人出場，得分多者贏得比賽

每隊由 10 名場上球員與 1 名守門員組成，總數為 11 人。選手使用前端彎曲的球棍擊打硬球，並且依靠隊友間相互傳球射門搶分。守門員之外的球員若是用手腳觸球即構成犯規。射門成功可得 1 分，比賽結束時由得分較高的一方獲勝。

點球PK賽

終場結束時若遇雙方平手，雖沒有延長賽，但會進行點球 PK 賽。兩隊各派 5 名選手輪流單獨進到球場，自 23 公尺線中央與守門員進行 1 對 1 的攻防戰。每人限時 8 秒以內完成擊球，最後由得分較多的隊伍勝出。

POINT 2 比賽採 4 節制，每節 15 分鐘

比賽分 4 節進行，每節 15 分鐘，比賽時間總計為 60 分鐘。第 1 與第 3 節結束後設有 2 分鐘的休息時間，第 2 節結束後則有 10 分鐘的中場休息。

POINT 3

只有在射門弧內側成功射門才算有效得分

曲棍球最大的特徵在於必須要在「射門弧」內側射門成功得分才算數。因此比賽中沒有像足球一般的長距離射門，選手必須甩開防守將球帶進射門弧內，最後還要突破與守門員的正面對決才能出手射門。

射門弧

圍繞著球門呈現半圓弧狀的標線，半徑為 14.63 公尺。進攻方會使勁盤球、傳球，總之先想盡辦法把球帶進這個弧線內。

POINT 4

沒有越位規則，可以看到充滿刺激與節奏感的比賽

位在對手防線最末端至其球門之間的進攻方選手，接下來自隊友的傳球時就稱為「越位」。過去曲棍球中也有這種規則，但於 1996 年修改規則後就廢除了相關規定。因此，進攻方可不用在意對方防守人員的位置直接將球傳入敵陣，得分機會也有所增加。攻守互換後，比賽節奏依然明快，在各隊隊員通力合作下球不斷地朝球門而去，令觀眾無不大呼過癮。

POINT 5

可無限次替補球員，賽況瞬息萬變

比賽中隨時能替補球員上場，且每次能替補多名選手。此外，替補次數沒有設限，曾經替補過 1 次的選手亦能再次回到場上。賽況經常因選手更迭而產生變化，要在什麼時機替補隊員上場的戰術運用將大幅影響比賽情勢。

POINT 6

罰短角球是得分好時機

若防守方在己方陣地的射門弧內犯規，得判進攻方罰這種曲棍球獨有的定位球。罰球時進攻方沒有人數限制，但防守方僅只能派 5 人防守，所以進攻方佔有極大優勢，得分的機率非常高。進攻方確實瞄準球門，防守方則在劣勢下死守球門——此種攻防就是曲棍球賽最精彩之處。

樂趣加倍！觀賽小知識

比賽用具

球棍

以非金屬或未包含金屬的材質製成，棍頭呈現彎曲狀。棍頭有分平面及圓面，只能用平面控球。依規定重量要在 737 公克以內，長度則無限制，一般為 90 公分左右。

球

重量 156 ～ 163 公克，外周長 224 ～ 235 公釐的硬球。塑膠製，基本為白色。

守門員的護具

由於要擋下高速擊出的硬球，因此只有守門員要穿著堅固的護具，包括防護頭罩、軀幹護具、腿部護具、手套等。

人工草皮球場

1976 年蒙特婁奧運起，奧運的曲棍球比賽皆採用人工草皮球場。為避免選手因跌倒摩擦而灼傷，比賽前會先在場地上灑水，使得球速因此變得更快，賽事節奏自然更加刺激，而選手在速度、體力和技術上的要求亦隨之提升。

各位置的職責

守門員

防守球門的要塞，也稱為「門神」。由於球飛來的時速可能高達 200 公里，因此必須具備擋球所需的爆發力。守門員只要待在射門弧內，即可用全身部位擋球；再加上位在最尾端可看見整個球場，所以也時常對隊友下達戰術指示。

中場

位在前鋒與後衛之間，主要負責組織攻守態勢。通常配置 3 名選手，防守時會攔截對方傳球，或封鎖對手中場球員的行動。進攻之際會加入盤球和傳球的行列，抑或是抓住對方破綻，自行進入射門弧內出手射門。此位置重視選手是否具備優秀的盤球能力、續戰力、判斷力和體能。

後衛

阻止對手攻擊的防守要角，通常配置 3 名選手。基本上會 1 對 1 緊盯對手前鋒，用球棍戳刺對手的球（此動作稱為「戳球」）或攔截對手的傳球。搶到球後，也是由此位置開始發動攻勢。

前鋒

通常配置 3 名選手，專職進攻。最重要的任務便是接下中場隊友的傳球，進到射門弧內射門得分。負責球員都具有出色的臨場反應力和得分力，面對對方的防守陣型能瞬間採取應對行動，確實射門得分。防守時會於對手陣地內施壓，藉此延緩對方的攻勢或妨礙傳球。

競賽技術

盤球

意指用球棍小幅度地頻繁擊球，在持球狀態下前進。需要高度的技術才有辦法維持一定的速度，帶球避開敵人的防守。由於只能用球棍單面擊球，因此選手會不斷翻動球棍靈巧地前進，其模樣堪稱一門藝術。盤球的技巧包括將球維持在身體右側（左撇子在左側）的「前盤球」、單手持拿球棍的「單手盤球」、邊讓球左右移動邊前進的「迴旋盤球」、竄過對手左側或右側的「假動作盤球」等。

防守

由於防守時也只能使用單面球棍，因此是否擁有準確的搶球技巧就顯得十分重要。「搶球」即揮動球棍奪球，若能一次成功就可能是發動反擊的好機會。其他還有用球棍戳刺對手持球的「戳球」、放倒球棍擋球的「封鎖」等技巧，選手必須具備準確截球的能力和靈活的步伐。

傳球

隊友間的高速傳球是曲棍球賽事特有的精彩之處。傳球方式眾多，有以雙手持棍用力將球擊出的「長傳」，以及將球靠在球棍前端直接推擊而出的「推傳」、將球上拋越過對手頭頂的「鏟擊球」等。因而接球者必須具備利用球棍接住飛來的球，讓球確實落到自己前方的技術。隊友間要準確傳球的難度非常高，即便在高水準的比賽中依舊能看到相當多的失誤。

射門

以盤球和傳球閃過對方的防守，進到射門弧內後出手射門。爭取得分的射門方式包括從距離球門稍遠的位置強力擊出的「強擊」、讓球旋轉彈離地面再擊出的「推擊」、輕輕碰觸隊友傳球或射門球，讓球改變軌道的「觸擊」等等。此外，也可欣賞到 1 人率先衝出引開防守注意，隊友才出手射門等各式精彩的團隊合作，比賽過程可謂高潮迭起。

有 2 名主審

曲棍球的比賽用球體積小，加上比賽節奏非常快，因此設有 2 名擁有相同權限的主審，確保在比賽期間能正確判定違規行為。

重要的定位球與罰短角球

罰短角球的規則如下：

●進攻方上場參與人數無上限，防守方包含守門員在內至多派出 5 人。

●在開球之前，進攻方選手必須待在射門弧外側；防守方選手必須待在球門線外側，或球門柱起算 4.55 公尺以內的底線外側。

●進攻方由稱作「傳球手」的隊員從底線外側擊球，當球離開射門弧之外，進攻方的選手就能碰球，防守方的球員便能進入球場。

●來到射門弧外的球由稱作「截球手」的選手傳球，「射門手」在接到球後就會出手射門。

●射門手若是直接瞄準球門強攻，球的位置不得高於位在球門內、高 46 公分的擋板。但射門前只要進行其他動作，就不受此高度限制。

罰短角球時的初期位置

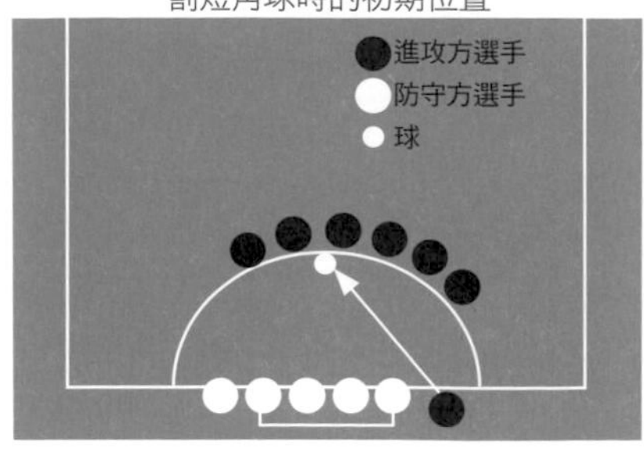

裁判持有的 3 種牌

嚴重犯規時，裁判會舉出的牌子有 3 種。

綠牌
代表「警告」的牌子。遭舉此牌者必須暫時離場 2 分鐘。

黃牌
依違規內容，遭舉此牌者必須暫時離場 5 分鐘或 10 分鐘。

紅牌
觸犯最嚴重罰則時會舉出此牌，遭舉此牌者必須即刻退場。

主要違規事項

以棍圓面擊球
使用球棍前端圓面擊球。

踢打
不僅限腳部，包含用身體任一部位觸球的行為。打出的球擊中選手身體也屬犯規。

遮擋妨礙
以身體或球棍遮擋球不讓對手看見等，妨礙賽事進行的行為。

衝突妨礙
以球棍敲擊對手球棍，或推壓對手身體等行為。

危險動作
將球上拋至選手密集處、用球棍從對手頭上揮過、故意用球打人等危險動作。

亦有 6 人制曲棍球

以中、小學生為主的 6 人制曲棍球亦相當盛行。比賽時間因年齡而異，但大多採上下半場各 15 分鐘，共計 30 分鐘的賽程。主要規則與 11 人制曲棍球相同，但球場較 11 人制曲棍球狹小，賽事節奏更為快速。

曲棍球術語

● Corner ＝
角球，防守方非故意將球打出己方底線時，進攻方獲判的持球機會。從距離球場邊角 5 公尺遠的邊線重新開球。

● Stroke ＝擊球，意指以球棍擊球。

● Center pass ＝
開中場球，指比賽開始與重啟比賽時於球場中央進行的擊球或推球。

● Reverse hit ＝
反棍擊球，擊打位於身體左側（左撇子為右側）的球。是種橫向放倒球棍以側面擊球的新技巧。

■橫衝直撞互相搶球，以攻陷敵陣為目標的捉對廝殺型賽事

15人制橄欖球

互相搶奪橢圓形用球，再將其送進對手球門內的競賽。選手會使出擒抱等眾多肢體激烈碰撞的動作，因此不僅需要體力與腳力，還要具備足夠的勇氣。

>>>>> 競賽場地

橄欖球場

球場表面可為草皮、泥土地等，球門線上需設置高 3.4 公尺以上、寬 5.6 公尺以上的球門網，其外側為極陣。

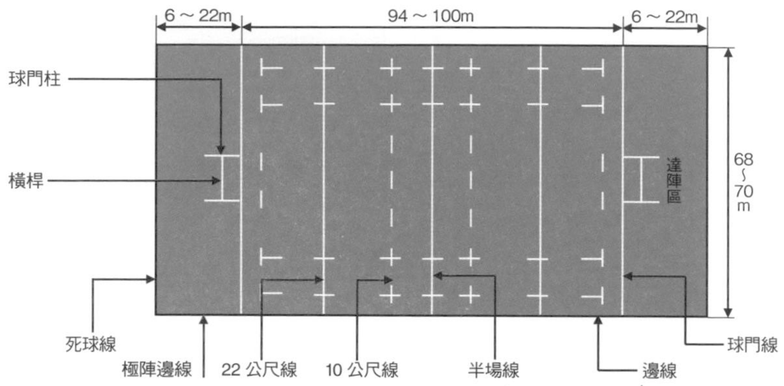

7大觀賽基本重點

POINT 1

每隊 15 人上陣，得分高者贏得比賽

分別由 15 人組成的 2 支隊伍互相搶球，將球送往對手的極陣。憑藉在極陣內以球觸地（把球放到或壓到地面上）的達陣和進門（把球踢進對方球門柱之間高於橫桿的空間）不斷得分，並且能以擒抱等合乎規定的方式用身體碰撞對手。

POINT 2

比賽時間分為前後半場各 40 分鐘，其間設有中場休息

賽事分為前後半場各 40 分鐘，總計進行 80 分鐘。不過，當選手受傷或替補選手時會中斷比賽造成時間損失，為了補足這些時間，賽事即使超過 80 分鐘依舊會繼續進行。結束不超過 15 分鐘的中場休息後，雙方會於後半場互換進攻方向，再從半場線踢球開場。

延長賽、驟死賽

兩者皆是在採用淘汰賽制的比賽中，在主辦方同意下進行。終場若為平手，就會在休息 5 分鐘後舉行前後半場各 10 分鐘的延長賽。如果還是無法分出勝負，則會進入限時 10 分鐘的驟死賽，以率先得分者勝出。

POINT 3

得分方式有以達陣為主的 5 種模式

橄欖球賽的得分方式包括最主要的「達陣」在內共有 5 種。其中達陣可得 5 分，達陣後進行的「加踢」若是成功進門可得 2 分；如果沒有對手球員的不當行為肯定能達陣得分時獲判的「懲罰達陣」則可獲得 7 分。此外當對手嚴重犯規，便能獲得罰踢機會，若成功進門可得 3 分（罰踢進門）；賽中先讓球掉落地面一次再踢出進門，就能以「落踢進門」得 3 分。所有進門都必須讓球通過球門柱之間高於橫桿的空間才算得分。

達陣（Try）

意指讓球碰觸對手極陣內的地面。進攻方選手必須要是帶球狀態才符合達陣條件。達陣後的加踢由於是從達陣位置的延長線上踢出，因此達陣地點愈靠近球門桿就愈有利。

POINT 4

能往前運球的方式只有 2 種

橄欖球最大的特徵之一就是不能把球往前丟。傳球時只能擲往自己的側面或後方，若是往前丟或掉到前方即構成犯規。因此，選手要讓球前進只能依靠持球奔跑或踢球兩種方式。同時，球的位置亦代表越位線的所在地，所以位在球前方且身處對手陣營的隊友就無法參與進攻。

拍前（Knock On）

意指讓手上持拿的球，或碰擊到手或手臂的球往前掉落的行為，是橄欖球賽事中常見的違規行為之一。之後球會判給對手，並以列陣爭球重啟比賽。

POINT 5

每個位置的行動模式大不相同

場上位置可大致分為前鋒（FW）8 人和後衛（BK）7 人。前鋒會於列陣爭球或呈現搶球大混戰的亂集團（勒克〔ruck〕或冒爾〔Maul〕）中發揮力量搶球，相較之下後衛則必須具備能快速達陣的速度與準確傳球的能力。不同位置的選手面對各種狀況都會全力以赴發揮所長，好讓球能夠深入對手陣地。

POINT 6

進攻靠傳、跑、踢，防守靠擒抱、拍阻

進攻方會邊跑邊傳球或以假動作來閃避對手，帶著球不斷向前挺進。此外，高效率的踢球也能攻進敵陣。另一方面，防守方會以擒抱或拍阻對方的持球選手來阻止其前進並伺機搶球。但擒抱肩膀以上的部位或未持球的選手將構成犯規。

拍阻（Charge Down）

以身體阻擋對手踢出的球。若在敵方極陣前成功拍阻，便是得分的好機會。由於要用全身阻擋對手奮力踢出的球，因此也需要十足的勇氣。

POINT 7

激烈的雙方互撞、搶球混戰和持球長跑等都是可看之處

擒抱等球員激烈的互相衝撞，就是橄欖球賽的看頭之一。此外，選手提起勇氣毅然撲向對手，或是於混戰中奮力傳球給隊友的身影，更可說是橄欖球這項團隊運動的象徵。後衛使出精湛的傳球閃過對手，偶爾還獨自狂奔 50 公尺以上達陣得分的表現也同樣令人印象深刻。

樂趣加倍！觀賽小知識

各位置的職責

前鋒（FW）

主要負責在列陣爭球或爭邊球等情況下搶球，多為身型魁梧、健壯有力的選手。列陣爭球時的球員位置可區分為「第一排」、「第二排」、「第三排」，「第一排」會配置支柱和鉤球員，「第二排」為鎖球員，「第三排」則是側翼和 8 號前鋒。

支柱❶❸

列陣爭球時位在第 1 排左右兩端，英文稱為「Prop」，此位置正如其名是列陣爭球時的全隊支柱。由於必須支撐所有前鋒將近 900 公斤的體重，因此多為脖粗體重、身型壯碩的選手。左支柱和右支柱也稱為鬆頭支柱與緊頭支柱。

鎖球員❹❺

列陣爭球時位在第 2 排，從後方緊緊頂住支柱和鉤球員。身高時常高達 190 ～ 200 公分，不只要負責確實牢固列陣，在開球或爭邊球時也要負責接好高飛球。經常需要挺身支援隊友，因此球員必須具備出色的體能與耐力。

8 號前鋒❽

列陣爭球時從最後方下達指示，統馭 7 名前鋒，相當於前鋒的大隊長。負責球員身形自然壯碩，同時還具備速度、力量、判斷力等綜合能力。身為防守時的重要位置為了不讓對手突破守備，因此也具有強大的擒抱技術；進攻時還會協助後衛，所以也擁有高超的傳球技巧與速度。

鉤球員❷

列陣爭球時位在第 1 排中央，為列陣的主控者。主要負責用腳把傳鋒送入列陣中的球鉤向後方，因此選手除了擁有健壯體格，也要足夠靈巧。此外，也經常在爭邊球時負責擲球入場。

側翼❻❼

列陣爭球時位在第 3 排兩端。負責於列陣中向對手施壓，並以擒抱奪球，不時也會協助後衛，是兼具力量與速度的位置。無論身處進攻或防守都會在第一時間奔向球的所在位置搶球，因此也被認為是「使命必達」，深受隊友信賴。

前鋒主司全力搶球

遇對手激烈衝撞互相爭球，就算被撞倒在地也會立刻爬起，奔往球的所在之處——這般硬碰硬的打法就是前鋒的最佳寫照。相較於後衛的行動雖然大多不太顯眼，但若沒有前鋒負責搶球，就無法將球傳給後衛創造達陣的機會。由此可見強大的前鋒是一支隊伍最重要的本錢。

列陣爭球（Scrum）

當有選手發生拍前等犯規時，就會在犯規處進行列陣爭球。前鋒會擺出 3 排橫列，依循裁判指示與對手隊伍架好姿勢，再由傳鋒把球筆直投入中央的隧道。鉤球員馬上會用腳把球送往後方，當球離開列陣時就會解陣。列陣若是旋轉超過 90 度（wheeling），或故意致使列陣崩塌（collapsing）即構成犯規。球員身體相互碰撞的聲響與充滿氣魄的喊聲足以震撼全場。

列陣爭球時的位置

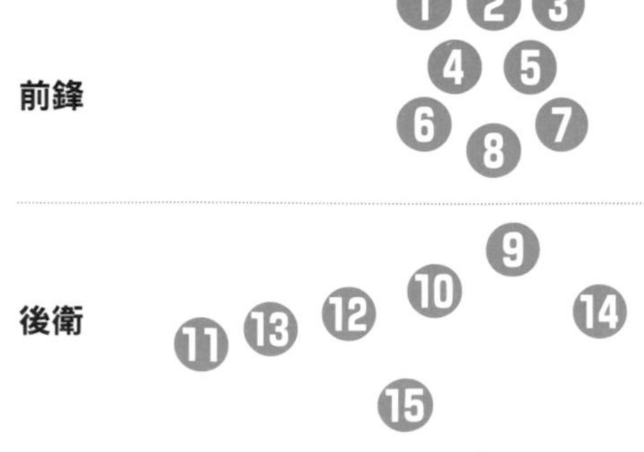

後衛（BK）

將前鋒搶得的球以不斷傳接或透過各式踢擊、奔跑，想方設法達陣得分。可區分成 3 大類型，分別是傳鋒和接鋒的「半後衛」、翼鋒和中鋒的「四分之三後衛」與「殿衛」。

傳鋒⑨

將前鋒搶得的球傳送給後衛的中繼位置，必須具備準確的隨機應變能力、靈敏的行動力與寬闊的視野。列陣爭球時把球擲入陣中、處理來自亂集團的球也都是傳鋒的工作。此位置多由身形較嬌小的選手負責，但比拚力氣可不會輸人。

翼鋒⑪⑭

位於四分之三後衛的兩端，通常在進攻時最後接到傳球，負責甩開對方的防守後達陣得分，是「隊上的達陣專家」。多由隊伍中腳程最快、擺脫對手技術最好的選手擔任，同時也要擁有遭對手擒抱也不會倒下的強健體魄。

殿衛⑮

位處隊伍最末端，負責防衛己方球門線。身為隊上最後一道防線，會以擒抱阻擋敵隊達陣、攔截對手踢來的球並發動反攻，或自行踢球增加己方的進攻機會，因此多由擅長處理踢球者出任。進攻時則需要臨機應變，例如從後方參與進攻，突破對方防守等等。

後衛主司速戰速決

達陣機會眾多的後衛給人備受矚目的印象，會運用策略快速帶著前鋒拚死搶來的球達陣得分。負責的選手多具備迅速洞悉戰況、優秀的傳球能力和媲美短跑選手的速度，另一方面在防守時也擁有卓越的擒抱能力，一次就能擋下對手的突破攻勢。

半後衛為進攻主導者

傳鋒和接鋒並稱為「半後衛」，負責調配全隊的進攻模式，擔任司令塔的角色。他們會向其他後衛下達指示，藉由複雜的行動或出乎對手意料的傳球突破防線。要如何讓前鋒傳來的球往前進攻端看兩人的表現，相當於隊伍整體冷靜思考戰術的大腦。

接鋒⑩

統率後衛發動攻勢的「隊伍指揮官」，在日本又稱為「Stand off」。特別擅於踢球，能依對手的防守模式使出各式踢技。此外由於身處重要位置，因此也必須具備強大的擒抱能力。其判斷力、傳球能力及踢球的精準度都足以左右隊上的勝敗，堪稱是隊伍裡的明星選手。

中鋒⑫⑬

位處由 4 人構成的四分之三後衛的中間兩個位置。進攻時不僅得傳球給翼鋒協助達陣，有時還會突破對方防守自行達陣，因此必須擁有強健的奔跑能力與體能。防守時則會使出強大的擒抱擋下對手攻勢，是後衛中的「無名英雄」。

高效踢球法

比賽中，選手意外地常用到踢球。兩隊不只會利用得分機率高的加踢和罰踢，還會依狀況使出短踢、高遠踢等各種踢法。尤其後衛中有很多擅長踢球的選手，踢出的球若是能順利突破對手的防線，就可能獲得直接達陣的機會，甚至帶來逆轉戰況的效果。觀賽時不妨多加留意，藉此體會橄欖球賽事更深層的樂趣。以下列舉進攻時會使用的 3 種踢法。

短碰踢

瞄準對方守備球員的背後附近能讓隊友或自己接到球的位置，以短踢讓球越過對方的頭頂。

高碰踢

將球高高踢出的踢法。藉由踢至對手後衛區域深處來大幅擴大己方陣地，以球的落地點作為雙方爭球之處。

滾地踢

像是在地面滾動般的貼地踢球法。利用橄欖球的不規則滾動讓對方無法在第一時間妥善應對。也稱為「滾地碰踢」。

比賽用球

比賽用球為橢圓狀並由 4 面組成，直徑為 28 ～ 30 公分，重 410 ～ 460 公克。由於落地後會呈現不規則彈跳，因此球的動向也是左右勝負的關鍵。

爭邊球（Line-out）

指當球越過邊線出界時，重新開始比賽的方法。首先，兩隊各派出 2 名以上的選手於距離邊線 5 公尺處平行排成 2 列。獲得球的一方會互比暗號，爭奪負責擲球者沿著出界線（位於兩隊間假想的標線）投入場內的球。之後搶到球的一方會將球傳給後衛，或是直接轉入冒爾（Maul）向前挺進，尋求達陣的機會。開球後雖允許隊伍能抬起負責接球的選手，但擲球者若是未能筆直擲球，或有人妨礙未持球的選手都會構成犯規。

連續數波進攻瓦解防守

進攻方從亂集團中把球送出後，還會進行好幾波的連續攻擊。隊伍藉由這種攻勢向敵隊施加壓力，逐步瓦解對方防線。近年來常可見到場上隊伍發動十幾二十波的連續戰略性攻擊來確保持球。

亂集團（Breakdown）

當持球選手遭對手球員攔截而倒地或以站立姿態引發雙邊隊友一擁而上互相纏鬥搶球，該情況就稱為「亂集團」。進攻方為了守住球會激烈衝撞對方掩護隊友，防守方則同樣會以激烈的擒抱應戰並企圖搶球。球的去向將取決於哪一方在亂集團中佔得上風，其結果足以左右比賽勝負，可說是賽事中非常關鍵的一環。

勒克（Ruck）

持球選手因遭對手球員擒抱而倒地時，該名選手必須鬆手放球。此時在無人持拿的球上方如果雙方各有 1 名以上的選手於站立狀態下相互衝撞即稱為「勒克」。一進入勒克狀態，就不能用手觸球。進攻方雖會想以少人數把球送出勒克並盡快向前挺進，但仍舊必須撐過防守方的層層阻礙，這時雙方的你來我往相當值得一看。

冒爾（Maul）

持球選手雖遭對手攔阻，但依舊保持站立等待隊友馳援。當進攻方選手加入此戰局後，即形成「冒爾」。在冒爾狀態下所有選手都能以站姿將球往前推進，因此進攻方會繼續持球向前，甚至直闖極陣達陣得分。

選手替補規則

可登記出賽的選手人數為 23 人，其中 8 人為候補。選手一經替補就無法再上場，但若是因出血受傷而暫時退場的選手，待治療後可重新上場。

橄欖球術語

● **Headgear ＝**
護頭盔，保護頭部和耳朵的頭盔，可自由選擇是否穿戴。日本國內未滿 19 歲的選手有義務穿戴護頭盔。

● **Drop Kick ＝**
落踢，先讓球掉落地面一次再踢出。開球或搶分時都會使用。

● **Touch ＝**
出界，意指球落至邊線外。

● **Direct Touch ＝**
意指從己方 22 公尺線前方區域（靠對手陣地的一側）踢出的球，未經落地彈起直接落至邊線外。這麼一來必須從平行於踢球地點的邊線上，進行由敵隊投球的爭邊球重啟比賽。

● **Sin Bin ＝**
指選手遭舉黃牌而被判暫時出場 10 分鐘。一場比賽遭舉 2 次黃牌就必須退場。

主要違規事項

拋前
持球時，將球拋至自身前方。

抱球不放
持球選手遭擒抱倒地後，未立刻放開球。

越位
位在持球選手前方的隊友參與進攻。若為亂集團狀態，位在最後面的選手位置即越位線。

列陣爭球中的越位
以列陣爭球最後方的選手位置往後延伸5公尺處為越位線所在。前鋒若在球離開列陣前脫離列陣就會構成越位，且後衛也不得超過越位線。唯獨雙方的傳接鋒是以球在列陣爭球內的位置作為越位線。

未放人離開
發動擒抱的選手不離開球或已倒地的選手，藉此妨礙其行動。

壓球犯規
多人壓住對手球員，藉此妨礙球被送出。

未擲直球
列陣爭球或爭邊球之際，不將球筆直擲入兩隊之間。

教練坐在觀眾席

雖未明文規範，但依慣例教練大多坐在觀眾席觀看比賽。由於橄欖球是項重視自主性的運動，因此一般認為教練在場邊下達指示有違此精神。比賽期間看重的是選手自主思考的能力，因此一切決定權都已交予選手，特別是在隊長手上。至於為何坐在觀眾席其實理由很簡單，因為那裡能將整個賽場盡收眼底。

橄欖球是種紳士的運動

就如大家耳熟能詳的「我為人人，人人為我」這句話，橄欖球這種運動為了要把球送抵達陣，在犧牲小我的同時也要公平競賽。比賽結束則稱作「No side」，以不分敵我的心胸互相讚許對方的表現。

擒抱與化解擒抱的技巧

要確實擒抱到移動中的對手並不容易，動作關鍵在於壓低身體猛然撲上，讓對手徹底倒地。而遭到擒抱狙擊的選手則是能憑藉靈敏的步法，或用手反推對方來躲避擒抱。

單手持球
意指單手持球，以另一隻手推開擒抱者的高階技巧。

橄欖球的發祥地與強國

橄欖球的起源眾說紛紜，當中最著名的說法便是相傳在1823年，一名就讀英國拉格比（Rugby）中學的少年，在足球比賽中拿起球奔向球門。這種行動雖然構成犯規，但民眾覺得有趣而蔚為話題，爾後就被認定為正式規則，逐漸發展成橄欖球運動。由於橄欖球發源於英國，因此現今在歐洲和過去為英屬領地的國家都十分盛行。其中英格蘭、紐西蘭、澳洲、南非等都是著名勁旅。2015年的橄欖球世界盃，日本在對上當時世界排名第3的南非時，於比賽結束的前一刻以一記戲劇性的達陣贏得比賽，震驚全世界。

紐西蘭 All Blacks 橄欖球隊的「哈卡舞」

即使不懂橄欖球的人，應該也曾看過一群壯碩魁梧的男子在球場正中央手舞足蹈大聲呼喊，以此恫嚇對手的場面。此為紐西蘭毛利族代代相傳的傳統舞蹈「哈卡舞（Haka）」，是該國代表隊「All Blacks」在賽前獨有的演出。他們邊喊叫邊拍手踏步發出聲響的舞蹈氣勢十足，不只是紐西蘭的選手，連對手球員和在場觀眾都不禁為此感到熱血沸騰。此種稱作「War Cry」於賽前表演的戰舞亦存在於其他國家，如東加王國的「Sipi Tau」便十分出名。

■於寬廣球場迅速移動的少人數橄欖球

7 人制橄欖球

在 15 人制的球場上展開 7 對 7 的球技對決。英文又稱作「Sevens」，於 2016 年的里約熱內盧奧運首次列入正式競賽項目。

4 大觀賽基本重點

POINT 1 7 人 1 隊上場，得分多者勝出

每隊由 3 名前鋒、4 名後衛共 7 人組成，雙方相互爭奪 1 顆球，並將球運往對手的極陣。每場比賽每隊最多能替補 5 名選手。得分方式與 15 人制相同，達陣得 5 分，達陣後的進門得 2 分，懲罰達陣得 7 分。罰踢進門與落踢進門皆得 3 分。

POINT 2 比賽時間分為前後半場各 7 分鐘，設有中場休息時間

相較於 15 人制的比賽時間可說是奇短無比，前後半場僅各 7 分鐘，中場休息不得超過 2 分鐘。因此每支球隊有時 1 天能出賽 2 ～ 3 場，加上整體賽程可以安排得較為緊湊短，所以奧運也將 7 人制列入正式比賽項目。

POINT 3 採用與 15 人制相同的球場，戰況緊湊且達陣數多

7 人制也與 15 人制同樣採用 68 ～ 70 公尺 ×94 ～ 100 公尺的球場。由於是以少人數進行攻防，因此進攻方有很多機會突破對手防線，比 15 人制更容易得分，這也使得如何利用空檔和位置分配更顯重要。此外因為人數少，所以相對容易捕捉到每位球員的動作，比賽時間也短，可以輕鬆觀賽。

重開踢

某方得分時，在 15 人制橄欖球中是由非得分方踢球重啟比賽，但 7 人制則採相反作法，由達陣得分方踢球。在 7 人制中，球被踢出後由接球者直接得分的情況很常見，因此這種做法其實帶有讓失分隊伍也享有得分機會的意涵。

POINT 4 比起亂集團，選手更依靠傳球或踢球搶分，相當注重個人技巧

由於每名球員負責的防守範圍十分廣闊，容易被進攻方鎖定空隙，所以賽中時常可看到選手以傳、跑、踢讓球向前挺進的畫面。「勒克」、「冒爾」等 15 人制常出現的亂集團相對少見，而是多半會盡量迴避硬碰硬，倚靠步法穿越對手防線，因此速度和相關的控制技巧就顯得至關重要。不僅是後衛，連前鋒都需具備相當的速度與機動力，所以也比較少體型魁梧的選手。

樂趣加倍！觀賽小知識

各位置的職責

前鋒（FW）

前鋒有 3 人，多由體型較壯碩的選手擔任。由於同時要具備等同後衛的能力，因此速度也是不可或缺的條件。

支柱（1、3 號）
列陣爭球時鞏固陣型兩端，負責推壓列陣。因為列陣人數少於 15 人制，所以在與對手隊伍較勁時較容易倚靠支柱佔得上風。也有很多持球達陣的機會。

鉤球員（2 號）
會用腳將擲入列陣中的球鉤往後方。比起 15 人制的列陣爭球，7 人制由於陣形較易鬆動，球很容易就會移到陣外，鉤球的技術因而更顯重要。

後衛（BK）

藉由奔跑或傳球，將前鋒送出的球送往達陣得分。無論進攻還防守，都必須兼具速度和耐力。

傳鋒（4 號）
亦被稱為「清道夫」，為進攻核心，主要負責發動攻勢，也會自行衝鋒達陣得分。防守時更作為全隊最後防線，其地位相當於七人制橄欖球的王牌。

接鋒（5 號）
與 15 人制同樣是隊伍指揮官。因為不常傳球，多靠跑步衝刺一決高下，因此選手必須常保冷靜而大膽。

中鋒（6 號）
講求速度的同時也須具備突破對方防守的力量，因此多由體型壯碩的選手擔任。也是比賽中極為重要的防守重鎮。

翼鋒（7 號）
為隊上的飛毛腿，首要之務便是達陣得分。翼鋒的腳程越快，達陣的機會就越多；不過比起瞬間爆發力，更重要的是具備足夠耐力，常保極速衝刺。

由 3 人列陣爭球

雙方各派 3 人列隊爭球。除了容易出現力量上的落差，也必須具備推壓搶球等技術。防守方較容易對敵隊造成壓力並誘使其失誤，如此一來就能得到轉守為攻的大好機會。

主要違規事項與 15 人制相同

球向前掉落的拍前、把球向前丟的拋前等，基本的違規行為都與 15 人制無異。但因黃牌判罰暫時離場的時間相對於 15 人制為 10 分鐘，7 人制僅 2 分鐘。

以落踢為王

達陣後的加踢、因對手犯規而獲得的罰踢等射門，皆以落踢方式（先讓球反彈地面一次再踢出）執行。此外也不像 15 人制會設置豎球墊（擺放球的球座），藉此節省時間。

選手講究綜合能力

7 人制中每名選手的負責範圍都非常廣，1 人的失誤就很可能讓對手達陣得分。因此全隊選手都須具備全方位的能力，例如出色的奔跑速度與耐力、強大的擒抱能力和良好的傳、踢球精確度等。

與 15 人制的選手鮮少重疊

由於 7 人制不只要求選手身體的重量及強度，還講究速度與耐力，因此即使同為橄欖球選手，也鮮少有人同時參與 7 人制和 15 人制。反倒是其他競技的選手若對自己的腳程或體能強度有信心，其實可以挑戰看看。

能輕鬆觀戰的運動賽事

因比賽時間短，通常只要周末 1 ～ 2 天就能結束所有賽程。觀賽時較能輕易捕捉球的位置加上節奏感較快，就算第一次看也能容易理解，是觀賽的入門之選。

■令觀眾大呼過癮的激烈衝撞，誕生於美國的球類競賽

美式足球

美國當地最熱門的運動賽事非美式足球莫屬。雖然給人規則難懂的印象，但只要抓對重點，其實意外地簡單明瞭。

>>>>> 競賽場地

美式足球場

相較於其他競賽，最大的特徵在於場上畫了非常多標線。端區和球門是與得分息息相關的 2 個重要地點。

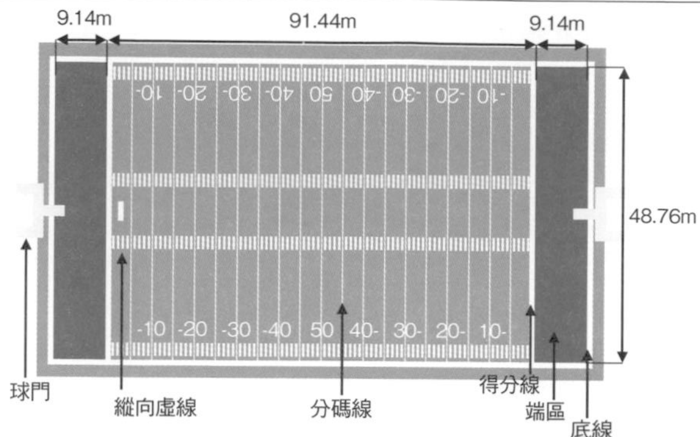

7 大觀賽基本重點

POINT 1

每隊 11 人出場，由得分多者獲勝

美式足球是種攻守壁壘分明的賽事。然而並非是將 11 人分成進攻組跟防守組，而是輪到進攻時 11 人全部投入進攻，轉為防守時 11 人都要嚴陣以待。也就是說，從進攻轉換為防守態勢時，11 人會全由另外 11 人替補，而比賽期間球員的替補並沒有次數與人數的限制。比賽最後將由得分較多的一方勝出，過程基本上就是一步步朝對手陣地推進，相當於雙方的「陣地爭奪戰」。

POINT 2

比賽分為 4 節，每節 15 分鐘

比賽每節 15 分鐘，第 1、2 節合稱為前半場，第 3、4 節為後半場，中間設有 12 分鐘的中場休息。比賽流程若是中斷就會停止計時，會以有在計時的期間來計算 15 分鐘的比賽時間。賽事以進攻方的檔為進行主軸，進攻方在結束 4 次檔後便會攻守交換。進攻方最優先的目標便是「在 4 次檔內推進 10 碼」；若是能推進 10 碼，即可再獲得 4 次進攻的機會，否則就必須攻守交換。同時，有一方得分後也算結束進攻，必須攻守交換。此外，4 節結束時如果雙方平手，就會進入稱作「Overtime」的延長賽。雙方會各獲得 1 波進攻權（1 次進攻機會），並持續到得分拉開差距為止。除此之外，延長賽的規定也不盡相同。

檔（Down）

意指 1 次進攻。當球被對手搶走或持球選手被擒抱倒地之際，裁判就會鳴笛結束該檔，也就是結束 1 次進攻。第 1 次稱作 First down（第一檔進攻），第 2 檔為 Second down，第 3 檔為 Third down，第 4 檔為 Fourth down。跑陣時檔會結束於被對手擒抱倒地，傳球時則結束於傳球失誤。

POINT 3

進攻模式為跑陣及傳球

所謂的跑陣是指持球奔跑的基本進攻方式。雖然無法大幅度推進但掉球的風險低，可以踏實地往前移動。另一種是把球往前丟的傳球進攻法，持球選手將球丟給已衝進敵陣的隊友，藉此擴大己方陣地。然而傳球雖能大幅拓展陣地範圍，卻伴隨著球在中途被敵方球員截走的風險。此外，還有以「棄踢」方式展望保全陣地的踢法。

棄踢（Punt）

主要是在第 4 檔時採取的行動，當球員判斷在 4 次進攻下難以推進 10 碼，便會於第 4 次檔放棄進攻將球踢遠給對手，讓對手從較遠的地點開始攻擊。

POINT 4

達陣就得分

不斷進攻推進慢慢擴大己方陣地後，若是能把球帶進對手的端區（得分區）即可得分，稱為「達陣」，並可獲取單次最高得分的 6 分。選手若在端區內接到傳球，同樣算是達陣成功。達陣後該隊即會自動獲得額外的加分機會，只要能再次達陣或射門成功便可獲得分數，稱為「追加得分」。

POINT 5

得分方式有 4 種

比賽時共有 4 種獲得分數的不同方式，若能一口氣獲得高得分甚至可逆轉劣勢，因此利用哪種方式得分也是觀賽重點之一。

達陣　將球帶入對手陣地的端區可得 6 分。現場會為此歡聲雷動。

射門　難以達陣但有希望射門進球時會採用的方式。踢出的球若是通過球門可得 3 分。雖然取決於踢球者的實力，但一般來說在敵陣 30 碼左右的地方起腳，射門成功率也會提高。

追加得分　達陣後，進攻方利用隨之獲得的加分機會所取得的分數。若是從球門線前 3 碼再次成功達陣可得 2 分，踢球穿過對手球門可得 1 分。

安全球　進攻隊伍在己方端區內遭對手成功擒抱，即稱為「安全球」，並由防守方獲得 2 分。由於會換失分方開球，接球方則是對手隊伍，因此戰況會變得不利於己。美式足球中，比賽都是從防守方開球並由進攻方接到後才開始，因此基本上持球的接球方會較具優勢，也就是說由進攻方開球等於讓己方陷於不利的狀態。

POINT 6

向前挺進的進攻方式主要有 2 種

第一種是四分衛（QB）將球交給跑衛（RB），由跑衛不斷挺進的跑陣方式。跑衛這個位置就是要甩開防守方激烈的擒抱，找出衝鋒路線衝刺到底，一分衛（FB）與二分衛（HB）都可稱作跑衛。另一種則是接下四分衛傳球的外接員（WR）確實接到球後往前推進的傳球方式。由於外接員會先跑至敵陣深處才接球，因此傳球若是成功就會一口氣大幅推進陣地。

POINT 7

比賽中也會出現進攻權移轉至防守方，攻守交換的局面

在進攻方發動攻勢期間，也可能出現攻守交換的情形。持球奔跑的選手若遭擒抱而掉球，且球又落到防守方手中，防守方即會擁有進攻權。其他還有像是進攻方投出的傳球在落地前被防守方選手接住時，進攻權也會移轉至防守方。比賽中進攻權移轉至防守方的狀況就叫「攻守交換（Turn over）」。

樂趣加倍！觀賽小知識

各位置的職責

進攻組

美式足球是種以進攻為主的競賽。在有限的進攻次數中盡可能拓展己陣範圍，竭盡所能搶下得分，這就是進攻組的使命。此組的位置大致可分為 3 類，分別是衛、攻擊鋒線和接球員。

衛（Back） 配置在攻防線往後 1 碼以上的後方位置，為進攻的核心。成員有身為進攻總指揮的四分衛，與藉由跑陣擴大己方陣地的跑衛。

四分衛（QB）

美式足球最著名的位置。為進攻總指揮，永遠的進攻核心。負責選手大多要具備強大的臂力、卓越的領導能力和優秀的瞬間判斷力等。

跑衛（RB）

跑衛的任務就是往前猛跑，持球不斷推進。大致還可分為二分衛（HB）及一分衛（FB）。二分衛是憑藉速度突破防守的高速型球員；一分衛則是力量型球員，除能活用體能突破防守，還能阻擋（前導攔阻）朝隊友而去的防守鋒線。

攻擊鋒線（OL） 攻擊鋒線主要的任務在於阻擋朝隊友蜂擁而上的對手防守鋒線。雖然無法自行持球奔跑或接下傳球，卻是默默支援進攻的重要存在。

中鋒（C）

配置在攻擊鋒線正中央。主要任務是把球發給四分衛，以及依防守方的隊形下達適切的阻擋指令。

哨鋒（OG）

配置於中鋒兩側。跑陣時為跑衛奔跑路徑上的前導員（前導攔阻員）；傳球時則負責保護四分衛。無論在跑陣還是傳球行動中，都是阻擋對手的要角。

絆鋒（OT）

主要負責阻擋對手，傳球時特別活躍。四分衛慣用手側的對向邊很容易成為死角，負責防守這個邊側的絆鋒是攻擊鋒線中最重要的位置。

接球員（Receiver） 為傳接球的專家，和四分衛同為長距離傳球的成功關鍵。一記長傳就能大幅拉長距離，有可能一口氣改變比賽局勢。

外接員（WR）

主要負責深入敵陣後，確實接下四分衛的長傳。接球的技巧自然不在話下，還必須突破敵方防守，準確地跑在傳球路徑上。接到傳球後的敵我攻防，可說是賽事最緊張刺激的場面。

邊鋒（TE）

邊鋒是兼任接球員和攻擊鋒線的特殊位置。儘管速度和身高可能不及外接員，卻是孔武有力。擅於對抗防守方的衝撞，即使位處混戰地帶也能盡情發揮的力量型接球員。

防守組

意指負責防守的選手群。依職責可分成防守鋒線、後衛與防守衛 3 種。防守組有別於進攻組由於沒有規則上的限制，因此特徵在於是用防守範圍分配位置。

防守鋒線（DL）

防守鋒線的主要任務在於及早應對對手的進攻，阻擋跑陣或四分衛的傳球。因為身處雙邊交鋒的最前線，所以多由人高馬大的選手擔任。

防守絆鋒（DT）

鎮守防守鋒線中央地帶。與攻擊鋒線的激烈衝撞可說是美式足球的經典畫面，會在對手跑陣時阻擋持球選手的去路，或是使出擒抱阻擋。對手傳球時，則會對四分衛施壓，若情勢允許，還會在其傳球前以擒抱發動「四分衛擒殺」。

防守邊鋒（DE）

配置在防守鋒線兩側，主要負責阻擋持球衝來的對方選手。會對其施壓逼入內側，或以擒抱阻擋。對手傳球時，多會從攻擊鋒線外側繞入，伺機使出「四分衛擒殺」，同時也須具備快速的腳程。

後衛（Backer）

位在防守鋒線後方的防守要角。除了阻擋對手跑者和接球員，還會攔截傳球。

線衛（LB）

防守位置位在己陣中央，相當於防守的中樞。擁有強力線衛的隊伍就如同有股穩定的防守力量，可把失分控制在最少。線衛依防守位置不同而名稱各異，以防守中央的中央線衛（MLB）、防守兩端的弱側外線衛（WLB）和防守進攻人數較多的一側的強側外線衛（SLB）為 3 個較具代表性的線衛。

防守衛（Defense Back）

防守最後方的最後一道防線。若是此處遭對手突破就會被達陣得分。阻擋對手長傳也是重要任務之一。

角衛（CB）

防守最靠邊線的區域。主要防守敵隊傳球，常和進攻方的接球員對峙。

安全衛（S）

位於防守組最後方。須具備能眼觀整座球場的洞察力以及準確的判斷力。

特勤組

專門負責踢球的專家隊伍。踢球雖然只會在比賽關鍵時刻出現，但從戰略上來說其實與進攻組及防守組同等重要，足以左右勝負的去向。上場時間雖少，但肩負重要任務。

踢球員（K）

正如其名，是踢球的專家。必須在開球、射門、追加得分這幾種場面確實把握機會，準確地將球踢往目標地點。

回跑員（R）

專司防守的特勤組。在接到被踢進己陣深處的球後，反過頭朝敵陣飛奔而去。若能直接達陣完成「先鋒式達陣」的話，將是一大功績。

棄踢員（P）

棄踢專家。厲害的棄踢員能隨意操控球的飛行距離與角度，替所屬隊伍拿下有利己方的球場位置。

長開球員（LS）

射門或棄踢時，負責中鋒開球的專家。

扶球員（H）

接到長開球員的球後，將球擺放到最佳位置的專家。

比賽流程

開球

踢球的為防守方（踢球組），接球的為進攻方（接球組）。踢球組球員從己陣的 35 碼線將球踢出開賽。當持球選手被防守方選手擒抱（遭阻擋），就是進攻的開始。

展開進攻

位在進攻方最前列中央的中鋒（C），從進攻方和防守方隔著球面對面的位置，將球送往位於後方的四分衛（QB）後開始進攻。進攻方有 4 次進攻機會，以 4 檔之內推進 10 碼為目標。運用跑陣和傳球持續推進，最後利用達陣或射門取得分數。第 4 檔結束時，如果沒能推進 10 碼則攻守交換。

難以推進 10 碼時

第 4 檔時進行棄踢，放棄進攻權。

攻守交換

順利推進 10 碼時

能再獲得 4 次進攻權。

繼續進攻

得分

以將球送抵端區的達陣、踢進球門的射門取得分數。得分後攻守互換。

進攻方式

進攻方主要行動雖為跑陣與傳球，不過遇上用擒抱妨礙進攻的防守方選手時，「阻擋」也顯得相當重要。無論是在跑陣或傳球之際，都必須封鎖想要妨礙持球選手的防守方行動，掩護隊友進攻。稱得上是挺身而出的進攻方式。

防守方式

防守方主要的行動是阻止持球選手推進的「擒抱」。擒抱是指抱住對方制止其行動，特別是在進攻方的四分衛持球期間對其使出擒抱的「四分衛擒殺」就相當重要。此外，還有在傳球期間把球搶走的「截球」也是達成攻守交換的重要防守方式。

美式足球術語

- Carry ＝持球，意指球員拿著奔跑。
- Snap ＝中鋒開球，中鋒將球傳遞給位在後方的四分衛等隊友。比賽即始於此。
- Kill the Clock ＝四分衛為了讓計時器停止計時而用球敲打地面。
- Scrimmage Line ＝攻防線，各檔展開進攻時，用來分隔進攻方和防守方的假想線。
- Cut Back ＝持球選手突然改變奔跑方向的跑陣法。
- Swing Pass ＝側傳，四分衛將球快速丟向跑衛的短傳。
- Scramble ＝意指原本打算要傳球的四分衛沒傳球自行跑陣。
- Pass Complete ＝傳球成功。
- Ball Dead ＝死球，代表 1 次進攻機會完結。

計時器經常暫停

比賽中計時器經常暫停乃是美式足球的代表性規則。得分、球出界、攻守交換等情況雖然在其他競賽中也會一時中斷比賽，但是在美式足球就連傳球失敗、開球結束等時候也會停止計時，因此讓人留下經常暫停計時的深刻印象。比賽表定進行 4 節，每節 15 分鐘，再加上中場休息，理應 72 分鐘就會結束比賽，但這只是計時器有在運作時的 15 分鐘，因此實際的比賽時間大約會是 2 ～ 3 小時。

以四分衛最為出名

說起就算不太了解美式足球的人也耳熟能詳的位置，想必就非四分衛莫屬。身為隊上進攻中樞兼指揮官的四分衛活躍於各大比賽場面，其能力優秀與否甚至直接關乎勝率的高低。在賽場上，依情況改變戰術等控制局勢的策略也是四分衛的份內工作，除此之外還要兼具高水準的傳球能力、強大的機動力與飛快的速度。觀賽時不妨先聚焦於四分衛的表現，相信一定能體會到美式足球的無窮樂趣。

教練團的職責

教練團成員眾多，除了握有一切決定權的總教練、助理教練等人，還有管理選手體能的訓練師、負責擬定戰術與分析敵隊的專責人員等。一支美式足球隊中就有 11 人負責進攻，11 人負責防守，再加上比賽中肢體碰撞激烈，規則因而未限制球員替補人數，所以比賽能登記的選手數有 50 人左右。支援這一大群球員的正是教練團，雖然各隊的工作分配和人數略有不同，但確實有一群人在做球員的堅強後盾。此外，堪稱隊伍門面的啦啦隊也是鼓舞隊員、取悅觀眾的必要存在。她們憑藉平日不輸給場上選手的艱辛練習，才能有如此光鮮亮麗的演出。

超級盃使人瘋狂

每年 2 月舉辦的「世界盃（Super Bowl）」是美式足球界的年度盛會。美國國家美式足球聯盟（NFL）底下的兩個聯會，也就是美國聯會（AFC）和國家聯會（NFC）的冠軍隊伍會於超級盃爭奪總冠軍，無疑是美國最大規模的體育盛事之一。這場賽事每年都會寫下當年最高的收視率，電視轉播期間播放的廣告費用更是高得驚人。每到這個時候美國舉國上下都會聚焦於這場賽事，優勝隊伍更能獲得至高無上的榮耀。比賽時全場合唱國歌和中場時間的表演聞名全球，對獲邀演出的藝人來說也是個指標性的舞台。

主要違規事項

越位

意指開球後進攻方和防守方隔著球從面對面的位置開始比賽時，守備方在中鋒開球前碰觸到球，或選手身體越線的情況。

違規阻擋

用手抓對手的行為。嚴禁進攻方隊員用手抓住防守方隊員。防守方若是惡意妨礙前去接傳球的接球員行動時，亦構成犯規。

惡意衝撞四分衛

大力衝撞已把球傳出的四分衛（QB）。因為傳球後會呈現毫無防備的狀態，劇烈衝撞可能會傷及球員。

背後擒抱

針對對方選手首先從背後接觸，並瞄準腰部以下進行阻擋。由於是非常危險的阻擋方式，因此罰則也相當重。至於從背後對腰部以上進行擒抱則稱作「背後阻擋」。

選手比賽時身穿總重 5 ～ 6 公斤的裝備

美式足球由於會激烈互撞，所以必須穿戴頭盔、肩墊、臀墊、護脛等許多保護身體的牢固護具。其總重約有 5 ～ 6 公斤，依選手體格和負責位置還有可能更重。場上選手的激烈衝撞是美式足球的看點之一，同時也能進一步欣賞選手穿著沉甸的護具卻依舊靈活行動的身影。

■一場場以果嶺為舞台的心理戰

高爾夫球

在不同狀況下處理每一球的「紳士運動」。在絕妙球技和緊張感之下成功揮出的每一桿總會帶來難以言喻的感動。

>>>>> 競賽場地

高爾夫球場
配置於大自然中的高爾夫球場，場上設有開球區、果嶺、沙坑、球道、水池等。

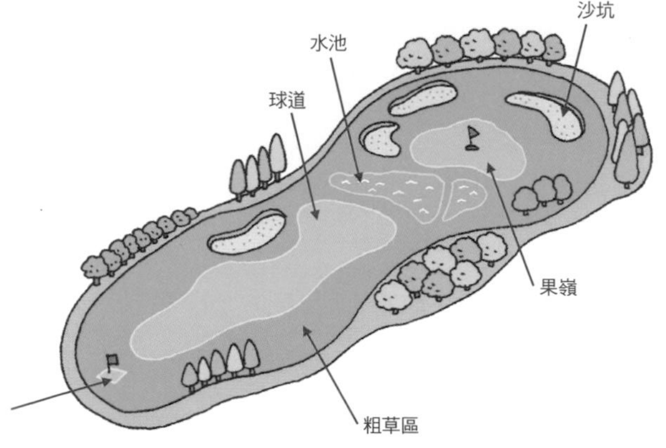

5 大觀賽基本重點

POINT 1

比賽如何以最少桿數將球送入球洞

以 2 ～ 4 人為 1 組進行 1 場 18 洞，共 4 天 4 場 72 洞的競賽，比賽誰能以最少桿數——也就是從第 1 桿打出至球進洞為止的擊球數結束比賽。最後雖是由桿數最少的選手勝出，但奧運比賽規定有 2 人以上並列第 1 名時，會進行加打 3 洞的延長賽。此外，奧運僅設個人而沒有團體賽的項目。

POINT 2

每個球洞都設有標準桿數

依據球道距離和障礙物等因素，每洞的標準桿數為 3 ～ 5 桿不等。標準桿數為 4 桿的球道會標示為「PAR4」，一般 18 洞的總桿數為 72 桿。選手皆以低於標準桿數打完比賽為目標，若每洞的成績都超過標準桿數就很難勝出。順帶一提，揮空也視為 1 桿。

平標準桿（Par）
指某洞的成績與標準桿數相同。以 3 桿打完標準桿數為 3 桿的球洞，即為平標準桿。

柏忌（Bogey）
指某洞的成績高於標準桿 1 桿。多 2 桿為「2 柏忌」，多 3 桿為「3 柏忌」。

博蒂（Burdie）
又稱小鳥，指某洞的成績低於標準桿 1 桿。少 2 桿為「Eagle（老鷹）」，少 3 桿為「Albatross（信天翁）」。

POINT 3

球道、球洞會因地形等因素而不同，比賽難易度亦五花八門

高爾夫球道由於會設立在森林間、丘陵上、沿海或山中等地，因此各球道都各具特色。森林間與丘陵上的球道地勢起伏較小，球道也相對寬廣，山岳球道則有山崖等高低落差，沿海則會深受風勢影響。此外，各球洞也會有計畫地設置在樹木、沙坑、水池等障礙物附近，障礙物的距離和寬度更是大相逕庭。觀看選手如何克服變化多端的各式球洞，便是球賽的精彩之處。

POINT 4

也須注意颳風下雨等天候狀況

高爾夫球比賽於戶外舉行，且由於不可能加蓋屋頂，因此非常容易受天氣影響。不僅下雨會改變草皮狀態，風的強弱和方向也會大幅影響球路。既然身處大自然中就不可能每次都在最佳狀態下舉辦比賽，而這也是觀賞高爾夫球的樂趣之一。

POINT 5

心理因素會大幅影響成績

高爾夫球賽由於比賽時間長，因此除了球技，心理狀況也非常重要。18 洞的比賽過程中心境會遭遇各種轉折與變化，維持注意力、不輸給壓力都是致勝的關鍵。同時，教練不會陪同比賽，因此選手無法聽取建議，一切都必須自行判斷。擊球時遇到擊球偏位、需要豪邁或細膩揮桿之際技術固然要緊，但不讓心理因素影響自身能力的發揮也是十分重要的事情。

樂趣加倍！觀賽小知識

高爾夫用具

球桿

即擊球用具。依使用目的分作多種類型，每打 1 洞都會分別使用多種球桿。每場比賽最多可攜帶 14 把球桿，再依當下局面選擇用桿，據說愈是優秀的選手就愈能因地制宜選用合適的球桿。

開球桿

以桿頭大、握把長為最大特徵。為第 1 桿開球用的球桿，能把球打得很遠。

鐵桿

能用於球道、粗草區、沙坑等各種不同環境的球桿。多用於短距離擊球。

球道木桿

桿頭略小於開球桿。可將地面上的球打得最遠。

推桿

讓球在果嶺上滾動的球桿。適合擊出瞄準進洞的細膩球路。

球

規格為直徑 42.67 公釐以上，重量 45.93 公克以下。比賽時選手可使用自備的高爾夫球，途中不得更換，須以同 1 顆球完成比賽。球也有不同特徵，有的適合用來打遠、有的容易旋轉，藉此讓選手能隨意操控球路，因此要選哪種球出賽也是戰術的一環。

服裝

男女選手都必須身穿有領球衫，男子選手必須將球衫下擺塞入褲中。某些高爾夫球場還會規定在非比賽期間於球場會館等設施裡活動時，有義務穿著西裝外套或夾克，也有很多球場禁止穿著運動鞋、拖鞋或牛仔褲進入相關設施。高爾夫球雖然別名「紳士的運動」，但穿著只要不過於休閒或不修邊幅，讓周遭人感到不快，其實並沒有特別嚴格的規範。

球場內的區域

開球區

選手開球點，也是該球洞的起點。其範圍是連結開球區標誌外側劃出前方與側面寬度，後方則須有2個球具的長度。一般都會將草皮的草割短，並設置於略為高起處。

球道

從開球區通往果嶺的路徑。草皮的草都已修短，為易於擊球的區域。擊球時盡量把球打在球道上正是高爾夫球的基本功。

粗草區

位在球道外側，草皮未經修剪的區域。依草的生長方式分為半粗草區（介於球道和粗草區之間）、粗草區（一般粗草區）和深草區（幾乎未修剪的粗草區）。

沙坑

填滿沙子的窪地，屬障礙區域的一部分。形狀和大小雖有差異，但都填滿沙，比周遭地勢低約了數十公分左右。位在球道中途的沙坑稱為「球道沙坑」。

桿弟的重要性

桿弟的工作不只是幫選手拿包包或球桿，還會給予選手戰術建議或鼓舞士氣等，會在比賽中提供全方位的支援。高爾夫球是種需要長期思考時間的競賽，例如下一球要選哪種桿來打，又要打哪種球路等等；選手必須從果嶺的傾斜度、草的生長方向、風向與風勢大小、自己本身的狀態等條件來推敲戰術。而優秀的桿弟不僅懂得各式戰術，還熟知球道，甚至連選手的身心狀態都能確實掌握。因此賽時桿弟和選手若是配合得好，即有可能大幅提升獲勝機率。

桿弟（Caddie）

1名選手可帶1名桿弟。比賽時桿弟必須全程緊跟在選手身旁，提供選手全方位的支援，比如幫忙拿球桿，選手擊球時配合將球桿遞上等。高爾夫球規則裡對桿弟的定義是「遵照規則協助選手的人」。

果嶺

草皮修剪得比球道還仔細，當中設有球洞。選手在果嶺上通常是用推桿推球。將球打上並靜止於果嶺時稱為「上果嶺（On）」。

高爾夫球術語

- **Hole** ＝球洞。
- **Pin** ＝指插在果嶺球洞中，用以標示球洞位置的標誌旗桿。
- **O.B** ＝意指出界，即「Out of bounds」，指賽場之外的場所。
- **Hazard** ＝賽場內的障礙區域。主要有沙坑和水池等地。
- **Approach** ＝進距切球。從瞄準球洞的地方，將球打往靠近球洞處的打法。
- **Putt** ＝推桿。將果嶺上的球揮進球洞的揮桿動作，也稱作「Putting」。
- **One on** ＝指第1次揮桿就把球打上果嶺。第2桿打上果嶺則稱「Two on」。
- **Duff** ＝指桿頭先碰到地面才擊中球的失誤。俗稱挖地瓜。
- **Slice** ＝打出的球路往慣用手的方向彎曲。
- **Hook** ＝打出的球路往慣用手的反方向彎曲。

罰則

出界（O.B） ………… 罰 1 桿

球掉出規定場所而判罰 1 桿。若是開球（第 1 桿）時出界，重新開球的那 1 桿就計為第 3 桿。第 2 桿之後若是出界，則會在出界點附近拋球（球掉入障礙區等地方無法打擊時的救濟措施）重新開始比賽。

落入水障礙區 ………… 罰 1 桿

擊出的球掉進水池中而罰 1 桿。須自原先擊球處重新擊球，或是在球橫切過水池的地點和球洞的連接線後方障礙外拋球。

揮桿落空 ………… 免罰

揮桿落空本身並無罰則，但揮空的桿數會計為 1 桿。例如，揮桿落空 1 次，第 2 次將球擊飛出去時，將以揮桿落空 1 桿和成功擊球 1 桿計算，共 2 桿。

未做記號就拾起球 ………… 罰 1 桿

將球打上果嶺時，能在不妨礙其他選手擊球的狀態下於賽中將球撿回。然而撿回時必須做好記號，讓球隨時能放回正確的位置。未做記號就會受到處罰。

比賽現場安靜無比

揮桿是種極為細膩的動作，細微失誤就可能釀成無可挽回的失手。因此現場所有人都是屏氣凝神保持安靜，以免擾亂專心打球的選手。特別是在選手揮桿的數秒間，基本上會秉持「不動作」、「不說話」、「不發出聲響」的三不原則。選手擊球後如果球的落點佳，可以拍手稱讚，但除此之外保持安靜才是對選手最大的聲援。

不破壞大自然

高爾夫球是與大自然共生共存的運動，即使在比賽期間也很重視選手是否愛護大自然。在國外甚至有些比賽就算是要撿球，也嚴格禁止損及草木。

高爾夫球賽最高殿堂的四大公開賽

這些是在各大型賽事中，被視為特別重要的 4 場大型公開賽事。全世界的高爾夫選手中也只有一小部分符合嚴格條件的頂尖選手才會獲邀參賽，正如標題所示，這是爭奪高爾夫球界最高榮譽的 4 大賽事。

4月舉辦　美國名人賽

於美國奧古斯塔高爾夫球俱樂部舉辦，是四大公開賽中唯一一場每年都由相同俱樂部舉辦的賽事。不論職業還是業餘選手，只要前一年獎金排行名列前茅者和大賽優勝者就會受邀參加。由於只有極少數的選手能夠參賽，因此被推崇為「高爾夫球界的盛會」。比賽難度極高，選手必須慎選策略。

8月舉辦　美國職業高爾夫球協會錦標賽

美國職業高爾夫球協會（PGA）主辦的錦標賽，也稱為「美國 PGA 錦標賽」。僅有符合規定條件的職業選手能夠參加，是四大公開賽中唯一僅有職業選手同場較勁的大賽。每年都會移地舉辦，2019 年起預計改至 5 月舉辦。

大滿貫

1 年中贏得四大公開賽所有賽事的選手就能獲得此稱號。1934 年制定以來，目前還未有選手達到這個輝煌的成就。

6月舉辦　美國公開賽

全美最具權威地位的大賽。主辦方沿用全美高爾夫球協會訂定的參賽資格（大賽優勝經驗、總統盃的參賽經驗等），不論職業還是業餘選手，只要符合該基準就能獲得參賽權。總獎金高達 1,200 萬美元，是全世界獎金最多的高爾夫球大賽。在四大公開賽中球道難度最高，其設計極度考驗選手的耐力。

7月舉辦　英國公開賽

第 1 屆舉辦於 1860 年，是世上歷史最悠久的高爾夫球大賽。在四大公開賽中最具聲望，其最大特徵在於回歸高爾夫球的歷史原點，刻意採用未經人手加工、「維持大自然原始狀態」的賽道。由於徹底不同於其他巡迴賽中人工打造的賽道，因此特別看重選手累積的經驗。

■據說以棒球為原型，發祥於英國的球類競賽

板球

較鮮為亞洲人所知，但在世界上以大英國協成員國為中心的地方卻極為熱門。由於與棒球有雷同之處，進一步了解後說不定會意外覺得有趣。

>>>>> 競賽場地

板球場

球場整體呈現橢圓形，中央有擊球手與投球手對決的投球區。正式比賽會在使用草皮的場地舉行。

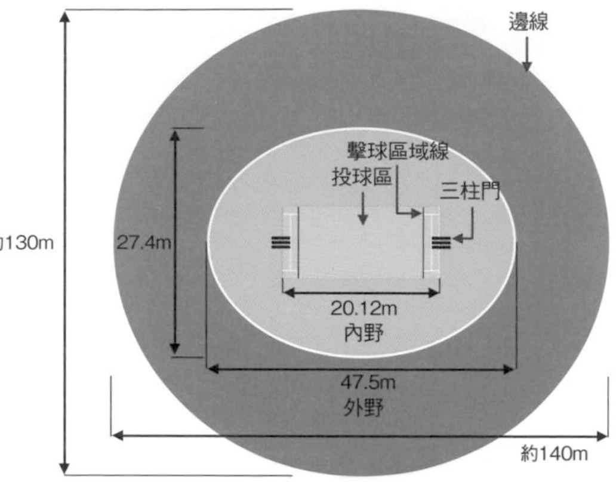

5 大觀賽基本重點

POINT 1　投球手與擊球手的對決。每隊由 11 位選手出賽，採 1 ～ 2 局制，得分多者勝出

分為進攻方與防守方，投球手投球由擊球手打擊後成功跑至定點即得分。由於很難讓對手出局，因此通常是進行輪流攻守 1 次的單局賽事，或比賽時間約為 3 小時的「2020 賽」。但即使是單局賽事，比賽時間還是會長達 7 小時左右。

POINT 2　在 1 局內讓 10 名擊球手出局，或所有擊球手打完規定的投球數後攻守交換

1 局內讓 10 名擊球手出局就能攻守交換，但板球在規則上無法輕易取得出局，因此非常花時間。由於競賽本身的性質，因此也另有先設定好一定投球數，打完這些球數後就能攻守交換的規定。各大賽的投球數不盡相同，為了縮短比賽時間還另外設有各種規則。

POINT 3　投球手為了擊倒三柱門而投，擊球手為了守護三柱門而打

板球雖説是投球手與擊球手的對決，雙方為了爭取得分而奮戰不懈，但實際上雙方是在進行「三柱門攻防戰」。投球手為擊倒三柱門而讓對手出局，擊球手則是為了不讓投球手得逞而揮擊，只因過程中會賺取分數所以最後才變成在競爭得分。其實投球手和防守場地的野手是為了攻擊三柱門，進攻方的擊球手則是為了守護三柱門而擊球，這才是板球的攻守概念。由此便可知道三柱門在板球運動的重要性。

POINT 4

賽事基本用語和 3 種球具

板球中有許多獨特的用語，在此先從基本用語開始介紹，再來談到比賽所使用的球具。

Bowler	Batman	Wicket keeper	Wicket
投球手	擊球手。以 2 人 1 組站在投球區	站在三柱門後面的守門手（捕手）	投球手瞄準的 3 根木柱，能藉此讓對手出局

球

直徑約 7 公分，重約 160 公克。質地非常堅硬，以紅色居多但偶有白色。

球板

長約 1 公尺，寬約 10 公分，重約 1 公斤。狀如船槳的木製板。

三柱門

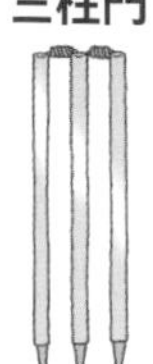

以 3 根木棒為 1 組，高約 70 公分，3 根總寬約 23 公分。下端構造形似木樁，比賽時插立在投球區。

POINT 5

主要的得分與出局形式

得分形式

●擊球手擊出的球在場上滾動期間，2 人 1 組的擊球手分別跑往兩側的三柱門。若 2 人都成功跑至三柱門所在處，即可得 1 分。
●擊出的球若未落地彈起，直接飛越邊線時可得 6 分。

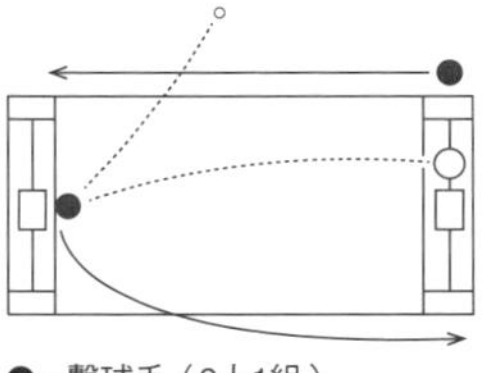

●＝擊球手（2人1組）
○＝投球手
□＝三柱門
○＝球

出局形式

●接殺　擊球手擊出的球未落地彈起，直接被防守方野手（Fielder）接住。
●截殺　擊球手成功擊球後開始起跑，但在抵達三柱門前被野手回傳的球擊倒三柱門。
●擊殺　擊球手因揮棒落空等原因，讓投球手的球直接擊倒三柱門。
●持球撞柱　擊球手在遠離擊球區域線的狀態下沒注意到球或揮棒落空時，守門手拿球擊倒三柱門。

投球手與擊球手的交替

投球手以投 6 球為 1 輪，每投完 1 輪就必須換下一名投球手上場。擊球手若是出局也要下場換人。然而這時並非 2 名擊球手一起下場，僅有 1 名新擊球手上場與出局的該名擊球手交換。

樂趣加倍！觀賽小知識

進攻規則

2 人 1 組的其中 1 位擊球手負責擊打投球手丟出的球。該擊球手擊出的球在場上滾動期間，2 名擊球手分別跑往反方向的三柱門，若都成功抵達三柱門所在地即可得 1 分，成功折返則得 2 分。由於沒有規定界外區，球可以朝 360 度任意方向擊出，因此很容易形成長打。飛出去的球要花上一段時間才能傳回位在投球區的三柱門，在這段期間擊球手要往返跑幾次都可以。若是傳回來的球擊倒三柱門，跑往該座三柱門的擊球手就算出局。

防守規則

投球手和守門手位在投球區，其餘 9 人則是駐守球場各處的野手。由於規則上擊球手可以將球打往任何方向，因此每個人的防守範圍都非常廣闊。守門手可穿戴手套，但野手只能徒手接球。

投球手規則

僅能使用上肩投法。依規定，球必須在手肘伸直後投出、要讓球落地彈起 1 次、從投球手側的三柱門的正旁邊投球。當擊球手無法觸及投出的球或球被投到板子無法碰到的高度，將視為暴投，判擊球手方得 1 分。

擊球手規則

隨著出局後須換人上場，擊球手的組合也會不斷改變，持續到所有擊球手都出局為止。但只要不出局就不會下場，必須一直打擊。依規定，擊球後跑出時要帶著板子一起跑。此外，揮棒落空再多次也不會出局。雖然是 2 人 1 組站在投球區，但除了負責打擊的擊球手，另 1 名站在對側不打擊的擊球手就負責奔跑。

擊球手不一定要拼命跑位？

擊球手也不是打到球後就一定要起跑，例如打出像擦棒球或滾地球這類馬上會被傳回來的球時，就不一定要跑。若擊球手自知起跑也會出局時，就有可能直接待在原地等投球手投下一球。

「帽子戲法」一詞是出自板球

説到「帽子戲法（Hat trick）」，很多人都知道這是個足球用語，意指同位選手在一場比賽裡拿下 3 分。這個用詞據説其實源自板球，畢竟板球比賽很難讓人出局，要連續讓 3 個人出局更是難如登天。因此當有人達成這般偉大事蹟時，就會獲贈昂貴的帽子和無上的榮耀。另外，也有一説是觀眾會將帽子丟入場內，以讚賞達成壯舉的選手，由此成為「帽子戲法」的「帽子」兩字的由來。

也有單獨奪下 100 分的擊球手

如果有個強力打手能一直打到出局為止，又能把球打出邊線，那他就有可能想得幾分就得幾分。當 1 名選手獨得 100 分稱為「Century」，但既然有這樣的稱呼存在就代表一個人確實有可能獲得這麼多分數，可見 1 輪要奪得好幾百分也是不無可能。

投球手、擊球手都是傾全隊之力

雙方所有選手都會擔任擊球手，而投球手雖然不用所有人都輪流擔當，但隊上至少要有半數選手可以出任。因為一旦對手的攻勢愈長，投球手就必須投得愈久，因此多準備一些人會比較妥當。此外，擊球手是以 2 人為 1 組，然後不斷更換新的搭檔展開進攻，因此 2 人的配合度是否足夠也很重要。為了能夠在擊球後 2 人同時起腳搶分以及避免出局，雙方的溝通與默契相當重要。

傳統板球比賽
要一連比上 5 天左右

在人稱「對抗賽」的傳統板球比賽中，規則是對戰 2 局，前後共會進行 4 ～ 5 天。但在這幾天內並非一直比賽，而應該說是慢慢花時間迎接賽事落幕。比賽開始前先擲硬幣決定攻守順序，待 30 分鐘左右後才正式開賽；中午設有午餐時間，並且每 2 小時左右還有喝茶休息時間。雖說是比賽卻沒有什麼對戰的氛圍，反而像是在社交場合安排的活動。由於競賽本身非常注重板球精神（要有紳士風度），因此被稱作「紳士的運動」。不過，現在主流的比賽形式已經變為短時間就會結束、緊湊刺激的「有限輪比賽（Limited overs）」。

板球服裝

護具部分必須穿戴頭盔、手套、護脛，並分成擊球手用和守門手用。球服在過去原則是上下皆白色，能以球衫的線條等區分隊伍，但目前已由各隊自行規定。如今每支球隊都會選用色彩繽紛的隊服。

日本與板球

日本首次進行板球賽事要回溯到 1860 年代，第一場比賽於橫濱舉辦，對手是英國海軍組成的隊伍。1870 年代興建板球場，這也是日本最古老的草皮運動場。爾後過了 150 年，日本現在從事這項競賽的人口約 3600 人。不過，相較於在 2002 年時僅 660 人可說是暴增了約 5 倍，受歡迎程度急速攀升。畢竟板球與棒球有些雷同，因此要在棒球發達的日本普及想必不是件難事。目前在日本能觀看板球賽事的地方雖然不多，但只要看過一次說不定就會為之著迷。

有限輪比賽

板球規定 1 輪投 6 球，而此形式便是在輪數上加以限制。「單日國際賽」規定投球次數限 50 輪（300 球）且只打 1 局（採單日對抗賽制），「2020 賽」則規定投球次數限 20 輪（120 球）且只打 1 局。其他也還有設有投球限制的 6 人制板球。

亦有時速超過
140 公里的特快球

雖然規定投球手投出的球必須彈地 1 次，但職業選手即使在此限制下依舊有可能投出時速超過 140 公里的球。根據紀錄甚至有投球手的球速超過 160 公里，擊球手光是要用板子打中就得費上一番功夫。

板球術語

● **Run =**
得分的單位。1 分即 1「跑位」。

● **Striker =**
指 2 人為 1 組的擊球手中負責打擊的選手。

● **Duck =**
1 分未得的選手。

● **End =**
指立有三柱門的地方。由於有兩處，因此分別以「Striker End」與「Bowler End」稱之。

● **Extra =**
因對手犯規等而以打擊之外的方式獲得的分數。

從事板球的人口與規模為全球第 2※ ！以世界來說是超熱門賽事

這項運動由於發祥於英國，因此在印度、澳洲、巴基斯坦、斯里蘭卡、南非等大英國協成員國之間非常受到歡迎。每 4 年 1 次舉辦的世界盃都會有大批觀眾擠進可容納 10 萬人左右的大型運動場。在人氣極高的印度甚至還有職業聯盟，若能躋身印度頂尖板球選手，年收入據說可達數十億日圓。當地孩童對這種競賽更是充滿無限憧憬。
※ 根據國際板球理事會的調查結果

■投手與打者全力較量，戰術多變精彩無比

棒球

雙方輪番攻守的球類競賽。進攻方打者持拿球棒擊打防守方投手投出的球，藉此取得分數。奧運僅舉辦男子組賽事。

>>>>> 競賽場地

棒球場

專用球場從本壘至左右外野圍牆的距離應各有 97.534 公尺以上，至外野中央圍牆應有 121.918 公尺以上。一到三壘與本壘圍出的正方形區域稱為「內野」，其外側並且未超出界外線的範圍稱「外野」。也稱作棒球賽場。

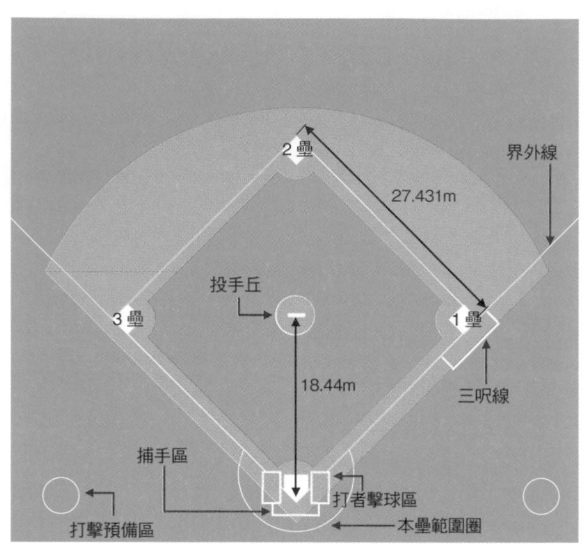

7 大觀賽基本重點

POINT 1 每隊 9 人出賽，由得分多的隊伍勝出

分成兩隊互於進攻時搶分，比賽結束後得分較多者即可獲勝。每隊先發球員 9 人，賽前須先編排好每位選手進攻時的打擊棒次，與防守時負責的位置。隊伍中包括候補球員，可於比賽途中替補上場。最多能登記 25 名選手參與比賽，替補人數沒有限制。

POINT 2 每局 3 人出局後攻守交換，總共進行 9 個上下半局

進攻方的選手以打者身分依序進入打者擊球區，用球棒擊打防守方投手投出的球。進攻方若有 3 名選手出局就會攻守互換繼續比賽。9 次攻守互換後比賽就會結束，但雙方如果平手則會延長賽事。延長方式以賽事主辦聯盟或大會方的決定為準。

上、下半局

先進攻的隊伍稱「先攻」，攻守交換後才進攻的隊伍稱「後攻」，先攻隊伍的進攻局稱為「1（～9）局上」，後攻隊的進攻局則稱「1（～9）局下」。

POINT 3

投手與打者的正面對決

防守方的投手朝捕手投球，目標是讓打者出局。進攻方打者的目標則是打出安打等，藉此成功上壘。投手要判斷打者會採取何種方式擊球，打者則猜想投手會投出什麼樣的球路，雙方將以此來一較高下。這種每 1 球都全力以赴的打投對決也是棒球比賽的精彩場面之一。此外，比賽時都有 1 名裁判（主審）會站在捕手後方，在投手投出球後以捕手接到球的位置判斷是「好球（Strike）」還是「壞球（Ball）」。

球數

投手把球投入好球帶後，若打者未出手擊打或揮棒落空時即為「好球」；球若是未進好球帶，打者也看出球不會進好球帶而沒揮棒時，就會成為「壞球」。1 名投手對 1 名打者投出的好球與壞球數量稱作「球數」，投出 3 好球時，該名打者即出局。

POINT 4

得分形式為安打、跑壘和全壘打

打者擊出投手投出的球後，就會衝向一壘（變為跑壘者）。就算防守選手接起已滾地的球將之傳給位於一壘的防守方選手（一壘手），跑壘者只要先踏上壘包就是「安全上壘」，形成「安打」。跑壘者若繼續踏上二、三壘（進壘）並奔回本壘即可獲得 1 分。此外，打者擊出的球如果飛進觀眾席就會形成「全壘打」，無人上壘的狀態下也可得 1 分。

四壞保送

指投手對打者投了 1 次裁判認定為「壞球」的球。由於依照規定最多只允許投出 3 壞球，投出第 4 球時就會變成「四壞球保送」，打者可直接登上一壘。當一壘已經有人，原一壘的跑壘者可前進至 2 壘。

POINT 5

出局形式有三振、封殺、接殺

投手對打者投出 3 次裁判認定為「好球」的球後，打者就會被「三振」出局。打者擊出後，若防守方選手拾起已滾地的球並傳給位於一壘的隊友，且接到球的一壘手比跑壘者先踏到一壘壘包時，即達成「封殺」；此外，防守方選手若是直接接住打者擊出的未落地高球，則形成「接殺」。順帶一提，防守方選手會將接球用的手套戴在非慣用的那隻手。

POINT 6

投手的投球配速為賽事一大看點

投手為讓打者出局，因此會投出擾亂打者打擊節奏的球路。投手如果判斷打者在等待快速球，只要刻意投出慢速球就能擾亂對方的打擊節奏，提高讓對手出局的可能性。

POINT 7

打者憑藉安打或觸擊短打等各種方式，竭盡全力送跑者回到本壘

打者會研究敵隊投手的投球特徵和球路，盡可能提高擊出安打的機會。打者有時會利用持握球棒握把和球棒中間附近位置擊球，好讓球於內野緩慢滾動的「觸擊短打」，藉此爭取前進下一壘包的機會。

犧牲觸擊

為了把跑者送上下個壘包而使用的觸擊短打稱為「犧牲觸擊」。擊球的打者本人極有可能因此出局，因而使用「犧牲」二字。

樂趣加倍！觀賽小知識

防守位置與職責

左外野手
通常防守在游擊手後方的外野。必須具備處理進攻方右打者擊出的強力遠球。

中外野手
通常防守在二壘後方的外野。必須具備協防左、右外野手的能力及足夠的速度。

右外野手
通常防守在二壘手後方的外野。必須具備處理進攻方左打者擊出的強力遠球。

游擊手
通常防守在二壘與三壘之間的偏後方處。與二壘手一樣，時常參與雙殺或擔任外野手傳球時的中繼點。

二壘手
通常防守在一壘與二壘之間的偏後方處。常參與雙殺等戰術，須具備能應付激烈動作的能力。

三壘手
防守在三壘附近。進攻方右打者常往此方向擊出強力的滾地球，因此也被稱為「熱區」。

一壘手
通常防守在一壘附近。常常需要接住其他內野防守隊友（野手）投出的球，因此會穿戴專用的手套。

投手
向打者投球後代表比賽開始。一般右投對付左打者較有利，左投則反之。

捕手
穿戴專用手套，以屈膝姿勢接住投手投出的球。會向投手比出所需球路的暗號（賽前約定好的手勢）。

投手球路

投手投出的球路大致可分為「直球」和「變化球」，前者是振臂下擺投出筆直向前飛的球，後者則是在途中會產生路徑變化的球，根據球路的變化又分成許多不同種類。

直球
顧名思義是筆直飛行的球。基本上是用手指扣住球上的縫線後投出，但可藉由改變手指扣球的方式讓球在抵達打者面前時改變路徑。也有選手能投出時速超過160 公里的直球。

變化球
種類有從右投投手的位置看過去往左彎曲的曲球或滑球、向右彎曲的噴射球、看似直球卻於中途下墜的指叉球、不規則變化的彈指曲球等，不同投手各有其持球方式。投手能使用的變化球球路愈多，就愈有空間與打者纏鬥。

好球帶

於本壘板上方，以從打者肩膀上緣與球褲上緣的中間點拉出的水平延長線為好球帶上限，膝蓋下緣拉出的延長線則為好球帶下限。

排定打擊順序

上位打線

通常指排在第1～5棒打擊的選手。打擊準確度（打擊率）較高的打者會排入這個打線。一般認為同時排入右打者與左打者較為理想。

中心打線

通常指排在第3～5棒打擊的選手。多是上位打線中打擊率特別高的打者，或能擊出較多全壘打等長打的選手。

下位打線

通常指排在第6～9棒打擊的選手。通常打擊率低於上位打線打者或長打能力較低，抑或是擅於防守但不擅打擊的選手。

各棒次的職責

第1棒 最重要的任務就是上壘。多為腳程快的打者，或長打能力欠佳但打擊率高。

第2棒 主要在第1棒成功上壘時，能靠打擊讓他繼續前進。近來有些球隊也會把強打者安排在這個棒次。

第3棒 因為是中心打線的第1名打者，所以除了具備高打擊率，也要擁有長打能力。

第4棒 最需具備能將跑壘者送回本壘的實力。多為能穩定擊出全壘打的打者。

第5棒 中心打線最後1名打者，基本上職責與第3、第4棒差不多。

第6棒 打擊實力可能不如第1～5棒，但還是被寄予厚望。依當下賽況有時會被要求使用觸擊短打。

第7棒 依當下賽況，職責可能與1、2棒相同，即盡可能將跑壘者送往下個壘包。

第8棒 由於在打擊上多半不受期待，因此職責幾乎和第7棒相同。

第9棒 有些球隊會在此排入不擅打擊的球員，但也有隊伍認為這是接續第1棒的重要棒次。

打者的技術

為了擊出安打，打者會下足許多功夫，例如面對快速球時稍微改變打擊姿勢，把球棒的持握位置從握把下端稍微往上移動；此外，還會研究投手會用什麼球路把球投到什麼地方（配球），有時甚至只鎖定自己擅長應付的球路，其餘都置之不理。觀賽時不妨試著揣測打者擊打每1球時的心理，相信也別有一番樂趣。

指定打擊（DH）

排於第1～9棒的某個棒次，不須上場守備只專門打擊的選手即稱為「指定打擊（DH，Designated Hitter），僅能用來替代投手上場打擊。

代打

進攻期間輪到某名打者上場打擊時，由候補選手替補上場進行打擊。該名打者就稱為「代打」。大多會在身處絕佳進攻時機，期待能有選手擊出安打但又剛好輪到下位打線的時候，便會換上擅於打擊的球員積極搶分。

得分形式

全壘打

擊出的球飛入觀眾席時（界外球除外），擊球打者就能依序踏完一至三壘回到本壘得分。如果壘上有人，就能再獲得等同跑壘者人數的分數（滿壘時打者擊出全壘打即得 4 分）。就算擊出的球未飛入觀眾席，只要打者有辦法一口氣衝回本壘，也可以算是全壘打（場內全壘打）。

滿壘保送

在一到三壘都有跑壘者上壘的狀態下當打者被四壞球保送，所有人都可進壘，原在三壘的跑壘者便能跑回本壘。進攻方可以此奪得 1 分，這就是所謂的「滿壘保送」。此外，同樣狀況下投手投出的球擊中打者構成「死球」時，所有人也能進壘取得 1 分。

讓跑壘者奔回本壘的安打（關鍵安打）

壘上有人時，打者擊出安打，跑壘者進壘成功且能奔回本壘就會得分。這種能獲得分數的安打就稱為「關鍵安打」。若跑壘者位在一壘，就必須打出長打才較有可能形成關鍵安打。此外，跑壘者的腳速也會影響能否靠此安打得分。

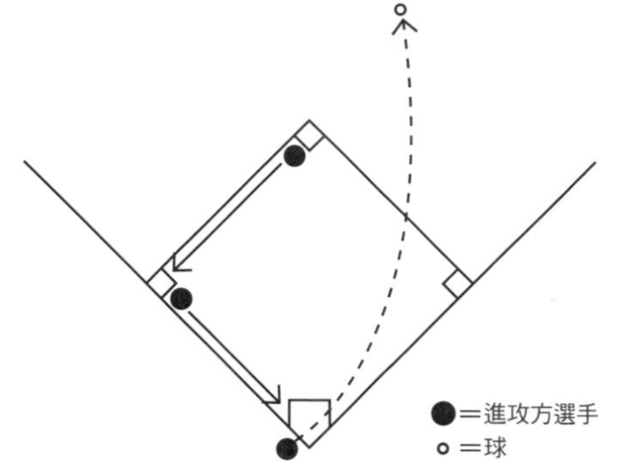

高飛犧牲打

在打者無人出局或一人出局的狀態下且壘上有人時，打者擊出外野高飛球後若遭防守方選手直接接殺，打者就會出局，但跑壘者可以藉此進壘（觸壘待跑）。在三壘的跑者若是能以觸壘待跑模式回到本壘，即可取得 1 分。此時的高飛打擊即稱為「高飛犧牲打」。但這時的跑壘者在防守方接下高飛球後必須重踩一次自己原本所在的壘包（再觸壘的義務）。

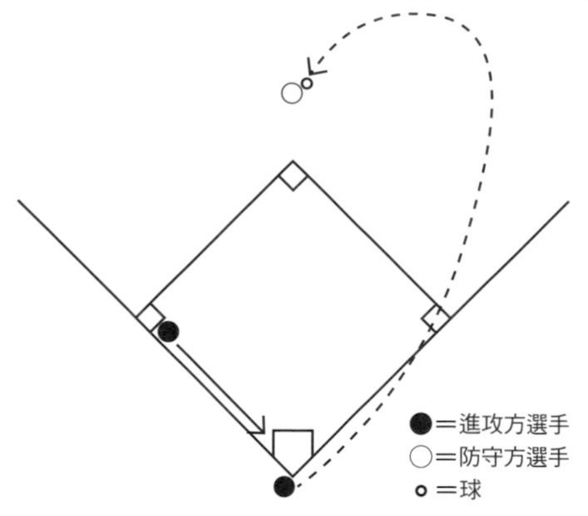

強迫取分

跑壘者位於三壘時打者使用觸擊短打，打算藉此將三壘跑者送回本壘，這種模式即稱為「強迫取分」。跑者在投手將球投出的同時起跑，打者則一定要用球棒擊中球，讓球在地上滾動。此戰術若是成功就能得分，但也伴隨失敗的風險，因此通常會在打者出局也無妨的無出局或一人出局狀態下使用。

暴投

當跑壘者位於三壘，投手投的球飛到捕手接不到的遠處（暴投）時，位在三壘的跑者只要在捕手前去撿球期間跑回本壘，便能獲得 1 分。此外，捕手因接球失誤導致球掉往後方稱作「捕逸」，位在三壘的跑者若能趁此時跑回本壘，也能獲得 1 分。

界外球

擊出的球出到界外線外時，即是「界外球」。打出界外球會算成 1 好球，但於 2 好球後即使打出界外球也不會增加好球數，打者可繼續打擊。守備方也能把界外球當成高飛球處理，一旦接到打者就會出局。此外，擊出的球若是落在界外線上，會被視為位於界外線內側處理（界內）。

跑壘者也會有出局的時候

當壘上有人而打者擊球後，跑壘者在跑到下一壘之前如果防守方已持球踏過下一個壘包，該名跑者就算出局（持球的防守方若是觸碰到未踏壘包的跑壘者，該跑者一樣出局）。高飛球時如果跑壘者未再觸壘，或出現碰觸試圖接球的野手等妨礙到其他選手的行為也會出局。此外，當打者擊球後跑向一壘之際，若沒跑在界外線外側標示的三呎線內妨礙到防守方選手，也會被判出局。

何謂雙殺打

壘上有人且打者將球擊出後，防守方同時讓 2 名選手出局的情況就是「雙殺打」。在日本還稱可為「併殺打」。例如，跑者在一壘時，三壘手接住打者打出的滾地球並傳給踏著二壘的二壘手讓一壘跑者出局後，二壘手再將球傳給一壘手讓跑壘的打者出局，即形成所謂的雙殺。以防守方的角度來看，這是一次讓 2 人出局的好機會，選手必須具備快狠準的傳球技術。

防守方失誤促使跑壘者上壘

打者就算未擊出安打也能有上壘機會。最具代表性的情況便是投手投出的球擊中打者造成「死球」，或防守方選手面對高飛球、滾地球等貌似不難處理的球卻發生接球或傳球等「失誤」。

盜壘與牽制

跑壘者有時會在投手向打者把球投出的瞬間，就跑向下一個壘包。接到球的捕手會把球傳給負責防守跑壘者目標壘包的隊友，但跑壘者若先觸碰到目標壘包就算安全上壘（盜壘）。此外，投手在投球空檔也能將球傳到有跑者的壘位，試圖達成觸殺（牽制）。跑壘者必須具備衡量投手投球時機以及觀察球速決定起跑時機的能力，最重要的則是具備飛快的腳力。跑壘者衝出壘包試圖盜壘時，捕手必須瞬間察覺，準確將球傳給位在三壘或三壘的野手。

高水準的防守表現與快速傳球也令人讚嘆

職業棒球選手的防守水準非常高，例如伸長手套接下感覺會飛進觀眾席的球，或像跳水般往球飛撲而去，這類卓越的技巧總令人大呼驚奇。而傳球的速度也是極快，在千鈞一髮之際觸殺跑者的畫面無不讓觀眾為之熱血沸騰。

捕手的指示亦是致勝關鍵

捕手會在徹底觀察打者的特徵和打擊目的後，每 1 球都對投手比出暗號，指示投球的球路或位置，這種行為稱為「引導」。投手與捕手會齊心協力試圖讓打者出局，因此捕手如何引導也是棒球賽事的一大看點。不過也有以投手為中心，由總教練進行引導的隊伍。

棒球術語

- Battery ＝指投手與捕手的搭檔組合。
- Incourse/Outcourse ＝即內角／外角，從打者位置來看，近好球帶內側為內角，近外側為外角。
- Balk ＝有跑者在壘上時，投手出現違規之行為。壘上跑者可各前進一壘。
- Complete Games ＝即完投，指從比賽開始至結束皆由同一名投手負責投球。

■賽事緊湊又刺激，讓人看得目不轉睛

壘球

2 支隊伍輪流攻守，相互競爭得分的球類競賽。比賽節奏明快，具有棒球所沒有的獨特規則。奧運僅舉辦女子組賽事。

>>>>> 競賽場地

壘球場
以奧運用壘球場來說，本壘至外野圍牆必須各距離 67.06 公尺以上。壘與壘或投手板及本壘的間隔都小於一般棒球場。又稱壘球賽場。

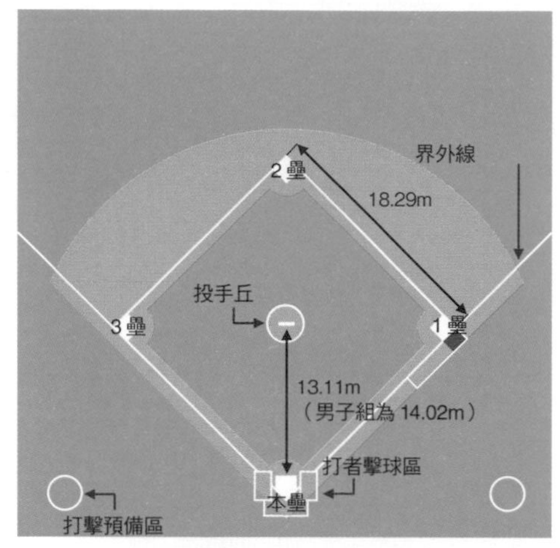

4 大觀賽基本重點

POINT 1

每隊由 9 人出賽，得分較高者贏得勝利

分成 2 隊互相爭取得分，比賽結束後由得分多者勝出。每隊先發球員 9 人（有指定球員時 10 人），賽前須先編排好每位選手進攻時的打擊棒次與防守時的負責位置。

POINT 2

每局 3 人出局攻守交換，共進行 7 個上下半局

進攻方的選手為打者，以球棒擊打防守方投手投出的球。當進攻方選手有 3 人出局即攻守交換，於輪轉 7 次後結束比賽，此時若平手就會舉行「突破僵局賽」。

POINT 3

壘球特有的投球姿勢令人眼睛一亮

防守方投手朝捕手以低手投擲的方式投球。投球時，手必須要抵在腰部下緣，手腕不可比手肘更遠離身體，以通過身體側面的姿勢投出。女子組的頂尖投手即使以低手投擲方式投球也有可能投出時速超過 100 公里的球，若在球速上再加進緩急變化，就會令打者難以應付。

上飄球

看起來像是從打者手邊向上浮起的球路，是一種廣為人知的低手投擲變化球。由於球路會急遽向上抬升，因此很多打者會在球的下方揮棒落空。

POINT 4

緊湊的賽事為最大看點

基本規則與棒球類似，但最大的差異在於球場小了不少。因此，投手即使是以低手投擲方式投球感覺起來還是相當快速，而且壘與壘之間的距離也短，所以防守方選手如不盡快處理滾地球，就無法讓跑壘者出局。光是如此，整體賽事就顯得十分緊湊刺激，觀賞起來非常過癮。

樂趣加倍！觀賽小知識

球與球棒

壘球用球圓周 30.48 公分（±0.32 公分），皮革製的重量為 187.82 公克（±10.63 公克）。相較於棒球用球（圓周 22.9～23.5 公分，重 141.7～148.8 公克）顯得又大又重。反而是球棒長度須在 86.6 公分以內（棒球球棒為 106.7 公分以內），不僅比棒球的短，直徑也比較小。

主要的投球法

風車式投球法

像風車般大幅旋轉手臂 1 圈，利用其產生的離心力投球。為現今壘球的主流投球法。

彈弓式投球法

像鐘擺般將手臂由下往上，再利用其產生的反作用力將球投向前方。過去曾為主流，現在已少有投手使用。

規則上與棒球的差異

壘球除球場大小和投手投球方式外，還有不少與棒球相異甚至是棒球裡沒有的獨特規則。若是能事先了解，觀賽時肯定能更添樂趣。

離壘出局

由於壘與壘之間的距離較短，所以跑壘者無法試圖盜壘，在投手出手投球之前，跑壘者都不得離開壘包。

雙壘包

由於壘與壘之間的距離短，打者跑向一壘時容易與防守方選手發生碰撞。因此一壘採雙壘包制，置有 2 個壘包。一壘手腳踏內側界內區域的白色壘包，打者（跑壘者）則踩過界外區的橘色壘包，藉此防止碰撞。不過，打出長打的跑壘者通過一壘繼續進壘時基本上還是會踩過白色壘包，但即便踩踏橘色壘包也無妨。

再上場

先發球員即使被換下場也還能再上場 1 次，但此時只能替補原本頂替自身棒次的該名選手。由於這項規則的關係，壘球競賽多在比賽一開始就啟用代打或代跑。

指定球員（DP）

不參與防守，只負責打擊的選手稱為指定球員（DP，Designated Player）。相較於棒球的指定打擊是指代替投手進行打擊的選手，指定球員則是能替代任何防守位置的隊友。至於不參與打擊、只負責防守的選手則稱作 FP（Flex Player）。

突破僵局賽（Tie Breaker）

7 局結束後若達成平手所舉行的賽制。從 8 局上開始，以前一局最後打擊的選手為二壘跑者，在無人出局二壘有人的狀態下，由接續前一局打者棒次的打者展開進攻。下半局也以相同方式進行，直到分出勝負為止。

■徒手攀爬高聳人工岩壁，體現登高無窮樂趣

運動攀登

競賽選手需靈巧擺動手腳，倚靠肌力與平衡感精確攀爬岩壁。為 2020 年東京奧運新增競賽項目，矚目程度急速攀升。

>>>>> 競賽場地

人工攀岩牆

競賽中使用的人工岩壁上設有形狀各異的突起物「攀岩塊」作為選手攀爬時手腳的支撐點（右圖為抱石賽使用的人工攀岩牆）。

抱石賽

採用高度約 5 公尺的人工岩牆，設有多條抱石路線，每條路線最多由 12 個岩點構成。岩壁前傾程度依路線各有不同，競賽過程極富變化。

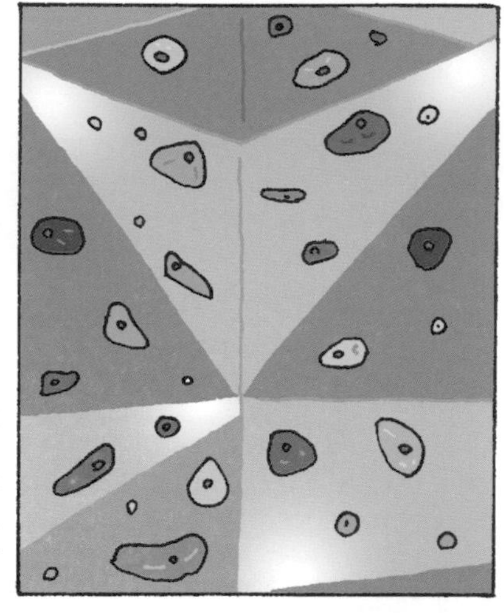

先鋒賽

採用高度至少 12 公尺、最多設有 60 個岩點的人工岩牆。選手身穿防墜安全帶，繫上攀登繩索，攀登時會將繩索扣入路線上的中繼支點確保安全。

速度賽

採用高度 15 公尺、前傾 95 度的人工岩牆，僅有一種競賽路線。由 2 名選手同時出賽，因此賽場上會比鄰設置兩座路線配置完全相同的人工岩壁。

3 大觀賽基本重點

POINT 1

選手須獨力完成先鋒賽、抱石賽和速度賽 3 種分項賽事，以總和分數一較高下

奧運的運動攀登項目是由 3 種分項構成的複合賽事，意即每名選手須完成 3 種分項競賽，再以總分競逐冠軍寶座，詳細規則預定在 2020 年之前公布。

先鋒賽 必須在限制時間內攀爬設定好的路線，並依據最後攀爬高度分出勝負。選手攀登時會將繩索扣入路線上的中繼支點確保安全，若把繩索扣入最終支點即稱完攀。遇墜落、超時或犯規之際，當下的攀登高度即為計分高度。選手須具備賽前判讀攀登路線、臨場規劃攀登方式的能力。

抱石賽 設有複數抱石路線，必須在各路線設定的時間限制內進行攀爬，依據各路線攀爬程度分出勝負。於規定時間內可重複攀爬，但是完攀前的攀爬次數也會列入成績計算。由於動作難度高，選手除了具備傑出的體能，還要擁有規劃適當攀登路徑的思考能力，所以此分項又被稱為「身體力行的西洋棋」。

速度賽 不同於其他兩個分項，在大小賽事中都只採用一種競賽路線，為 2 人 1 組的淘汰模式，並依據攀爬速度快慢分出勝負。選手身穿繫有繩索的防墜安全帶，於上方頂端終點處附近設有固定支點，因此攀爬過程中不須通過如先鋒賽一般的中繼支點。目前男子世界紀錄為 5 秒多，女子為 7 秒多。

POINT 2

分項賽事講求的能力各異，決勝關鍵在於選手總體表現

速度賽重視爆發力，抱石賽重視臨場應變力，先鋒賽則重視體能耐力，由此可見各分項著重的能力大不相同。奧運採用的規則是綜合 3 種分項競賽結果來計算成績，所以選手的整體表現即是勝負關鍵。要在所有分項都獨占鰲頭實屬難事，因此一般認為在 2 種分項中具有名列前茅的實力、在剩餘項目中能夠發揮一定實力的選手最有奪牌希望。

POINT 3

勝負取決於綜合評比，孰勝孰負難以預料

此項競技在過去多是以各項目分別舉辦賽事，鮮有選手經歷過以 3 種分項總分決定名次的比賽。因此，在奧運中即使已結束 2 種分項賽程，依舊難以預測最終會由誰勝出。對觀眾而言想必會是直到最後一刻都勝負難分、值得一看的精彩賽事。

樂趣加倍！觀賽小知識

關鍵在於賽前觀察路線

此過程英文稱作「Observation」，在抱石賽與先鋒賽正式開賽前，設有讓選手預覽路線、思考攀爬次序的時間。這段時間乃是勝敗關鍵，選手可藉此審視自己預設的攀登方式，確實擬定競賽策略。至於速度賽由於已事先固定比賽路線，因此並未安排觀察時間。

On-sight 與 Flash

「On-sight」意為「首見」，指的是未見過他人攀登，首次攀爬該路線就攻頂完攀。另一方面，「Flash」是指攀爬該路線前已先見過他人攀登。先鋒賽事的路線上由於岩點眾多，最需要考量手腳移動順序，因此非常看重選手臨場 On-sight 的能力。

不乏令人嘆為觀止的高超技巧

擺動手腳握踏一個個岩點，確實向上攀爬，這就是抱石賽給人的印象。競賽中也會出現必須跳撲岩點才能完攀的路線，因此可以觀賞到令人驚嘆的攀爬絕技。

定線員

負責在競賽用岩壁上配置岩點，設定路線的人員。必須具備相關證照，才能擔任重要大賽的主定線員。根據不同定線員的性格與經驗，便會誕生出各式各樣的競賽路線。

攀登鞋

運動攀登中也會穿用傳統攀岩或徒手攀岩的專用鞋。其款式多樣，一般以挑選比實際尺碼略小的鞋款為佳。

運動攀登術語

- Route ＝抱石賽中的競賽路線。
- Main point ＝挑戰競賽路線時，最難克服的區間。
- Count back ＝競賽成績同分時，以前一輪賽事（若為決賽就是準決賽）的成績決定名次。
- Isolation ＝不讓選手看見競賽路線或其他選手攀登實況而採行的措施。用來隔離的場所稱作「隔離室」或「隔離區」。
- Move ＝攀爬時的動作。
- Dyno ＝跳躍攀握岩點的技巧。
- Pumped ＝手臂等部位的肌肉因攀登造成的疲勞而產生腫脹。
- Overhang ＝前傾角度超過 90 度的人工岩壁。傾斜角度小於 110 度時稱「微倒懸」，傾斜角度大時稱「大倒懸」。
- Rest ＝為避免肌肉陷入 Pumped 狀態，於攀登途中休息。

■接連使出的絕妙技巧令觀眾驚呼連連

滑板

起源於 1940 年代美國加州民眾拿木板裝設鐵製車輪加以滑行的娛樂活動。
是種誕生於街頭文化的競賽，能夠欣賞到各式刺激過癮的滑板動作。

4 大觀賽基本重點

POINT 1 以滑板展現各式技巧，透過技巧難易度、速度等項目競爭得分

乘著前後裝有輪子的特製板執行各種動作，以動作難度和速度進行評比的計分式競賽。整體動作的編排、執行動作的順序和種類都無限制，裁判會對選手的表現評分後，再依各選手的得分決定排名。正因為是誕生自街頭文化的運動，所以許多項目都會播放輕快的背景音樂，在無拘無束的氛圍中進行比賽，觀眾也能因此體驗到猶如熱鬧慶典般的樂趣。

Trick

指滑板動作。從基礎動作到高難度技巧應有盡有，數量不計其數，不斷有人創造出新的獨創動作。

POINT 2 設有公園賽與街式賽

奧運列為競賽項目的包括公園賽和街式賽，前者賽場設施形狀複雜，後者則設有各式類似街道設施的物體，兩項目最大的差異就在於賽場形狀。公園賽的賽場上排列著數個大盤狀和深碗狀的設施，形狀複雜，其中最醒目的便是眾多呈現窪地狀與曲面的大小構造。另一方面，街式賽的特徵在於配置了形同樓梯、扶手、緣石、長椅、牆壁、斜坡等結構物（英文稱為「Section」），相較於公園賽，給人以直線為主的印象。

POINT 3 技巧難度為高分關鍵

在滑板競賽中，選手一旦完成高難度動作就會引起一片歡聲雷動。技巧難度高低在評分上也是獲取高分的關鍵，除此之外再加上動作完成度、速度、獨創性和整體動作的流暢度、穩定性等也會列入考量，最後反映在選手的成績上。

POINT 4 公園賽速度感十足，街式賽則串連了各式旋轉與動作技巧

由於比賽賽場不同，因此兩個項目各有各的精彩之處。公園賽的看點在於利用斜面滑出高速後起跳，做出騰空或旋轉等特技動作；街式賽則主要聚焦於選手飛越扶手、階梯之際，讓滑板離腳複雜翻轉或跳乘滑板的一連串動作，展現了選手平衡控制技巧的滑板動作非常值得一看。

樂趣加倍！觀賽小知識

滑板技巧種類

豚跳類（Ollie）

指連同滑板一起跳躍的動作。以後腳將滑板後端往下踢，當前端上翹時再以前腳踏壓，同時配合身體姿勢起跳。有「Fakie Ollie」、「Nollie」等系列動作。

滑行類（Slide）

讓滑板在緣石或平桿等障礙物上滑行的動作。常見於街式賽，以讓滑板乘上障礙物的時機和落地的穩定度為動作重點。包含「Front（back）side boardslide」、「Front（back）side lipslide」等。

卡輪架類（Grind）

指輪架（滑板下方的金屬部分）抵在緣石或平桿上滑行的動作。前後兩輪架都抵住時稱「Front（back）side 50-50 grind」，只有前或後單邊抵住時稱「Front（back）side 50-0 grind」。

橫轉板類（Shove-it）

橫向轉動板身（滑板的板體部分）的動作。輕輕往正上方跳，並於跳躍期間腳踢滑板後端使其轉動，是適合初學者的基本動作。有像豚跳般往上跳後使出的「Pop Shove-it」、讓身體旋轉 180 度的「Big Spin」等應用動作。

縱翻板類（Flip）

讓板身縱向翻轉的動作。以豚跳躍起時斜踢滑板後端，讓滑板縱向翻轉，是種須具備一定技術的華麗動作。依翻轉方向分為「Kickflip」、「Heelflip」，並衍生出「360Kickflip」、「360Heelflip」等系列動作。

180（One-eighty）

進行豚跳的同時相對於滑行方向，讓身體和板身旋轉 180 度的動作。以「Front（back）side 180」為基本動作，但也能與橫轉板及縱翻板混搭使用。至於旋轉 360 度（稱為 360）又是更高難度的技巧。

有關障礙物

街式賽使用的障礙物稱為「Section」，這個字有時也會用來指稱配置這些障礙物的場所（賽場）。

斜坡（Bank）
呈現小斜坡的部分。

扶手（Handrail）
連結在階梯上的扶手部分。由於呈現傾斜，難度相當高。

緣石（Curb）
花壇的緣石或像是極低矮牆的高低落差。常用於橫轉板類或卡輪架類的動作。

平桿（Rail）
狀似低矮平衡木的四角形棒狀結構物。

階梯（Stair）
階梯或指飛躍階梯的動作。

碗池（Ramp）
滑行面呈現彎曲碗狀的障礙物。但底部為平坦的平面。

其他還有高台花式與平地花式滑板

奧運僅設街式賽與公園賽 2 種賽事，不過滑板競賽其實還有其他項目。例如「高台花式（Vertical）」和「平地花式（Freestyle）」，前者是在比公園賽碗形障礙物更大、傾斜度更接近垂直的 U 形高台做出各種動作，後者的特徵則是在平坦場所施展一連串的招式。此外還有以極快速度衝下斜坡的「下坡競速（Downhill）」。

滑板術語

- Wheel ＝橡膠製的滑板輪子。
- Fakie ＝倒滑，倒著前進。
- Stance ＝立姿，面對行進方向的滑行姿勢，左腳在前稱「Regular」。
- Goofy Stance ＝面對行進方向右腳在前的滑行立姿。

■在海面上乘風破浪的選手齊聚一堂，比劃各式技巧動作

衝浪

衝浪作為休閒活動或個人風格皆十分普及，當作競賽項目也是精彩絕倫，人浪合一的乘浪身影充滿美感。

4 大觀賽基本重點

POINT 1 相互競爭乘浪得分

選手於限制時間內挑選乘上 8 ～ 10 道浪做出動作，由 4 ～ 5 名裁判以滿分 10 分為基準針對動作加速與力量進行評分；之後再取當中分數最高的 2 道浪競爭相加後的總分，並採淘汰賽制決定最終名次。為使用短板衝浪板進行的衝浪賽事。

乘浪（Riding）

指騎乘海浪，於比賽中意指呈現包含各種技巧在內的一連串動作。乘浪的基本在於與海浪融為一體，選手會仔細觀察自己挑選的浪頭，配合該浪陸續融入各種動作。為了自由控制衝浪板，就必須從眼睛到胸、腰、膝蓋一路擺動身體，將重心放到衝浪板上進而轉彎。

POINT 2 每次 2 ～ 4 人下水，於限制時間內展現動作

由 2 ～ 4 人同時入海，在 15 ～ 30 分鐘的有限時間內展現動作。4 人則有 2 人，2 人則代表有 1 人能進入下一回合的比賽。從站立至衝浪板上便宣告開始施展動作，看準浪況最大最好的波浪進行挑戰。2020 年東京奧運的相關規則會在 2020 年前公布。

POINT 3 要在乘浪時奪得高分，關鍵在於動作難度

選手不僅要挑選適合的波浪，如果能在水流強勁之處成功做出高風險同時又具創新性與獨創性的動作就會獲得好評，進而取得佳績。得分關鍵不在於動作數量的多寡而是質量的優劣，由於衝浪動作沒有設定固定的分數，因此比賽時要在技巧、速度、力量與流暢度上展現出無懈可擊的乘浪動作才是首要之務。

POINT 4 於限制時間內覓得浪況最好的海浪乃是致勝不二法門

選手必須在 15 ～ 30 分鐘的時間內挑選合適的浪頭施展動作，而為了取得高分就一定要選到最適合駕馭的波浪。然而衝浪也是與大自然的競賽，運氣好壞其實與實力同等重要，都是贏得勝利的關鍵因素。

樂趣加倍！觀賽小知識

每道浪僅能 1 人騎乘

海浪最先崩落的地方稱做「浪頂」，距離該浪頂最近的選手即擁有騎乘該浪的權利。這個權利稱為「優先權」，比賽時的關鍵就在於能否確保獲得這種優先權的場域。

觀察浪花大小

浪花意指衝浪板迴轉時激起的水花。由於需要一定速度才能在浪高處揚起大型浪花，因此從浪花大小就能看出選手動作的完成度。

短板與長板

短板約 183 公分左右（未滿 274 公分），長板長度則為 274 公分以上。長板即使在浪小時也容易乘浪，但無法進行小幅度迴轉；短板則是便於加速和轉換方向，適合展現華麗技巧時使用。

主要技巧

浪底迴旋（Bottom turn）

為乘浪的基本動作，在海浪最下方的部分迴旋。在海浪頂部迴旋稱「浪頂旋轉」，於浪壁部位的旋轉稱「浪壁迴旋」。

浪頂甩浪（Off the rip）

從浪底迴旋順勢而上，將衝浪板抵進波頂即將崩落之處，一口氣反轉衝浪板。若能搶在下一刻就要崩潰的浪頂處使出這個動作，便能激起巨大的水花。

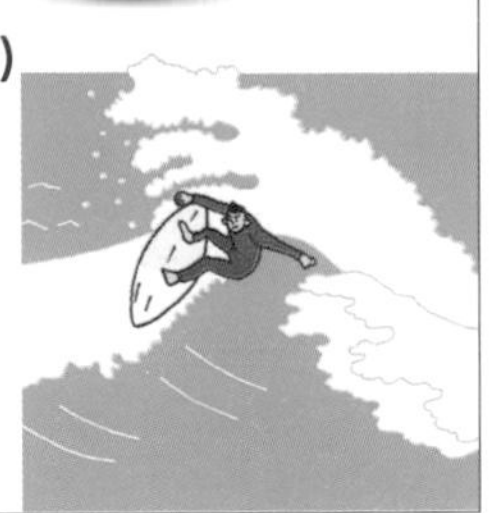

衝管浪（Tube riding）

從海浪捲曲形成的空洞（管浪）中滑行穿越。一般認為是所有動作中難度最高、視覺效果最刺激的動作。不僅需要高水準的技術，也要掌握住絕妙時機。

切回轉向（Cut back）

在滑行過遠的狀態下以 180 度改變衝浪板的方向進行迴轉。將視線焦點定在預計回到的位置，大幅擺動身體迴旋衝浪板。由於速度頓時減弱，所以也會揚起巨大的扇形浪花。

浪頂騰空（Aerial）

也稱為「Air」。利用從浪底衝上浪壁的力量躍至空中。可分為只有騰躍的「Straight Air」、加入旋轉的「Air reverse」和「Alley Oops」等等。

衝浪術語

- Off shore ＝陸風，由陸地吹向海洋的風。
- On shore ＝海風，由海洋吹向陸地的風。
- Face ＝浪壁，海浪的斜面。
- Rip ＝崩潰點，浪頂持續崩落的地方。
- Goofy ＝左跑浪，從岸上看過去，由左至右慢慢崩潰的海浪。
- Paddling ＝划水，於海水中用手划動，使衝浪板前進。
- Take off ＝起乘，由滑水狀態順著海浪站上衝浪板的過程。
- Interfere ＝針對擁有優先乘浪權的衝浪選手的妨礙行為。

■連續進行 3 種項目的綜合競技

鐵人三項

連續進行水陸 3 種賽事，角逐抵達終點的順序。選手須具備剛強的體能與意志力，同時懂得運用合宜的戰略。全球各地都有舉辦不同距離的相關賽事。

4 大觀賽基本重點

POINT 1 獨自完成游泳、自由車和路跑 3 種項目，比賽誰先抵達終點

選手必須獨自完成游泳、自由車和路跑 3 項賽事，競爭抵達終點的先後順序。根據賽事所設距離也會有所不同，以奧運為例，無論男女子組皆是游泳 1.5 公里、自由車 40 公里和路跑 10 公里（標準距離）；男子組頂尖選手約 1 小時 45 分，女子組則是 2 小時左右可以完賽。鐵人三項的英文為「Triathlon」，是結合拉丁文中代表「3」的「tri」以及代表「競賽」的「athlon」造成的詞彙。2020 年東京奧運還會舉辦男女混合的團體賽，以女子→男子→女子→男子的順序接力完成標準賽事約 1/5 的距離。

POINT 2 以轉換為競賽要點

從游泳換到自由車，或從自由車換到路跑等轉換競賽項目時，選手必須配合該項目進行服裝更換比賽等等。由於轉換項目也會算入比賽時間，因此能縮短多少轉換時間將會左右賽事結果。先後順序也可能在此發生變動，所以亦是觀賽時不容錯過的部分。

轉換（Transition）

意指轉換競賽項目，於轉換區更換競賽用具或換穿鞋子等。頂尖選手大概 8 ～ 10 秒可以換裝完畢。

POINT 3 破風技巧值得注目

騎著自行車一馬當先或獨自一人騎乘時，就會全面承受風阻，但若能和其他選手輪流騎在前頭，就能享受到破風（drafting，跟在其他自行車後方，藉此減低風阻）的好處。如此一來就能在保留體力的同時保持高速，透過團隊合作拉大與後方選手的差距。

破風

防止體力過度流失的騎車技巧，包含奧運在內的菁英（頂尖選手）賽事雖然允許使用這種技巧，但一般賽事大多禁止使用。

POINT 4 水陸賽程皆會受環境與氣候條件大幅影響

鐵人三項會在大自然或城市街道中的水陸 2 種場地舉辦比賽，因此每個比賽都會有不同的環境與氣候條件。選手一邊應對這些外在環境一邊努力比賽的過程，總是令人目不轉睛。要保留體力到什麼時候？要在哪個時間點開始最後衝刺？場上選手的這類戰術對決亦是精彩萬分。此外，觀察各選手能以各自擅長的項目拉開多大的差距也是觀賽一大樂趣。而且，比賽期間還能在足以聽見選手喘息聲的位置近距離觀賽，臨場感十足。

樂趣加倍！觀賽小知識

各項目規則

游泳

依比賽不同，大海、湖泊或河川等地都有可能是賽場。奧運時會將男、女分開，所有選手排成1橫列後採起步浮台跳水或從沙灘助跑入水的形式一齊出發。賽道會以浮標標示，選手必須在其中游完規定的距離。游法並無限制，但幾乎所有選手都會選用速度最快的自由式。

自由車

騎乘繞行規定路線，但不得在轉換區乘車，必須於指定的標線上、下車。允許破風與否依賽事而定，可騎乘的公路自行車類型也有不同。不得從事阻擋其他選手等危險行為。

路跑

若於自由車、轉換區或路跑競賽中犯規時，選手必須在位於路跑路線上的處罰區停下，並根據不同的比賽距離接受特定時間的處罰。若未接受相關時間的處罰就跑抵終點者，將失去比賽資格（DSQ）。

計時靠計時晶片

鐵人三項是藉由裝在選手腳踝上的計時晶片計時。晶片會用具有魔鬼氈的綁帶固定，再用橡皮筋套在上方束緊。於游泳項目穿著濕式潛水衣時，務必要先穿戴好計時晶片再套上潛水服。若是套在潛水衣上方，於自行車的轉換過程就會多花不少時間。

遭遇問題要靠選手自行解決

比賽期間，選手凡事都只能靠自己。賽前就要針對轉換考量用具配置，各自下足功夫調整，以期在最短時間內完成轉換；換裝自然不在話下，就算碰上自行車故障等問題也只能靠選手自己解決。不依規定處理的選手就可能遭處口頭警告、罰時間、失去比賽資格、吊銷參賽資格、除籍等處分。

日本的鐵人三項歷史

日本是在 1981 年於鳥取縣米子市皆生舉辦了史上第一場鐵人三項賽事。奧運則於 2000 年的雪梨奧運列入正式競賽項目，2020 年東京奧運會是第 6 次舉辦。至今都只舉行各人項目，但自 2020 年起將新增團體混合接力項目，日本隊在這個國與國的團體對抗賽中也以奪金為目標。自 2016 年里約熱內盧帕奧列入正式競賽項目的身障鐵人三項，也預計會在 2020 年東京奧運鐵人三項的會場舉行。

依距離分項的鐵人三項賽事

鐵人三項依距離不同，可分成超短距離、短距離、標準距離、中距離、長距離 5 種項目。超短距離的游泳為 0.375 公里左右，自由車為 10 公里左右，路跑為 2.5 公里左右；短距離的游泳為 0.75 公里左右，自由車為 20 公里左右，路跑為 5 公里左右。標準距離項目總共約為 51.5 公里，中距離則依賽事而定，游泳大約為 2.5 公里，自由車約為 80 公里，路跑約為 20 公里。長距離的游泳為 4 公里左右，自由車為 150 公里左右，路跑為 30 公里左右，總計 200 公里上下，且比賽時間動輒超過 10 小時，不管是氣力還是體力可以說都在挑戰人類的極限。長距離鐵人三項中頗受歡迎的大賽「IRONMAN」，其比賽距離確實堪稱鐵人級，包含游泳 3.8 公里，自由車 180 公里，路跑 42 公里，總計 225.8 公里，實在令人吃驚。至於奧運的競賽項目則會採用標準距離。從初學者到世上的頂尖選手，都能依各自的目標和賽事水準在不同的競賽距離中獲得屬於自己的樂趣。

■獨自完成 5 種所需能力迥異的項目

現代五項

單一選手 1 天挑戰 5 種競技，以此決定冠軍。是奧運的傳統競賽項目，已舉行超過百年歷史。

4 大觀賽基本重點

POINT 1

由單人在 1 天內完成擊劍 游泳、馬術、射擊和跑步 5 種項目

1 名選手必須在 1 天內獨立完成擊劍、游泳、馬術、射擊和跑步 5 種類型截然不同的項目，是種相當艱辛的比賽。國際大賽中也設有團體和接力項目。過去 5 個項目是分成數日進行，但 1996 年以後就變更為單日比完所有項目的形式。

雷射跑（Laser run）

最後一個項目是結合跑步與射擊的綜合項目，人稱「Laser run」。由到馬術為止成績上位的選手率先上場，射擊和跑步交互進行 4 次後決定最終名次。

POINT 2

最後為跑射聯項，抵達終點的順序就是最終排名

所有項目的結果都會轉化為得分，加總決定名次。擊劍、游泳、馬術 3 項目結束時，會將至此 3 種項目的得分以 1 分＝ 1 秒鐘的比例換算，再以這時的總得分進行排名，最後的跑射聯項將由上位者先行出發。選手會間隔一定時間按排名陸續出發，以射擊接跑步的次序輪流進行 4 次，最後跑步抵達終點的順序就是最終排名。

POINT 3

最後的跑射聯項值得一看

賽事最精彩的部分便是最後的跑射聯項。由射擊和跑步兩部分構成，前者需要沉著冷靜地持拿雷射槍射擊，後者則須長跑 800 公尺。在靜與動之間交互進行 4 次的兩個最終項目無論對體能還是精神層面而言，都是極大的考驗。跑步後必須立刻調整好紊亂的呼吸專心射擊。這種切換一旦有個閃失就會大幅影響名次，因此堪稱是最有看頭的項目。

POINT 4

賽事考驗選手的體能與意志力

選手必須具備超強的體力與意志力，才能在 1 天內完成這 5 種類型天差地遠的項目。同時擅長這 5 種項目的選手非常稀少，因此在前半的 3 項目中即使沒能擠進前段班，導致跑射聯項的出發時間較慢，也可能因為擅長跑步射擊而一口氣逆轉賽局，使得排名隨著項目不斷更新，而這也是現代五項的刺激之處。當然，平時必須針對 5 種項目進行鍛鍊，掌握到每個項目的技術後再進行挑戰；因此能克服這面高牆、完成 5 種項目的選手確實令人深感佩服。每當比賽結束時，觀眾都會給予所有完賽的選手最熱烈的掌聲。

樂趣加倍！觀賽小知識

各項目規則

擊劍

以全身皆為有效部位的「鋭劍」進行比賽，會於比賽前日或前2日先舉辦「排名賽」。比賽採1分鐘拿下1劍的循環賽，以其勝劍率決定得分，並根據勝劍率70%獲得250分的基準上下增減。比賽當日，於游泳項目結束後進行擊劍的「獎勵賽」。此時將依照排名賽的排名舉行淘汰賽，每贏1場就會加分。此為5種項目中唯一的對戰項目，非常考驗選手的專注力和爆發力。

馬術

騎馬跳躍障礙的競賽，賽道長400～500公尺，進行12障礙15跳躍（包含雙障礙和三障礙）。障礙物高度最高120公分，得分方式從300分滿分往下扣減。此外，有別於一般馬術競賽，馬是依抽籤決定，因此選手能否與第一次接觸的馬匹好好配合也會影響比賽結果。選手除了具備冷靜的頭腦與堅強意志力，運氣好壞也是實力的一環。

游泳

以自由式游過200公尺，計時單位至1/100秒，並以此時間換算得分。2分30秒為250分，每0.5秒加1分或減1分。選手除了具備游泳速度，也需要一定的體能與耐力。

跑射聯項

此為最後的項目，結合了射擊與跑步。因為比賽使用雷射槍，所以英文又稱為「Laser run」。至此會將3種項目的總得分以1分＝1秒鐘的比例換算，從排名最高的選手開始間隔一定時間陸續出發。射擊時須用雷射槍射擊10公尺遠的標靶，直到命中5次為止（限制時間50秒），結束後跑完800公尺再次開槍射擊，並以此模式重複執行4次。勝敗的關鍵在於射擊部分，有的選手10～20秒就能射完，但也有選手耗費整整50秒；一旦出現30秒的落差，原本的排名頓時就會產生變化，因此時常出現後來居上的選手。

歐洲從事此競賽的人口眾多

據説日本從事這項競賽的人口僅30人左右，但於發祥地歐洲卻是相當熱門。有一部分也是因為擊劍、馬術、射擊等自古就是王室貴族熱衷的競技，因而普及於上流社會奠下穩定的基礎。即使在現代，其他國家也無法撼動歐洲多國在這項運動裡的強勢地位，特別是匈牙利、俄羅斯和瑞典等國，更是囊括了大小賽事的獎牌。不過近年來亞洲、澳洲和南美國家也逐漸開始嶄露頭角，今後也可期待亞洲選手能拿下好成績。

各項目的服裝

擊劍、游泳、馬術、射擊和跑步5種項目，都必須穿著各項目規定的服裝出賽。因此選手必須備齊5種賽服的畫面也是現代五項才能看到的獨特光景。

也有現代三項

「現代三項」僅進行游泳與跑射聯項3種項目。由於少了擊劍和馬術這兩種需要特殊用具與動物的項目，因此賽事較易成立，被稱為通往現代五項的捷徑。一般來説所有項目的規則和距離都和現代五項相同，但仍會因賽事而產生差異。

現代奧運之父古柏坦男爵構思出的競賽模式

現代五項於現今奧運中雖屬小眾，但當初構思出這項競技的人正是奠定現代奧運的古柏坦男爵。他在發起現代奧運之際，鑒於古代雅典奧運有五項競技（角力、鐵餅、標槍、跳遠及短跑），因而提出將現代五項列入競賽項目的構想。於1912年斯德哥爾摩奧運列入正式競賽項目，之後有很長一段時間都只舉辦男子組賽事，直到2000年雪梨奧運才增設女子組項目。

■選手力道瞬間爆發，魅力四射的力量競技

舉重

源起古代希臘。奧運最初僅設無分量級的男子組賽事。2000 年的雪梨奧運起新增女子組項目。

>>>>> 競賽場地

比賽用舉重台

比賽用的舉重台為 4 公尺 ×4 公尺的正方形，厚度 10 公分。於此進行舉槓，比賽中僅雙腳腳底可接觸舉重台。

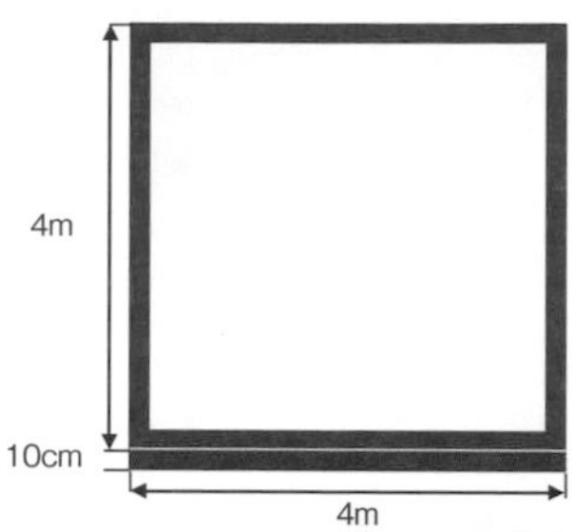

4 大觀賽基本重點

POINT 1 有抓舉與挺舉 2 種舉槓模式

舉重是將具有重量的槓鈴上舉至頭頂，以成功上舉的重量一較高下的競賽。舉法分成雙手向上提的抓舉，與分 2 階段舉起的挺舉。

抓舉（Snatch）

將置於地板上的槓鈴，一口氣舉至頭頂後站起。站起後伸直雙手雙腳，保持靜止。由於比賽限時 60 秒，選手若無法在時間內從地板上舉起槓鈴，即試舉失敗。

挺舉（Clean & Jerk）

將置於地板上的槓鈴，以第一階段動作提舉至鎖骨附近後站起，再以第二階段動作利用全身的反作用把槓鈴舉至頭頂，並維持站姿保持靜止。由於動作需要高難度技巧，因此一般認為較抓舉更有看頭。

POINT 2 分別舉行抓舉與挺舉的賽事後，以最佳成績的總和較量排名

無論是抓舉還是其後進行的挺舉都有 3 次試舉機會，並以個別最佳成績的總和重量決定名次。試舉成功與否則由裁判員判定。比賽訂有相關規則，選手違反規則時亦會視為試舉失敗。此外，參賽者若於先進行的抓舉比賽中連續 3 次未能舉起槓鈴，即無法進行挺舉，直接失去比賽資格。

POINT 3 舉槓時機十分重要

選手在大會唱名後，基本上必須在 60 秒以內完成試舉。即使連續試舉，能運用的時間也只有 120 秒，因此參賽者必須在短時間內調整好身心狀態。只要身心狀態有一絲紊亂，就可能因為呼吸和動作不一致而導致試舉失敗，所以就算試舉時間快要結束，選手依舊得保持冷靜，在自認的最佳時機出手舉槓，以期締造佳績。

POINT 4

致勝不只靠力量，槓鈴握法等也是關鍵

一般很容易誤解舉重是種不需要技術，只靠蠻力就能獲勝的競賽，但事實並非如此。例如，握槓技巧的「鉤握法」是種依靠拇指支撐重量的技術，難度非常高。其他也還有許多頂尖選手使用的技巧，都必須要透過無數身體平衡或柔軟度等各種縝密的計算才有辦法實現。觀眾若能把焦點移至力量之外的選手特質，想必可以體會到更多觀賽的樂趣。

樂趣加倍！觀賽小知識

體重級別

與拳擊、柔道同樣以體重區分比賽級別。詳細區分請見下表。

男子組	女子組
61kg 級 67kg 級 73kg 斤級 81kg 級 96kg 級 109kg 級 超 109kg 級	49kg 級 55kg 級 59kg 級 64kg 級 76kg 級 87kg 級 超 87kg 級

審判委員有 3 名

正式比賽中，固定由 3 名審判委員進行試舉判定。選手試舉時，審判委員主要會先確認選手在舉槓後槓鈴的上舉狀態，與選手手肘的伸展度，判定是否試舉成功。3 人中，2 人以上亮白燈即代表「成功」。之所以由 3 人判定，則是為了提高判定結果的公平性與正確性。

試舉失敗例

槓鈴掉落至身後

即使成功舉槓至頭頂，之後的動作如果違規，一樣視為試舉失敗。槓鈴掉落至身後也屬犯規的一種，因此會被判定成失敗。

槓鈴無法確放回比賽台

放下槓鈴時，槓鈴最先碰觸到的地板若不在舉重台內，視為試舉失敗。此外，舉槓時腳若踏出舉重台，也算是試舉失敗。

上舉槓鈴時，臀部不得著地

上舉槓鈴之際若臀部著地，等同試舉失敗。此外，抓舉時槓軸碰到頭部，或挺舉時手肘或上臂觸碰到大腿或膝蓋，也都算是挺舉失敗。

在裁判結束判定前，不得放下槓鈴

試舉後，若在審判委員下達指示前放下槓鈴，等同試舉失敗。此外，即使審判委員已下達指示，選手若從高於肩膀的高度放下槓鈴，亦視同失敗。

有關槓鈴

鐵片

用以調整槓鈴重量的部位。25 公斤為紅色，20 公斤為藍色，15 公斤為綠色，5 公斤為白色，不同顏色代表不同重量。

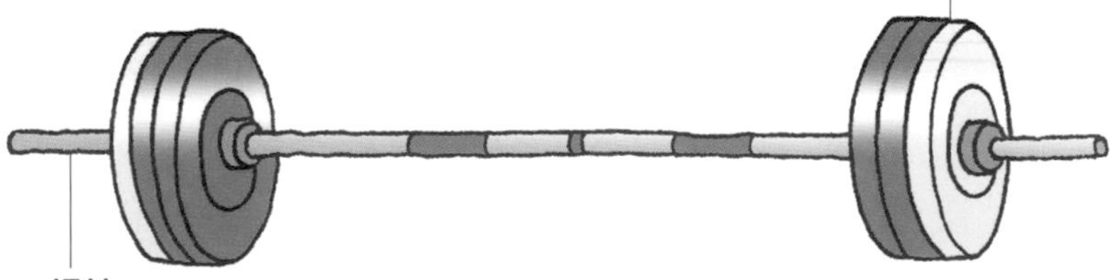

槓軸

槓鈴的握把部位。男子組用的重量為 20 公斤，全長 220 公分，直徑 28 公釐。女子組用的則是重量 15 公斤，全長 201 公分，直徑 25 公釐。

■人馬一體，展現精湛騎術的競賽

馬術

競爭馬匹動作的優美度、正確性以及氣勢等。奧運設有馬場馬術、障礙超越與三日賽 3 個項目，各別都設有個人賽及團體賽。

3 大觀賽基本重點

POINT 1 項目有馬場馬術、障礙超越與三日賽

雖設有個人賽與團體賽，但實際舉辦的只有個人賽。個人賽的得分加總後，即為團體賽的得分。馬場馬術以 3 種步法為基礎施展動作，競爭動作的正確性與美感；障礙超越要在規定時間內毫無失誤地越過障礙物；三日賽則是進行馬場馬術、障礙超越及越野障礙賽 3 種項目。

POINT 2 規則與看點大不相同

選手都能與平日騎乘的愛馬一起參加 3 個項目。馬場馬術與障礙超越都是在競賽場舉行，三日賽則是在這 2 項外再追加越野障礙賽。

馬場馬術

於 20 公尺 ×60 公尺的競賽場內，競爭騎乘動作的正確性與美感。透過「慢步」、「快步」和「跑步」3 種基本步法踏出各種動作或圖形。將針對各動作項目的評分以及針對選手整體演出印象給分的綜合評定分相加後即為總分。比賽分為執行規定動作的指定動作項目，和搭配音樂以指定動作編排演出內容的自由演繹項目，後者在評分上還會考量演出整體的藝術性。

障礙超越

競賽場內設有各種顏色、形狀的障礙物，選手必須依序跳躍、跑繞這些障礙物，並在規定時間內毫無失誤地抵達終點；途中若使障礙物掉落，或馬不聽指揮時就會遭到扣分。此外，超出規定時間也會扣分。障礙物尺寸甚至最高可超過 160 公分、縱深 200 公分，因此比賽最精彩之處便是人與馬展現絕佳默契飛躍障礙物的瞬間。

三日賽

同 1 組人馬搭檔要在 3 天的賽程裡，完成馬場馬術、障礙超越及越野障礙賽 3 項賽事。比賽會依天數分別舉行馬場馬術、越野障礙賽以及障礙超越，其中越野障礙賽的賽場會在接近原始自然地形的地方設置竹籬笆、樹籬、池塘、障礙水池、壕溝等障礙物，選手必須在規定時間內穿越地形起伏激烈、長達數公里的賽道。最終綜合馬場馬術和障礙超越的評價以扣分最少者勝出。

POINT 3 致勝關鍵在於選手與馬是否能合作無間

正如所謂的「人馬一體」，選手和馬若能建立起互信關係，就有機會贏得比賽。相較於馬術競技用馬的體重都超過 600 公斤，選手體重大概只有 60 公斤左右，因此光蠻力是無法駕馭馬匹的；重點在於深化人馬間的默契，訓練到僅靠簡單暗號就能傳達指令，讓馬做出華麗的動作跳越障礙。

樂趣加倍！觀賽小知識

各項目評分標準

馬場馬術

先以0～10分評比每個動作項目，再加上針對選手整體演出印象給分的綜合評定分，兩者加總合計。動作項目包含下表所列內容。

斜橫步	左右腳交叉行進
正步	每一步都高抬馬腿前進
原地踏步	像在原地踩踏般的動作
空中換步	在跑步狀態下，左右變換引導腿的動作。只要每2步執行1次，馬匹看起來就像在跳步。

障礙超越

最重要的是要想辦法在最短時間內，毫無失誤地通過設置於賽道上的各式障礙物。以下列出會被判罰的情況。

碰落障礙物	扣4分，或計時增加4秒。
不服從	第1次扣4分，第2次淘汰出局
超過規定時間	每超過4秒扣1分
落馬、跌倒	淘汰出局

※淘汰出局＝選手必須立刻停馬出場。

三日賽

在主要的「越野障礙賽」中，有時必須以超過30公里的時速一邊奔馳，一邊飛躍固定式障礙物。除了避免失誤外，還要能俐落搶下自己想要的行進路徑。

拒跳、逃避、繞行	皆扣20分
於同一障礙物發生第2次拒跳、逃避、繞行	扣40分
整場賽事發生第3次拒跳、逃避、繞行	淘汰出局
落馬、跌倒	淘汰出局

※繞行＝指馬不斷繞圈。比賽道期間的繞行，即視同不服從。

唯一偕同動物出賽的賽事，不分男女同場競技

馬術是唯一偕同動物出賽的競技。不論是人是馬、是男是女，所有參賽者都能在相同的條件下同場較勁。在人馬協力合作的馬術比賽裡，選手的任務是確實下達指令，引導出馬匹的所有潛能做出更完美的動作，而不是靠蠻力駕馭。

競賽裝備與馬具

較量動作美感的馬場馬術，非常著重於藝術性，因此選手都會身穿燕尾服、頭戴紳士高帽、腳穿皮靴，一身優雅打扮。馬具則是馬術必備的用具，並打造適合比賽專用的馬鞍、轡繩、馬銜等。

馬匹能力與健康管理

馬術中最重要的便是選手憑藉平日訓練提升駕馭技術，正式上場時則要讓馬匹夠能發揮平日的訓練成果。一般認為比賽用馬的年齡以9～15歲尤佳；同時，選手也要時刻注意馬的狀態，於比賽前調整至最佳狀態。此外，三日賽的賽程由於連續3天，因此在越野障礙賽結束後的隔天，獸醫師會替馬匹檢查身體狀況，僅有通過檢查者能繼續參加障礙超越。

馬兒也需要辦護照

參與馬術國際賽事的馬匹，必須申辦國際馬術總會（FEI）核發的馬匹護照。護照上載明了馬名、馬主人、特徵（毛色、四肢的白斑或旋毛的地方等）、血統、疫苗施打狀況，有助於個體識別與防疫（防止疾病傳染）方面的控管。

觀賽禮儀

馬是種對聲音很敏感的動物，因此觀賽時最好不要做出會驚嚇到馬匹的舉動，例如在馬的視力範圍內突然劇烈動作等等。

主要禁止事項

- 把手放在賽場圍欄上。
- 讓塑膠袋等物品發出聲響。
- 使用閃光燈拍照。

其他項目

除奧運列入正式競賽項目的3種項目外，其它賽事也會舉辦其他多種項目。像是騎馬（或拉馬）奔馳超過100公里的長距離「耐力賽」或「馭馬賽」，或是在國外還會舉辦「馬車競賽」。

■技術與勇氣的試煉，刺激又震撼的雪山競速

高山滑雪

阿爾卑斯山地區興起的滑雪競賽，自急陡坡滑下競速。選手不只比拼速度，還必須準確通過設置於雪道上的多處旗門。

3 大觀賽基本重點

POINT 1

選手滑過於雪山中打造的人工雪道斜坡，競爭所需時間的長短

旗門

用來識別賽道的 1 組旗幟或標桿。選手必須滑行通過旗門內側。

高山滑雪是一種從坡度 0 ～ 40 度的雪山滑下的競速比賽。一般認為是分化自滑雪運動原型的北歐式滑雪，並特別著重於滑降的競技。選手如未確實通過賽道上設置的旗門，就會失去比賽資格。因此除了速度之外，勝負也將取決於是否具有正確靠往旗門的技術與路徑規劃能力。

POINT 2

分為賽道長度、標高落差、旗門寬度各異的 4 種個人項目，以及全能與團體 2 種賽事，總計 6 個項目

高山滑雪設有曲道、大曲道、超級大曲道和滑降 4 種項目。講究技巧的曲道、大曲道為技術類項目，速度極快的超級大曲道和滑降則屬於高速競速。

曲道

高山滑雪競賽中為坡度最平緩且賽道最短的項目，但旗門數卻最多，男子組為 55 ～ 75 根，女子組為 45 ～ 60 根。屬於技術類項目，選手在短距離滑雪賽道中必須連續通過眾多的彎道。除了不可或缺的過彎技巧，更需要擁有高度的專注力。

大曲道

與曲道一同被定位成技術類項目，選手必須同時具備能確實通過峰迴路轉的彎道又不至於減速的高度技巧。一般認為該項目濃縮了高山滑雪的所有基礎，擅長大曲道的選手不論參加哪個項目都能獲得不錯的成績。

超級大曲道

介於滑降和大曲道中間的競賽項目。與滑降同為高速項目，最高速度能超過時速 100 公里。另一方面也因為需要高超的轉彎技巧，所以具有獨到的難度。參賽者以極快速度連續轉彎，或使出足以媲美滑降的跳躍，都是該項目的精彩之處。

滑降

最高時速可達 130 公里的高速類項目。在高山滑雪競賽中滑行距離最長，速度也最快。不論是以最高速度筆直滑下陡坡的刺激畫面，還是比賽期間選手橫越 20 ～ 30 公尺的華麗跳躍，精彩看點可說是不勝枚舉。

全能

完成滑降與曲道項目後，以總計時間決定排名。從比賽內容來看雖不是獨立項目，但從難度上來說必須一口氣完成 2 種類型截然不同的項目，因此才自成 1 個項目。優勝後補的大多是兼具高速類及技術類項目技巧的全能型選手。

POINT 2

混合團體

2018 年平昌冬奧新增的項目。由世界盃國家排名前 16 強的代表隊參賽，以淘汰賽的形式一較高下。每隊男女各 2 人，總計 4 人。每局雙方各派 1 人進行對戰，由獲勝方得 1 分，最後以 4 人總分決定勝敗。

POINT 3

速度感與選手的轉彎技術值得一看再看

高山滑雪競賽曾被譽為「雪地上的 F1」，在滑雪競賽中也是最具速度感、最刺激的賽事。男子組滑降最高時速可達 130 公里，過程中還必須兼顧正確展現滑雪動作的技術。有時勝負之間甚至只差 1/100 秒，滑行姿勢一瞬間的紊亂或是通往旗門的預定路線出現些許偏移，都很可能大幅影響最後成績。

樂趣加倍！觀賽小知識

各項目的標高差及旗門寬度

高山滑雪競賽中，各項目針對起點與終點的標高差以及旗門寬度都各有不同的規定，成為區別每個項目的特徵。男、女子組雖然標高差不同，但旗門都是等寬。

	標高差	旗門寬度
曲道	男子 :180 ～ 220m 女子 :140 ～ 220m	4～6 m
大曲道	男子 :300 ～ 450 m 女子 :300 ～ 400m	4～8 m
超級大曲道	男子 :400 ～ 650 m 女子 :400 ～ 600m	Open Gate: 6～8 m Closed Gate: 8～1 2 m
滑降	男子 :800 ～ 1100 m 女子 :450 ～ 800m	8 m

各項目的精彩看點

曲道（Slalom）

此項目的精彩之處在於細膩的轉彎技術，還有緊貼旗門轉彎後，以外側的手掃倒標桿的「反手技巧」。選手一有閃失就很可能偏離賽道，不到最後誰也無法知道結果會如何，相當緊張刺激。會以滑行 2 次賽道的合計時間一決高下，且第 1 次和第 2 次為不同的賽道。

賽道特徵

●僅曲道項目採用可倒式標桿。選手藉此能將身體大幅倒向標桿內側，且通常會使用以靠外側的手掃倒標桿的「反手技巧」。

●在短距離的賽道上設置了許多旗門。以連續性的密集短彎為主，再加上直道與髮夾彎等，構築出迥異的滑行路線。

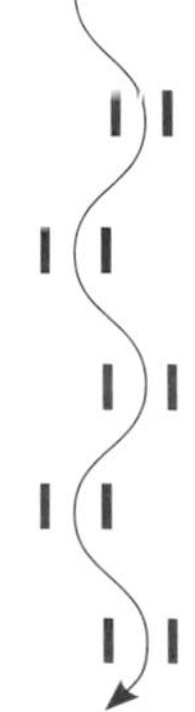

大曲道（Giant Slalom）

參賽者除以速度為強項，還要具備能在不減速的狀態下以最短路線轉彎的卓越技巧，以及快速重整步調的能力。選手平均時速可達 40 ～ 60 公里，猶如切開雪面般以最快速度衝過旗門的畫面便是賽事的最大看點。與曲道一樣以滑過 2 條旗門配置相異的賽道的合計時間決定排名。

賽道特徵

●交雜著平均坡度為 10 ～ 20 度的中、急陡坡。旗門數為 50 ～ 60，數量僅次於曲道項目，選手必須輪流通過紅色和藍色旗門。

●賽道整體由長距離的大彎道構成，並在當中分布著依據旗門位置打造的大中小型彎道，選手必須確實地完成轉彎。

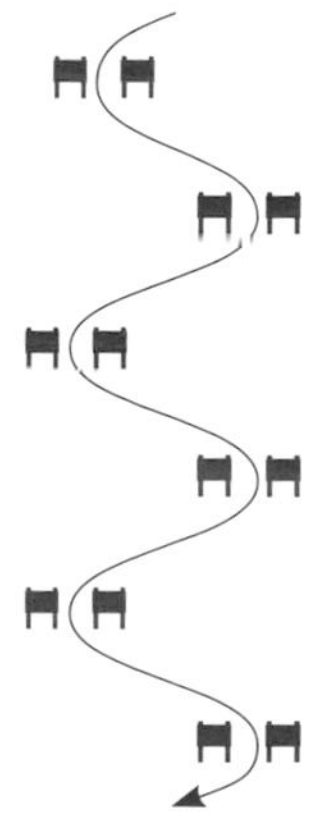

超級大曲道（Super G）

滑出速度的實力自然不在話下，還須擁有能在高速下轉彎的技術，是公認難度最高的項目。選手以時速超過 100 公里的超高速豪邁轉彎的模樣堪稱力量與技術的化身，是整場賽事最令人讚嘆之處。通常不會舉辦能試滑賽道的「賽前練習」，僅靠比賽當天一次決勝負。

賽道特徵

●雖屬高速類項目，卻採用設有眾多旗門的配置。比賽中選手轉彎時承受的離心力是所有高山滑雪項目中最大。

●依旗門的配置，比起重視速度的賽道也有可能變成足以與技術類項目匹敵、需要高度轉彎技術的賽道。

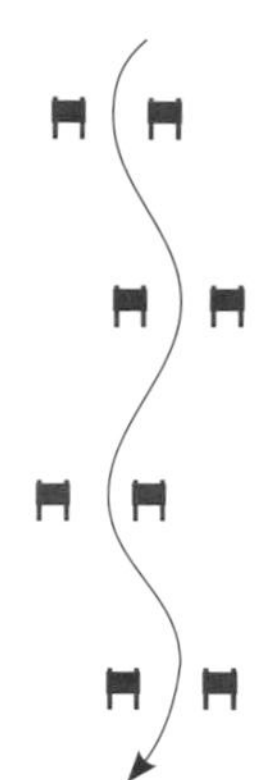

滑降（Downhill）

由於伴隨造成重傷的巨大風險，因此主辦方有義務在至少在開賽前一日舉辦能試滑賽道的「賽前練習」。賽事的看點在於時速可達 130 公里的超快滑速，與震撼力十足的跳躍過程。僅靠比賽當天滑降一次的成績決定勝負。

賽道特徵

●標高差為高山滑雪項目中最多，賽道也是當中最長的。另一方面，旗門數量較少，以大角度的陡坡地形為主。

●從上而下筆直滑下後，通常會設有跳躍的區域。當中有的跳躍距離甚至可達 30 公尺。

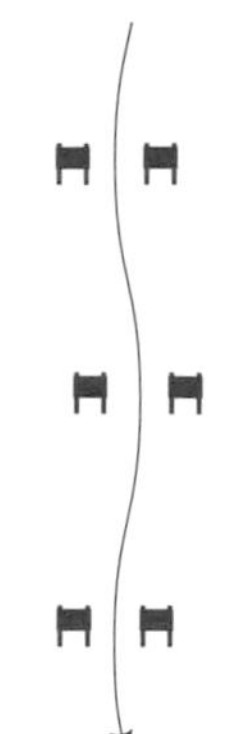

全能

需完成滑降與曲道項目，以合計時間競爭名次。性格迥異的選手分別以擅長的滑降或曲道展開激烈競爭，正是觀賞全能項目才有的樂趣。賽程分為 1 日舉行 2 種項目的 SC（Super Combined）模式，和分 2 天進行的 CB（Combined）模式。奧運則採 SC 模式。

混合團體

對戰的 2 隊選手依序以 1 對 1 的形式滑行，比賽哪方能取得更多勝利。在以競爭時間快慢為主的高山滑雪競賽中，這算是少數以抵達終點順序決定勝負的項目。賽道使用大曲道的旗門與旗幟，雙方選手會同時出發。此外，要派哪位選手應戰等策略性攻防也是致勝的重要關鍵。

各項目的滑雪板差異

自從 1990 年代開發出有腰身的滑雪板（Carving ski）後，滑雪的速度得以強化，但同時也有愈來愈多人因此受傷。所以為了避免速度過快，高山滑雪競賽中根據不同項目都設有與滑雪板長度相關的規範（FIS 競賽規範）。

規格規範

曲道	男子 :165cm 以上 女子 :155cm 以上
大曲道	男子 :195cm 以上 女子 :188cm 以上
超級大曲道	男子 :210cm 以上 女子 :205cm 以上
滑降	男子 :218cm 以上 女子 :210cm 以上

側切弧度（R）

滑雪板側面的圓弧旋轉半徑。數值愈小愈適合小幅度轉彎，數值愈大就愈適合大幅度轉彎。（以全能板〔Allround Ski〕來說約為 R:15 公尺左右）

板腰寬

滑雪板正中央最狹窄的地方。板腰寬愈寬，則適合在新雪或粉雪上使用。（全能板的板腰寬約為 70 ～ 90 公釐）

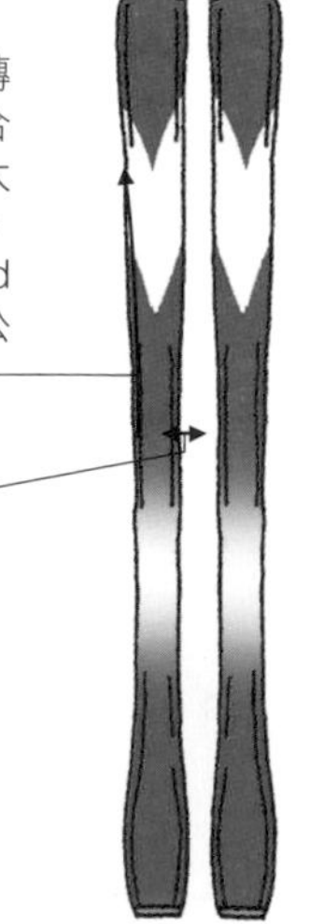

須確實通過所有旗門

選手必須用雙腳雪板的前端和其鞋跟處橫向滑過旗門線。此時旗門即使倒下，雙腳若有通過正確的旗門線就算通過。如果選手有一方的雪板脱落，只要剩下的雪板和雙腳能通過旗門線即算通過。

偏離賽道即喪失資格

沒能確實通過旗門時，即視為偏離賽道並喪失比賽資格。但如果爬至本來應通過的旗門上方，重新滑下並確實通過，就能重新開始比賽。

轉彎技巧

割雪轉彎（Carving Turn）

此技巧無關旋轉弧度大小，可在不減速的狀態下轉彎。透過切割雪的表面般橫向挪動滑雪板使其彎翹，同時利用立起的邊緣轉彎。

犁式轉彎（Skidding Turn）

挪動滑雪板邊煞車邊迴旋的轉彎技巧。相較於割雪轉彎含有較多的滑雪制動要素，因此雖然會降低轉彎速度，但安全性與精確度較高。

規劃滑行路徑的重要性

要贏得高山滑雪競賽不僅需要技術和體力，思考如何攻略賽道的策略也很重要。重點在於精簡而流暢，儘管一般可能認為以直線最短距離穿越旗門最快，不過這樣在通過旗門附近時反而會導致速度減慢。因此能否洞悉賽道狀況和旗門配置，規劃出不用減速又能流暢滑行的路徑，即為勝負的關鍵所在。

滑降賽道設有安全措施

許多人認為速度極快的滑降類賽事是種危險的項目。雖然實際上確實有發生過死亡意外，但是近年來對選手安全面的考量逐漸完善，賽場也都會設置護網、護欄、安全墊和雪牆等多重安全措施。

高山滑雪術語

● Inspection =
賽前場勘。比賽前從旁滑過賽道，掌握旗門的配置及間隔、轉彎弧度和現場地形，藉此規劃正式比賽時的滑行路徑。

● Crouching =
為了減輕風阻，滑雪者壓低身體、將雪杖夾在雙腋下的動作。大曲道用的雪杖在這個時候則會如同順著身體線條，不斷劃出曲線。

● Switchback =
折返式路線。沒通過旗門時，就會錯過本該要轉彎的方向，因此暫退回到旗門線。部分賽事會禁止這種做法。

● Open Gate =
將旗門內、外側的旗子或標桿，以垂直於坡面（最大傾斜線）的方式配置。從起點看過去可以清楚看到旗門之間的空間，是稱為「Open」的常見配置方式。

● Closed Gate =
以交錯的方式，將旗門內、外側的旗子或標桿往斜下方排列。從起點看過去，旗門中間的空間像是緊閉般狹隘，因此也稱為「Blind Gate」。

● Turn Maximum =
滑行轉彎時，將滑雪板朝向正下方（變成直滑降）的時機。由於此時離心力最強，身體極容易失去重心，因此這時採取的應對姿勢（Maximum position）就非常重要。

■穿梭於雪原之上，專屬於寒冬的競賽

越野滑雪

北歐式滑雪競賽的一種。在歐洲是自古深受民眾喜愛的冬季競技，以滑雪板穿越雪上的賽道，根據時間快慢或抵達終點的次序一較高下。

3大觀賽基本重點

POINT 1 以滑雪板穿越地勢起伏的賽道，競爭最終排名

參賽者穿上專用滑雪板，手拿雪杖，奔馳滑行在位於丘陵或森林中的雪地賽道上。途中會不斷出現上下或平緩的高底起伏地形，因此選手除了速度還需要豐沛的體力。競賽項目多元，每種項目的距離、賽道寬度和滑雪法皆有不同。

POINT 2 共有6種項目，各項目會指定不同的滑雪方式

越野滑雪設有以下6種項目，每個項目都分設男、女子組，但距離不同。至於滑雪方式可分為平行滑動滑雪板的「傳統式」，以及可隨意滑行的「自由式」，使用哪種滑雪方式則由賽事主辦方指定。

個人計時賽　每位選手的出發間隔為30秒，競逐抵達終點所需的時間。滑行距離為男子組15公里，女子組10公里。體力的分配也非常重要，例如由於上坡路段相當費力，因此下坡時可使用滑行來減少消耗。

集體出發賽　所有選手同時出發，競爭抵達終點的順序。滑行距離為男子組50公里，女子組30公里。剛出發時由於選手都會集中在一起，因此要如何盡快超前、搶到好的滑行位置，就成了能否勝出的關鍵。

混合兩項賽　與集體出發賽相同，所有選手會一齊出發，但規定滑雪方式於前半採傳統式，後半則要換穿滑雪板改採自由式，競爭抵達終點的順序。滑行距離為男子組30公里，女子組15公里。勝負將取決於選手能否縮短換穿滑雪板的時間。

接力　以4人為1隊，各隊第一棒同時出發採接力形式，由最後一棒抵達終點的順序決定最終成績。滑行距離為男子組4×10公里，女子組4×5公里。第一、第二棒選手須採傳統式滑雪，第三、第四棒選手則使用自由式。第二棒之後的選手應於接棒區等候，當前一棒用手觸碰到下一棒選手時，即代表交接完成。交接棒的過程流暢與否也會大幅影響最終成績。

競速賽　4～6名選手繞行地形起伏的指定賽道並排列名次。首先舉行預賽，成績前30強的選手可晉級複賽，複賽前12強進入準決賽。之後以6人1組進行準決賽，由各組前3強晉升決賽來決定最終冠軍。賽道距離為男子組1～1.8公里，女子組0.8～1.6公里。從預賽到決賽會在1日內一口氣舉行。

POINT 2

接力競速賽

2 人 1 隊，各隊第一棒同時出發，於指定賽道上重複滑行，並於各交換區與搭檔換手，競爭抵達終點的先後順序。預賽取各組前 2 強和各組第 3 名以下的前 6 強，總計 10 支隊伍晉級決賽一較高下。每一滑行區間的距離為男子組 1～1.8 公里，女子組 0.8～1.6 公里。雖說是 2 人交替滑行，但每個區間的距離相當短使得換手相當快速，因此選手除了具備一定速度，也必須擁有足夠的持久力。

POINT 3

必須具備良好體能、耐力和滑雪技巧的嚴峻賽事

這是項必須具備充沛體能與高度耐力的競賽。由於滑雪方式分作 2 種，而且需要在地形起伏不定的賽道中確實前進，因此懂得運用各式技巧也很重要。此外，有些項目還需要搶占有利的滑行位置，這時戰術策略亦會成為致勝關鍵，若為團體競賽協力合作更是不可或缺的要件。這項競技必須具備多種能力，因此在觀賽時看見不屈不撓持續奮戰的選手，任誰都會想替他們加油。

樂趣加倍！觀賽小知識

傳統式滑法和自由式滑法

傳統式滑法中，若採雙滑雪板呈現外八字的蹬冰式滑法即構成犯規。選手筆直滑行的身影雖然優雅，但未設限制的自由式滑法速度較快；依據每位選手的而改變的滑雪方式也是賽事的一大看點。

自由式

除滑降下坡路段外多採蹬冰式滑法，雙腳宛如溜冰般左右交替拉開一定角度，像跑步一樣向前滑行。由於滑雪方式不受限制，一般來說以體能好的選手較具優勢。為了增快動作速度，選手多會選用較短的滑雪板。

傳統式

滑行於賽場上時，必須維持滑雪板左右平行，或併攏雙腳左右來回擺動雪杖，猶如划船般前進；遇到上坡或急彎道時，亦可以分腿張開滑雪板。選手的姿勢沒有一絲紊亂，前進時都會保持一直線。由於滑雪板接觸面愈多就愈好滑行，所以選手都會選用偏長的滑雪板。

越野滑雪用的滑雪板

使用的滑雪板寬度比一般的窄。此外穿滑雪靴時不固定腳跟而是固定腳尖，如此一來便能提起腳跟快速前行。傳統式和自由式滑法都有各自專用的滑雪靴，不過混合兩項賽由於會在途中更換滑雪板，因此選手會穿著兩種方式都適用的靴型。為了讓滑雪板更加好滑，選手會在滑雪板底部塗臘，並且選用比一般還長的雪杖來增加推進力。

關於賽道

賽道中的上坡、下坡和平地比例必須全部相同。上坡坡度 9～18%，標高差 10 公尺以上，還必須包括幾處坡度超過 18% 的短上坡；平地則可以有部分隆起或些微高低起伏。而短距離的競速賽和接力競速賽，會重複滑行同一個賽道。由於賽道也會受到天候影響，選手必須設法因應相關變化。

■較量飛行距離與姿勢美感的競賽

跳台滑雪

北歐式滑雪競賽的一種。腳踩滑雪板順著跳台滑下，再利用起跳板往前飛出。選手將以飛行距離長短、飛行姿勢與落地姿勢的美感爭取優勝。

>>>>> 競賽場地

跳台
規格眾多，但奧運競賽採用是標準台（Normal Hill）與大跳台（Large Hill）。助滑道最大坡度為 35 度。

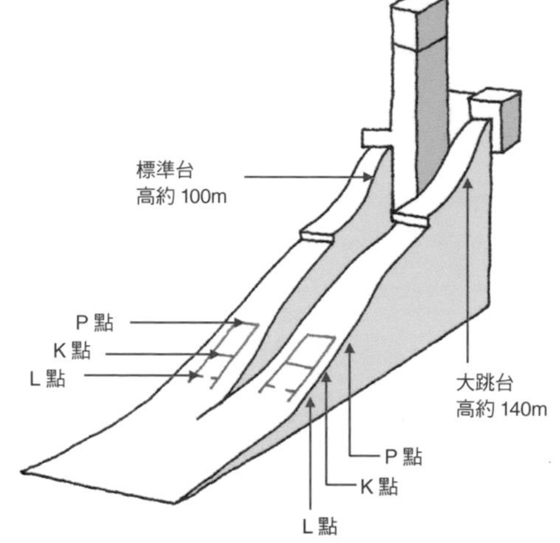

4 大觀賽基本重點

POINT 1

以跳躍飛出後的飛行距離、空中的飛行姿勢和落地美感計分，競爭得分高低

選手固定好滑雪板後，從跳台的出發柵門滑出，並藉著起跳板縱身飛躍，至落地前的飛行距離將化為「飛行距離分」，跳躍動作的美感、準確度、落地姿勢則影響「姿勢分」，再加上「風勢影響分」。這 3 個分數加總後就是 1 次跳躍可獲得的分數。每位選手會跳躍 2 次，並以 2 次的總分競爭排名。

POINT 2

跳台類型分為標準台和大跳台

標準台的跳台高約 100 公尺，助滑道約 90 公尺。大跳台的的跳台高約 140 公尺，助滑道約 100 公尺。奧運男子組個人項目會進行標準台和大跳台 2 種賽事，男子組團體賽（1 隊 4 人）則使用大跳台；女子組個人項目僅進行標準台的比賽，並且未設團體賽。

POINT 3

聚焦 K 點、P 點、L 點（HS）

跳台上設有 K 點、P 點、L 點（HS）。K 點代表飛行距離分的基準點（建築基準點），無論標準台和大跳台皆以紅線標示；P 點代表落地點坡度開始變化的地點，會在 K 點前方以藍線標示。L 點（HS）代表最後落地地點，設置位置則會因賽事會場而有所不同。

POINT 4

空中雙腿的 V 字形與泰勒馬克姿勢為高分關鍵

飛行中的姿勢將會化為姿勢分，例如，擺出左右對稱、把腳完全伸直的姿勢，讓滑雪板呈現 V 字形，就是公認會得高分的飛行姿勢。此外，落地時若不採取泰勒馬克姿勢，就會被扣分。落地後必須維持泰勒馬克姿勢滑行 10 ～ 15 公尺。

泰勒馬克姿勢

著地時滑雪板相互平行，雙腳擺成一前一後，並且彎曲膝蓋，往左右兩邊張開雙手。

樂趣加倍！觀賽小知識

出發規則

選手必須從出發柵門滑進助滑道開始比賽，同時柵門前還設有紅、黃、藍的號誌燈與數位計時板。紅燈表示比賽準備中，選手原地待機；一轉黃燈計時板就會開始計時，選手必須就出發位置，並於亮藍燈後 10 秒內出發。

更動出發位置

比賽期間，出發柵門的位置偶爾會前後更動。這是因為主辦方判斷風勢有可能會大幅影響飛行距離。在安全考量下，每回合都會重新決定一次出發位置。

滑雪板的長度

跳台滑雪選手使用的滑雪板長度，需符合國際滑雪總會訂定的「滑雪板長度與體重量測表」相關規範。以 BMI 計算出的數值為基準，選手可使用的滑雪板長度，最長可為身高的 145%。

●計算 BMI（身體質量指數）
BMI ＝體重 / 身高 × 身高

●以 BMI 計算滑雪板的長度

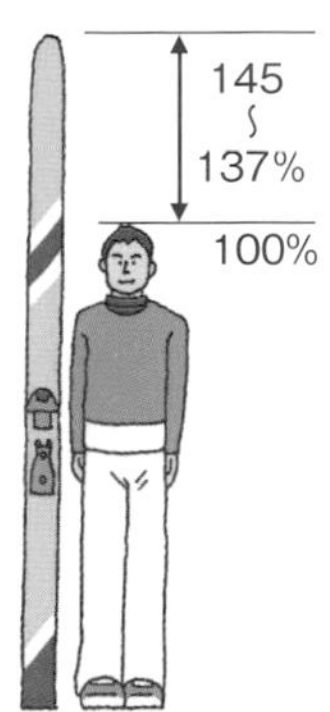

得分計算方式

飛行距離以 K 點為基準，於 K 點落地為 60 分，除此之外以落地點與 K 點的距離計算，每隔 1 公尺就會加減分。姿勢分由 5 名裁判依據跳躍動作的美感、正確度、落地姿勢評分。這兩個分數再加減風勢影響分即為總分。

飛行距離分 ＋ 姿勢分 ＋ 風勢影響分
＝
總分

飛行距離分

加減的分數當 K 點設在 120 公尺為 1.8 分，K 點設在 90 公尺為 2.0 分。例如當 K 點為 120 公尺，選手跳了 125 公尺便是 60 +5×1.8 ＝ 69 分。飛行距離以滑雪板落地處計算之。

姿勢分

裁判會以 0.5 為單位從滿分 20 分開始扣除。最後撇除 5 名裁判中最高和最低的分數，以剩餘 3 人的分數總和為選手得分。扣分對象包含於飛行（包含起跳）、落地和落地後 3 部分出現的失誤或失態。

風勢影響分

選手起跳時，若遇具有抬升力的逆風時扣分，若遇抵消抬升力的順風時加分。此外，出發柵門位置往後更動時扣分，往前移動時加分。

■世人盛讚此項賽事的冠軍是「滑雪之王」

北歐兩項

舉辦跳台滑雪與越野滑雪兩個項目，以獨特賽制競爭名次。由於各項目能力需求迥異，是種超高難度的北歐式滑雪競賽。

4 大觀賽基本重點

POINT 1 進行跳台滑雪與越野滑雪，競爭抵達終點的順序

個人項目中，每位選手要接連進行跳台滑雪和越野滑雪賽事，爭取最佳名次（團體為 1 隊 4 人）。在跳台比賽結束後進行的越野滑雪中最先完賽的選手即可獲勝。由於北歐兩項需要同時具備 2 種不同的運動能力，因此此項賽事的冠軍有「滑雪之王」的美譽。此外，所有項目都會利用 1 天完賽。

POINT 2 設有標準台、大跳台與大跳台團體賽

此競賽於奧運設有男子組標準台、大跳台與大跳台團體賽 3 種項目，未設女子組賽事。通常先進行跳台，接著進行越野（個人賽距離為 10 公里，團體賽採接力形式，為 4×5 公里）。此外，一般的跳台滑雪比賽能跳 2 次，但北歐兩項僅有 1 次機會。

POINT 3 將跳台得分換算為時間，以此決定越野滑雪的出發時間

個人項目中，會先舉行標準台及大跳台賽事，再由跳台成績第 1 名的選手展開越野滑雪。第 2 名之後的選手會把得分差距換算為時間，於越野滑雪以該時間為間隔滿依序出發。團體項目中，4 人都須跳躍跳台 1 次，第 2 名之後的隊伍的出發時間則與個人賽採相同方式決定，並由第 4 棒選手最先完賽的隊伍獲得優勝（得分換算成時間的方式在個人與團體項目會有所不同）。

POINT 4 跳台滑雪要求瞬間爆發力，越野滑雪講究耐力，選手必須具備這般難以兩全的綜合能力

跳台滑雪需要的是瞬間爆發力，越野滑雪則講求耐力，因此出賽選手必須像個同時擅長短跑和長跑項目的田徑選手，才有辦法完成比賽。觀賽時若能先掌握哪些是擅長跳台的選手，哪些是擅長越野滑雪的選手，就能享受更深一層的賽事樂趣。

樂趣加倍！觀賽小知識

採「追逐式出發」賽制

依據跳台成績將得分差距換算成時間，在越野滑雪賽事以該時間為間隔依序出發，這就是所謂的「追逐式出發（Gundersen）」。個人項目的跳台得分經換算後為 1 分＝ 4 秒，團體項目的為 1 分＝ 1.33 秒，第 2 名以後的選手（團體賽即為隊伍），須根據從得分換算而來的間隔時間出發進行越野滑雪賽事。過去也曾採用過「齊頭式出發（Mass start）」

和「懲罰式出發（Penalty）」，「齊頭式出發」是指先進行越野滑雪，以和第 1 名之間的時間差換算為得分，再將此得分與之後的跳台得分加總得到的總成績進行排名；「懲罰式出發」則是先舉行跳台滑雪，接著所有選手在越野滑雪時同時出發，但跳台成績愈後面者須繞行愈多圈數。不過，現今已不再採用這 2 種賽制。

跳台滑雪與越野滑雪的規則

跳台滑雪

穿好滑雪板後從跳台飛躍而出，以飛行距離和飛行姿勢的得分，再加上風勢影響分的總和分數競爭排名。飛行距離分以設置於跳台的「K 點」為基準，每往前或往後 1 公尺就會增加或減少 1 分；姿勢分則採取扣分制，由裁判針對跳躍後騰空飛行時的姿勢至落地前的動作美感進行評分。每位選手都須跳躍 2 次。除個人賽之外，也會舉行 4 人 1 組的團體賽。

越野滑雪

以滑雪板滑行於位在丘陵或森林中、地形有所起伏的雪地上，競爭最後名次。選手會使用專用的滑雪板，且滑雪方式又分為讓滑雪板平行滑動的「傳統式」，以及自由無限制的「自由式」。由於天候也會改變賽道狀態，因此選手能否應對相關情況也很重要。奧運的越野滑雪競賽中會採不同方式進行 6 種項目，而北歐兩項裡的個人項目則是滑行 10 公里。

跳台滑雪與越野滑雪都要獲得好成績，才有可能名列前茅

北歐兩項在過去跳台項目的比重大於現在，因此名次較前的選手有很多都是靠著在跳台取得高分來獲得優勢。但如今已修改規則降低跳台的比重，目前越野滑雪的得益制度，也就是時間差出發制已不如從前有利。近來的賽事中若無兼具跳台與越野滑雪 2 項目的實力，就很難躋身前段班。

團體賽能利用個別擅長的項目，以團隊力量拿下勝利

團體賽有許多隊伍都是分別編組擅長跳台和擅長越野滑雪的選手入隊，希望倚靠綜合能力攻上前段班。由於也有隊伍是由多位個人項目表現失常的選手組成最後卻名列前茅，因此觀賽時也可期待會出現這樣的意外驚喜。

跳台與越野滑雪的賽道

標準台的跳台高度約 100 公尺，大跳台的跳台高度約 140 公尺，兩者不僅尺寸相異，K 點位置也不同。越野滑雪的賽道位於丘陵與森林中，且多是需要重複繞行的類型。賽道的上坡、下坡與平地的比例必須各佔 1/3。接力等團體賽時，還會設置交接棒用的接棒區。

一馬當先的選手要為別人承擔風阻

在決定北歐兩項最終排名的越野滑雪項目中，最領先的選手必須全面承受迎面吹來的風，因此也有選手刻意不衝第一，打算到終點前再來做最後衝刺。不過，有時也能見到領先群中會有複數選手輪流擔任前頭，一邊發揮「紳士精神」一邊競爭冠軍寶座，讓人不禁為之感動。

女子組項目的設立並非遙不可及

現在包含世界錦標賽在內，北歐兩項都未設立女子組項目，但實際上其實有許多女選手都很想參賽。2014 年索契冬奧起，首次增設了女子組的跳台滑雪項目。若以個別賽事來看，如今越野滑雪和跳台滑雪都設有女子組項目，因此今後應該也能對奧運增設北歐兩項的女子組賽事抱持高度的期待。

■冬季奧運的現代兩項競技

冬季兩項

冬季兩項起源自滑雪馳騁於原野上的冬季狩獵。於 **1960** 年斯闊谷冬奧列入正式競賽項目，**1992** 年起新增女子組賽事。

\>>>>> 競賽場地

射擊場

設置在越野滑雪賽場內。射擊位置至槍靶的距離為 50 公尺。臥射採直徑 45 公釐的標靶，立射採直徑 115 公釐的標靶。

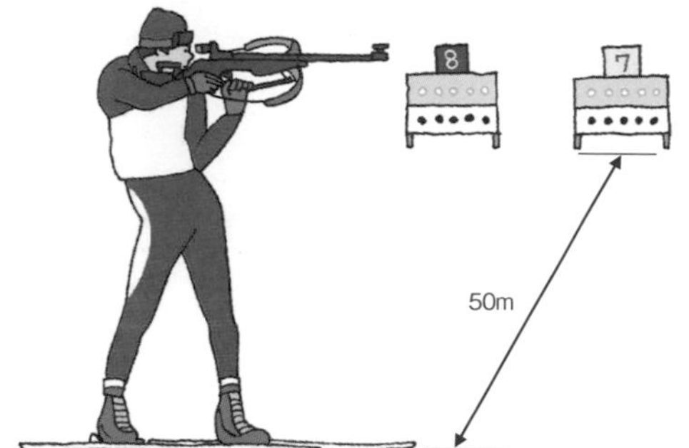

6
5
4

越野滑雪賽場

路線上多會加入丘陵或曲線賽道等，藉此競技的可看性。賽道總長 3 ～ 4 公里，選手必須繞行多圈。

3 大觀賽基本重點

POINT 1

進行越野滑雪和步槍射擊，藉此較量所需時間或排名順序

冬季兩項顧名思義包含了 2 種競賽，為結合越野滑雪和步槍射擊的冬季競技。選手在出發後要踩著滑雪板繞行指定圈數的越野滑雪賽場，並於賽場內的射擊場射擊標靶，競爭所需時間或最終排名。各項目自有不同的詳細規則。

POINT 2

設有 6 種分項，勝負條件和射擊姿勢都大不相同

冬季兩項設有男、女子組各 5 個項目與 1 個男女混合項目，總計為 6 種項目。各項目的詳細規則和勝敗條件如下所示。

個人賽

每位選手以 30 ～ 60 秒的間隔出發，總計滑行 20 公里（女子組 15 公里）。期間共進行 4 次射擊，每繞行賽道 1 圈就以臥射→立射→臥射→立射的順序射擊。每次射擊 5 發子彈，未中靶就會被判罰 1 分鐘。最後以滑行總計時間和遭判罰的時間總和排定名次。

競速賽

每位選手以 30 ～ 60 秒的間隔出發，總計滑行 10 公里（女子組 7.5 公里）。期間共進行 2 次射擊，每繞行賽道 1 圈就以臥射→立射的順序射擊。每次射擊 5 發子彈，根據沒中靶的次數都會追加在射擊場旁的懲罰區內各滑行 150 公尺的罰則。最後以滑行總計時間決定排名。

POINT 2

接力賽

4 人組成的各隊同時出發，以每人滑行 7.5 公里（女子組 6 公里）的距離進行接力。每人每滑 2.5 公里（女子組每 2 公里）就依臥射→立射的順序進行 2 次（5 發 ×2 次＝10 發）射擊，若未中靶，每次射擊均可使用最多 3 發的預備子彈。如果依然沒命中，每剩 1 個靶就會追加滑行 150 公尺。以抵達終點的先後順序決定最終排名。

追逐賽

總計滑行 12.5 公里（女子組 10 公里）。期間進行 4 次（5 發 ×4 次＝ 20 發）射擊，每滑行 1 圈就以臥射→立射→臥射→立射的順序射擊。根據未中靶的次數必須各追加滑行 150 公尺。賽前會進行 1 次競速賽，並依結果決定追逐賽的出發時間和順序；例如競速賽第 2 名選手落後第 1 名 10 秒，此選手在追逐賽中就會排在第 1 位出發 10 秒後起步。以抵達終點的順序決定最終排名。

集體出發賽

所有選手同時出發，總共滑行 15 公里（女子組 12.5 公里）。期間進行共 4 次（5 發 ×4 次＝ 20 發）射擊，每滑行 1 圈就以臥射→立射→臥射→立射的順序射擊。根據未中靶的次數必須各追加滑行 150 公尺，抵達終點的順序即為最終排名。由於約 30 名選手會同時出發，剛出發時容易產生碰撞，常有人因此跌倒。

混合接力賽

每隊由 2 男 2 女共 4 人組成，各隊同時出發，每人滑行 7.5 公里（女子 6 公里）進行接力。滑行順序為女→女→男→男。每人每滑 2.5 公里（女子每 2 公里）就依臥射→立射的順序進行 2 次（5 發 ×2 次＝ 10 發）射擊，其餘競賽形式與罰則皆與接力賽相同。

POINT 3

致勝關鍵在於滑雪後能否確實開槍擊中目標

冬季兩項最大的特徵在於歷經越野滑雪的激烈運動後，必須馬上開槍射擊。選手必須具備能讓自己從氣喘吁吁的狀態迅速切換到能穩定命中遠方小槍靶的技術。是項必須兼具體力與射擊技術的高難度競賽。

樂趣加倍！觀賽小知識

未中靶時要遭受處罰

滑完越野滑雪後的射擊若是沒能命中槍靶就會遭受處罰，此乃冬季兩項獨有的規定，也讓賽事因此有趣不少。在極度疲勞的狀態下進行射擊，結果遭罰前往受罰區的選手不在少數；賽況也時常因此一舉逆轉，導致最後結果出乎所有人意料。

滑雪方式採自由式

「傳統式滑法」是讓滑雪板於滑行時保持平行，滑出猶如壓雪車壓出的兩條細溝。「蹬冰式（自由式）」則是讓滑雪板呈現「八」字形，以單腳蹬雪面後再以另一隻腳滑出。這兩種滑法都可用於冬季兩項，但仍以後者為主流。

使用 22 口徑步槍，重量約 5 公斤

比賽採用的步槍是裝填 22 口徑子彈的小口徑槍種，於 1976 年修訂規則後，才從 30 口徑的步槍變更而來。話雖如此，其重量將近有 5 公斤，越野滑雪時帶著這種步槍也是會耗損不少體力。由此可知比賽時的體能和意志力都缺一不可。

■以滑雪板在雪地上滑行，同時展現各式華麗的動作

自由式滑雪

選手腳踏滑雪板，滑過設有人工雪丘、跳台、障礙物等各式賽道，是種以較量空中動作美感為主的競賽。比賽時使出的動作難度更是逐年提高。

3 大觀賽基本重點

POINT 1

滑過雪山上帶有人造凹凸地形的賽道，競爭速度與動作美感

參賽者雙腳踩著滑雪板，滑行於依各項目需求打造出的多樣賽道。在設有跳台的項目裡施展空中動作，並以動作完成度等獲得的分數較量名次高低。其他也有採用競速模式，競逐抵達終點次序的項目。

POINT 2

設有賽道與規則迥異的 5 種項目

競賽設有雪上技巧、空中技巧、障礙追逐、U 型場地技巧與坡面障礙技巧 5 種項目。每種項目的特色與計分方式皆大不相同，有的項目首重動作完成度，有的項目則是講究速度與流暢度。

雪上技巧　於全長 250 公尺的急陡坡上連續設置人工雪丘（Mogul）外，並於 2 處擺放跳台。將選手在坡面的滑行速度、轉彎技術、2 次跳躍（稱為「Air」）的難易度和美感轉化為數值後即為最終得分。是有愈來愈多日本選手嶄露頭角的熱門項目。

空中技巧　唯一未拿雪杖的項目。從名為「Kicker」的大型跳台起跳，展現震撼力十足的空中動作，並與其他選手較量動作美感。賽場提供 3 種躍出角度和大小各異的跳台，選手可其中挑選 1 個施展動作。

障礙追逐賽　4 名選手同時出發，維持一定的速度在凹凸不平的賽道上朝終點前進。依據冬奧的規定，賽道長度約為 1000 公尺，標高落差 140 ～ 250 公尺，並可以人工方式在賽道中設置彎道或跳台。決賽時選手抵達終點的順序就是最終成績，賽事節奏十分明快。

U 型場地技巧　競賽內容正如其名，選手會在如同剖半圓管般帶有彎度的雪面，同時從左右側的雪壁上跳起使出飛躍動作（稱為「Trick」）。裁判依跳躍動作的難易度與完成度評分，以此決定名次。賽道全長約 150 公尺，寬度約 20 公尺。

坡面障礙技巧　賽道全長 600 ～ 700 公尺，途中設有各式各樣的障礙物與跳台。細槓、箱狀物等障礙物稱為「Jibsection」，選手可以從中選擇要挑戰的對象進行演出。賽場內也擺有跳台，參賽者藉此施展的動作相當值得一看。

POINT 3

令人目不暇給的華麗空中動作

在障礙追逐以外的賽事中，「跳躍（Air）」與「飛躍動作（Trick）」等空中動作都有可能拿下高分。選手熟練操控滑雪板，並在攻略賽道時施展出的各式動作實在叫人嘆為觀止。由於不僅是難易度，諸如前後動作的流暢度、完成度也都會影響得分，所以選手從躍出到落地的每個瞬間都不容錯過。

空中動作

滑雪或雪板的空中動作，一般都稱為「空中動作（Air Trick）」。在雪上技巧和空中技巧項目施展的空中動作稱為「跳躍（Air）」；於U型場地技巧和坡面障礙技巧項目使出的空中動作則稱之為「飛躍動作（Trick）」。

各項目的規則與看點

雪上技巧

評分為100分滿分，以轉彎動作60%，跳躍20%，速度20%為成績佔比。在佔比最重的轉彎部分，會由5名裁判針對動作是否俐落、轉彎路徑等進行判定。此外，跳躍的姿勢、落地是否順暢也很重要，因此選手要用穩健的動作拿下分數，還是使出高難度技巧全力搶分，在策略上的考量也是賽事有趣之處。

空中技巧

選手要從1次翻轉用的單翻轉跳台、2次翻轉用的雙翻轉跳台和3次翻轉用的三翻轉跳台中擇一，宣告自己要施展的動作類型。動作將以起跳20%、姿勢50%、落地30%的比例計算成績，再乘以動作難度係數即為最後得分。精彩之處在於可欣賞到其他項目中沒有的複雜空中動作和充滿刺激的落地過程。

障礙追逐賽

預賽採每位選手輪流滑行的計時賽制，之後以預賽成績決定晉級決賽的名單，於決賽以抵達終點的先後順序為最終排名。由於選手會以時速高達60公里的極快速度滑過凹凸不平處和彎道，因此過程常出現選手互相碰撞、跌倒等激烈畫面。除了滑雪技術，選手之間互搶有利位置的激烈爭鬥也是一大看點。

U型場地技巧

5名裁判從跳躍高度、翻轉數、技術、難度等，以100分滿分針對選手施展的整體動作進行評分，並以5名裁判的平均分為最終得分。選手一般會上場表演2次，採用高分者進行排名。此項目最有看頭的部分在於各種華麗的飛躍動作，跳躍的高度、帥氣的姿勢與創新的動作也都相當吸睛。

坡面障礙技巧

5名裁判以滿分100分的方式評價跳躍的高度、翻轉數、難易度、整趟滑行的完成度等。選手一般會演出2次，取高分者進行排名。由於選手可自行挑選障礙物決定賽道，因此評分也十分重視動作的獨創性。雖然於細槓上滑行等高超技術也很重要，但跳躍動作才是最大的制勝關鍵。

各項目適用的滑雪板差異

每個項目所需的動作特質各有不同，因此選手也會使用形狀略有差異的滑雪板。觀賽時若仔細觀察滑雪板長度、柔軟度或腳跟側的形狀（此側稱為「板尾」），也別有一番樂趣。

雪上技巧

為了便於跳躍或轉彎，會選擇重量輕、圓弧旋轉半徑小的滑雪板。

空中技巧

男子選手也只選用160公分左右偏短偏輕的滑雪板。為了能在起跳時較容易獲得反作用力，因此多選用硬板。

障礙追逐賽

多使用穩定性高的高山滑雪競賽用滑雪板。

U型場地技巧

會選擇上下同樣形狀的滑雪板，以利向後滑行（Switch）。至於軟硬則依選手個人喜好。

坡面障礙技巧

與U型場地技巧相同，會選擇上下同樣形狀的滑雪板。

雪上技巧

評分重點

轉彎

轉彎動作佔評分的60%，由此可知這個通過人工雪丘時的動作和技術非常重要。評分基準有滾落線（自始至終都滑在一直線的路徑上）、割雪轉彎（將板打直以利用側邊滑行的技巧）、引申動作（配合人工雪丘位置做出的動作）和上半身節奏（穩定上半身向前滑行）等。由於要突顯下半身併攏不亂晃，因此很多選手都會在服裝的膝蓋部分加入黑線。

跳躍

評分雖只佔20%，但變化多端的跳躍動作能深深吸引觀眾目光，炒熱比賽氣氛。每趟滑行中有2處可施展跳躍動作，由於裁判評分時除了動作難度也很注重完成度，因此挑戰高難度技巧也會伴隨降低得分的風險。跳躍動作分為5大類，分別是不帶空翻的「Upright」、進行縱向空翻的「Inverted Flip」、側翻的「Loop」、轉體加空翻的「Off Axis」、維持垂直姿勢水平翻轉的「Straight Rotation」。

主要動作（跳躍）

Spread

大幅張開雙手雙腳的動作。動作要點在於高高躍起後，要把身體完全打直。

Cossack

劈開雙腿，雙手下垂至雙腳之間，上半身再往前彎曲。須具備一定柔軟度，才能大幅劈開雙腿。

Duffey

一前一後擺出雙手雙腳，呈現猶如在空中走路般的姿勢。連續做2次則會變　成「Double Duffey」。

Backflip Ironcross

由後空翻「Backflip」和向後曲腳左右交叉的「Ironcross」2 種動作結合而成。

Helicopter

身體保持垂直，再以水平方向旋轉360度。旋轉後很難完美落地。

Corkscrew

被譽為結合橫向旋轉和縱向旋轉的3D跳躍動作。橫向旋轉2次就會變　成「Corkscrew 720」。

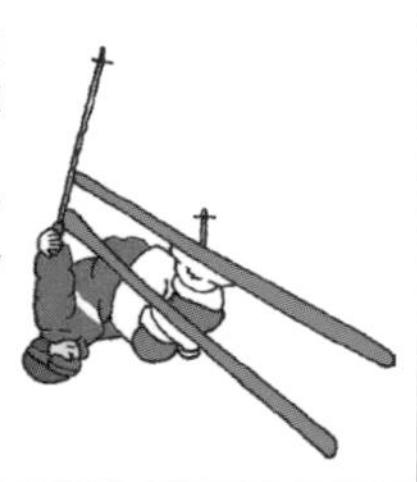

空中技巧

評分重點

姿勢

空中技巧的參賽者自跳台高高躍起，使出或縱或橫的複雜旋轉動作。選手可自由選擇並告知動作的難易度，但評分重點在於空中動作的姿勢。最理想的姿勢是打直腰桿如同直立在空中，腳未併攏或彎曲就會被扣分。選手必須在 1 次跳躍中高速旋轉，同時在空中維持優美的姿勢。

落地

落地區域為坡度大約 40 度的急陡坡。為了緩和落地帶來的衝擊力道，雪面雖已是挖鬆過一次的柔軟狀態，但要從 15 公尺的高空旋轉而下還是需要很大的勇氣。選手在旋轉的同時還必須掌握自己位朝的方向和角度，以求能用準確、正確的姿勢落地。夏季期間由於沒有雪底，會在泳池進行「跳水」式練習。

主要動作（跳躍）

Tuck
單次團身空翻。

Lay
單次直體空翻。空中技巧的基本動作。

Full
單次旋轉加單次轉體。

Double Full
單次旋轉 2 次轉體。

Full、Full、Full
3 旋轉 3 轉體。每次旋轉都加入 1 轉體。

Lay、Full、Full
3 旋轉 2 轉體。於第 2 和第 3 次旋轉中加入轉體。

Lay、Triple full、Full
3 旋轉 4 轉體。於第 2 次旋轉加入 3 轉體，第 3 次旋轉中加入 1 轉體。

Full、Double full、Full
3 旋轉 4 轉體。於第 1 次旋轉加入 1 轉體，第 2 次旋轉加入 2 轉體，第 3 次旋轉中加入 1 轉體。

障礙追逐賽

著重路徑規劃與佔位

在障礙追逐賽中，選手必須通過接連出現的地形地物，保持一定速度不斷往前滑行，因此勝負重點在於規劃滑行路徑，和佔得比對手有利的位置。參賽者也因此必須磨練一些細部技術，例如能讓落地動作更快更俐落的跳躍，或遭遇彎道時的煞停技巧。此外，在爭佔位置時，選手間經常發生碰撞，因此不遭波及一起跌倒的運氣也是攸關勝敗的關鍵之一。由於可能出現選手跌倒導致賽況一舉逆轉的情形，所以比賽直到最後都難以判斷勝負走向。

障礙追逐設置的障礙物

賽道上設置了人工製成的彎道與高低起伏，不同賽事會有不同的設置間隔和種類。

Bank
外側拉高、帶有坡度的彎道。

Jump
人稱「Kicker」的跳台。通過時要注意不能跳太高。

Wave
波浪狀的雪面。

U 型場地技巧

動作重點

跳躍的高度

雖然飛躍動作的難度很重要，但高度也是不可或缺的條件。選手必須維持一定速度高高躍起，確實穩住身體重心後施展動作。此外就算是低難度的動作，只要能帥氣展現在空中定格的主姿勢，也能替整體動作加分不少。

落地的穩定度

落地動作若是凌亂到手觸地或失去平衡就會遭到扣分。跳躍後的重點在於選手能否將滑雪板保持平行並穩定落地。動作施展得夠確實、夠流暢並穩定落地，就是獲得高分的關鍵。

主要動作（Trick）

Mute Grab

雙腳交叉，以右手抓住左腳（或以左手抓住右腳）的滑雪板外側。

Alley oop

朝逆於身體正面的方向旋轉的動作。也稱為「Alley」。

Double Flare

縱向空翻稱為「Flare」，連續施展 2 次該動作就稱為「Double Flare」。

Double Cork 1260

結合縱向翻轉與橫向翻轉的 3D 類飛躍動作。於空中朝下翻轉 2 次後，以背部朝前落地。

Switch Double Rodeo

以背朝前姿勢躍出的「Switch」類高難度動作。縱向翻轉 2 次後，面朝前落地。

坡面障礙技巧

賽道因賽事而異

賽道配置會隨不同賽事大幅改變，障礙物的數量、形狀，跳台的大小也都有不同。障礙配置經常複雜到前所未見的程度，這些都是在考驗選手是否具備隨機施展各式動作的靈活度、創新度和技術。選手能自選賽道，藉由獨創的演出爭取高分。

跳躍動作同於 U 型場地技巧

精彩之處自然就是選手的奮力一跳。雖然和 U 型場地技巧相同，參賽者都想使出 3D 類飛躍動作的高難度技巧，但落地可能因此步伐大亂，所以還是必須洞悉戰況後才做選擇。

坡面障礙技巧中的障礙物

隨機擺置在賽道上的障礙物也稱作「Item」。要通過哪些障礙雖是選手的自由，但若不確實通過會被嚴重扣分。

細槓（Rail）

猶如扶手的障礙物，有的直挺筆直，有的彎曲蜿蜒。

箱狀物（Box）

箱型障礙物。有較為窄細的，也有表面突起的。

跳台（Kicker）

賽道中會設置 3 個以上的跳台，當中也有超過 15 公尺的大跳台。

■動感十足的滑行動作與空中動作擄獲眾人眼光

雪板

雪板興起於 1960 年代的美國。1998 年長野冬奧列入正式競賽項目，2018 年平昌冬奧起競賽項目變更為目前的 5 種。

3 大觀賽基本重點

POINT 1

腳踏雪板滑過各式賽道，比拚滑行速度與動作美感

將雪板固定於雙腳下，滑過設置於雪上的各種賽道。有的項目只是單純滑至終點，較量速度快慢；有的則是要高高跳起，施展多樣華麗動作，比拚難易度與完成度轉化而來的得分。與滑雪項目相同，華麗的滑雪方式與各種動作絕對讓人回味無窮。

POINT 2

賽道與規則各異的 5 種項目

競賽設有平行大回轉、障礙追逐、U 型場地技巧、坡面障礙技巧和大跳台 5 種項目。平行大回轉與障礙追逐是競爭速度，U 型場地技巧、坡面障礙技巧和大跳台的 3 個項目則要先上場展現動作再比較得分。由於各項目的賽道特色、採用的滑雪法、得分方式全都不同，所以觀賽時能體驗到截然不同的樂趣。但是，不同單位主辦的賽事也會有不同的賽道配置、評分基準和競賽方式。

平行大回轉　會安排 2 條在全長 400 ～ 700 公尺、標高差 120 ～ 200 公尺的坡面上設置旗門（裝在左右兩側的標桿上、高低位置不同的三角形旗幟）的賽道，選手會於預賽中競爭速度，進入決勝淘汰賽後則以同時出發的形式較量抵達終點的順序。最終排名賽採單次 1 對 1 決勝，雙方竭盡全力的比賽過程堪稱精彩無比。

障礙追逐賽　4 ～ 6 名選手同時出發，以競速模式滑行全長約 1 公里的賽道。由於抵達終點的順序即是最終排名，因此觀賽時簡單好懂。標高差 100 ～ 260 公尺的賽道因為相當狹窄，再加上會不斷出現急彎道或須跳躍的障礙物，選手間時常發生碰撞，比賽過程相當刺激。

U 型場地技巧　選手滑在如同剖半圓管般、帶有彎度的雪面，同時從左右側的雪壁上跳起使出飛躍動作。裁判會以滿分 100 分針對空中動作、旋轉數、難易度等進行評分。賽道傾斜 18 度左右，全長 150 ～ 170 公尺，半圓的寬度為 19 ～ 22 公尺。

坡面障礙技巧　賽道上置有形狀五花八門的障礙物和跳台，選手可從中選擇要挑戰的部分後開始滑行。裁判會以滿分 100 分針對整體動作流暢度、跳躍高度、動作難易度等進行評分。賽道上必須放置 6 組以上稱為「Section」的障礙物（其中跳台要有 3 組以上），傾斜平均要超過 12 度，且傾斜角度到了賽道後半會變得更高。選手自跳台躍上空中做出的飛躍動作，是整場賽事最引人注目的部分。

POINT 2

大跳台

平昌冬奧新增的正式競賽項目。參賽者滑下長 30 公尺以上、傾斜 20 ～ 40 度左右的助滑道，自大型跳台躍至空中後做出一連串動作，以其動作得分一較高下。落地點的地面也傾斜將近 40 度，同時跳躍後的飛行距離等亦會影響得分。

POINT 3

觀賽猶如在享受一場時尚舞台

雪板這項競賽可能是因為興起且發展於美國，所以帶有街頭文化的氣息與特色。不僅服裝和動作姿勢多彩多姿，從中衍伸出的帥氣元素也成為選手動作的一部分而廣受好評。當有選手成功做出高難度動作時，現場歡聲雷動的熱鬧程度就好比置身慶典。如今日本年輕一代的選手也在 X GAMES 和世界盃等中嶄露頭角，在名為世界的大舞台上發光發熱。

樂趣加倍！觀賽小知識

各項目規則與看點

平行大回轉

坡面上並排著 2 條賽道，一邊設有紅色旗門，一邊設有藍色旗門。預賽時所有選手都要各滑 1 次紅藍賽道，以合計時間決定晉級決賽的名單。進入決勝淘汰賽後，則改為 2 名選手同時出發，先抵達者就可陸續晉級準決賽和決賽。而預賽名次較高的選手，可先挑選要滑哪條賽道。最後的決勝淘汰賽上 1 對 1 的白熱化對決更是緊張刺激。

U 型場地技巧

6 名裁判會個別針對跳躍高度、動作難度和整體動作，以滿分 100 分進行評分。扣除最高與最低分，以 4 名裁判的分數加總平均後即是最後得分。選手於預賽和決賽可分別施展 2 次和 3 次動作，並取最佳成績進行排名。一套動作中 5 ～ 6 次的流暢跳躍動作和各具特色的複雜旋轉動作，深深吸引了觀眾的目光，全場無不為之熱血沸騰。

大跳台

3 ～ 6 名裁判會以滿分 100 分針對跳躍動作的難易度、完成度、空中姿勢和落地等進行評分，而且比起高度更重視飛行距離。扣除最高、最低分的裁判分數平均後即為最終成績。通常選手於預賽和決賽可分別施展 2 次和 3 次動作，並取其中的最佳成績進行排名。由於僅針對 1 個大跳躍動作進行評分，因此觀眾也能輕易分辨動作的優劣。

障礙追逐賽

4 ～ 6 名選手同時滑行 1 條賽道，以抵達終點的次序決定晉級與否直到勝出。只要部份身體或部分雪板通過終點線，就算抵達終點。由於賽道寬度窄小可能會因碰撞而跌倒，因此比賽期間常可見到名次變動。選手保持一定速度運用各種技術通過障礙物的身影總讓人看得大呼過癮、目不轉睛。

坡面障礙技巧

3 ～ 6 名裁判會以滿分 100 分針對跳躍高度、動作難易度、多樣性和整體滑行過程的完成度進行評分。裁判為 6 人時會扣除最高與最低分，將其餘分數加總平均後即為最後得分。基本上預賽和決賽選手都要滑行數次，再取最佳成績進行排名。關鍵除了跳躍動作的完成度，選手是否流暢地滑完整個賽道也是評分重點。

雪板與服裝

平行大回轉和障礙追逐這 2 種項目被歸類為高山滑雪類，剩餘的 3 種項目則被歸類為自由滑雪類項目，因此在雪板與服裝特色上都略有差異。高山滑雪類的雪板大多較窄偏硬，自由滑雪類則多是較寬偏軟。前者活動起來較穩定，後者則便於跳躍與落地。服裝部分，相對於偏好採用貼身剪裁的高山滑雪類，自由滑雪類較多是能自由活動身體的寬鬆版型。

平行大回轉

關於賽道

奧運場上的 2 條賽道，規定要各設置 18 ～ 25 道旗門，旗門間距必須為 20 ～ 27 公尺。這些旗門設置在全長 400 ～ 700 公尺的賽道中，選手要從平均傾斜度 16 度左右的坡面滑下，同時還要彎過旗門構成的嚴苛曲道。2014 年的索契冬奧起更開始採用旗門間距更為狹窄的「平行式轉彎」。

不減速下的極限轉彎，是克敵制勝的關鍵

用來彎過旗門的轉彎是種高難度的技巧。由於要在高速下連續轉彎，因此稍微失去重心就有可能倒地。為了能維持高速大幅打斜身體，立起雪板側緣確實轉彎，熟練的技術、專注力和膽量將是最大關鍵。

賽道的挑選策略

兩賽道的旗門設置方式與雪面狀態略有差異，選手選擇的賽道可能會大幅影響抵達終點的時間。此外，隨著比賽重複進行也會一逐漸損及賽道狀況，因此有必要確實檢視。預賽排名較前者有權可選擇賽道，所以參賽者都會在預賽時全力以赴奪得好成績，藉此在決勝淘汰賽中佔得優勢，提高奪下金牌的機率。

必須滑行於旗門內側，違者喪失比賽資格

設置於平行大回轉賽道的旗門，是由一支長標桿和一支短標桿支撐，選手必須通過短標桿的內側，否則就會失去比賽資格。若是遠離旗門繞了大彎等同於浪費時間，因此選手都會抓準勉強能通過旗門內側的路徑滑行。

障礙追逐賽

碰撞或跌倒可能造成排名大洗牌

障礙追逐項目中由於每次會有 4 ～ 6 名選手滑行於狹窄賽道，因此時常相互碰撞或跌倒。就算自己沒和別人碰撞，但只要前面的選手一倒地就有可能受到牽連，所以參賽者必須具備冷靜觀察四周狀況，遇突發狀況能瞬間迴避的技術與判斷力，甚至連運氣也很重要。即使到了比賽後半已被第一名甩得老遠，也可能因為有人跌倒而一口氣後來居上，因此勝負直到最後一刻都很難說。

注意選手的阻絕動作

於障礙追逐競賽時阻擋後方選手的滑行路徑，守住自身位置的技巧稱為「阻絕（Blocking）」。雖然成效很好，但也有可能因此失去重心導致與他人碰撞甚至跌倒的風險。至於後方的選手則會巧妙地躲開前方選手的阻絕，以轉彎等方式藉機拉高速度。透過阻絕衍生出的攻防和鬥智場面，也是一大精彩看頭。

障礙追逐賽中的障礙物

賽道上設置了稱作「Bank」或「Wave」的人造地形地物，選手必須通過這些障礙朝終點邁進。

Bank

外側拉高、帶有坡度的彎道。是容易跌倒或使排名大幅變動之處。

Wave

波浪狀的雪面。尺寸有大有小非常多變。

Jump

人稱「Kicker」的跳台。跳得太高反而會耗損時間。

U 型場地技巧

獲得高分的條件

跳躍的高度

即使成功使出高難度的動作，但若高度不夠就會影響得分。因此有的選手甚至能跳躍超過 6 公尺。重點在於速度要夠快，才能跳得夠高。前一個跳躍落地時若順暢，就能不減速直接挑戰下一個跳躍。

空中姿勢

穩定的空中姿勢也是得高分的重點。裁判會嚴格審視選手在空中有無確實做到手抓雪板的「Grab」動作、身體有無旋擺到位、手部有無亂揮亂搖。高分的關鍵在於動作的完成度，要如何才能優美做出高難度動作便是選手的課題。

落地的穩定度

落地可說是最重要的部分。如能讓滑雪板確實落到雪面，就能維持速度至下一個跳躍。畢竟前面就算以高跳躍完成高難度的動作，但落地時一陣慌亂讓手碰到地面的話，就會遭到扣分。如果不慎跌倒，甚至得當場中斷整段演出。

動作名稱

U 型場地技巧競賽中選手展現出的動作稱為「飛躍動作（Trick）」，動作的名稱則是每年越變越複雜。基本上名稱是由翻轉方向、翻轉數量和技巧名稱組合而成，例如「Double Cork 1080」的意思就是縱向翻轉 2 圈、橫向翻轉 3 圈（1080 度）的 Cork。其實只要了解到「Double」或「1080」這部分的數字越大，就代表難度也會跟著提升。

〈例〉

Cab	Double	Cork	1440 (Fourteen -fourty)
翻轉方向	縱向翻轉數量	技巧名稱	橫向翻轉數量

U型場地技巧術語

● **Front Side Spin =**
意指轉向腹部。左腳在前滑行時，會逆時針旋轉。

● **Back Side Spin =**
意指轉向背部。左腳在前滑行時，會順時針旋轉。

● **Cab =**
先將相反於原本滑法的那隻腳擺到前方滑行（Switch），接著往腹部轉動。

● **Cork =**
Corkscrew 的略稱，最具代表性的 3D 飛躍動作。在打斜軸心的狀態下，縱向 1 翻轉同時橫向翻轉 1 圈半。

● **Rodeo =**
3D 飛躍動作的一種。將橫向翻轉 1 圈半的軸心打斜後，加入向後翻轉。

主要動作（Trick）

Back Side 1080
面朝後翻轉 3 次。因為在往後方施力的同時還要起跳，所以難度相當高。

Double McTwist 1260
縱向 2 次翻轉的同時橫向翻轉 3 圈半。全球第一位成功做出此動作的選手是美國的肖恩．懷特（Shaun White）。

Front Side Cork 1440
向腹部側旋轉，縱向 2 翻轉，橫向 4 翻轉。被譽為全球最高難度的飛躍動作。

坡面障礙技巧

關於賽道

不同賽事就會有不同的賽道模樣。賽道上會擺置細槓、箱狀物等各式障礙物（Jibsection），選手必須自行挑選數種障礙物滑行。其他還設有大型跳台，於此施展的動作難度與完成度會大幅影響最後得分。參賽者必須具備應對複雜障礙物的能力、流暢滑行的技巧等複合技術。

聚焦選手的路徑規劃和跳躍動作

要通過哪些障礙物，全憑選手自行選擇。畢竟每位選手編排的動作內容都不同，而且這一連串動作的原創性也是評分重點。雖然可重複滑行多次，但選擇同一障礙物做出同樣跳躍也無法增加得分，因此編排的動作必須富含變化。當中尤以飛躍動作是賽事最大看點。由於挑戰高難度飛躍動作也會增加跌倒的風險，觀賽時不妨觀察一下選手間的搶分策略。

坡面障礙技巧的障礙物

賽道上隨機擺置著多種被稱作「Section」、形狀各異的障礙物。要通過形狀複雜的障礙物可不是件簡單的事情。

細槓

猶如細條扶手的障礙物，從短又直的細桿，到彎曲的長細桿都有。

箱狀物

箱型障礙物。也有表面突起的。

跳台

賽道中會置放 3 個以上的跳台，有各種尺寸和角度。

大跳台

得分高低取決於動作的完成度與落地表現

參加大跳台比賽的選手僅能跳躍 1 次。相較於 U 型場地技巧和坡面障礙技巧，大跳台因為能跳得更高而有機會做出翻轉數更多的高難度動作，然而這種動作落地時的衝擊力道也會相對增強。此外，裁判也會嚴格審視翻轉軸是否穩定、是否確實做到手抓雪板的「Grab」動作等。一跳決勝負縱使失誤的風險高，但選手挑戰自我極限的華麗跳躍依舊令人嘆為觀止。

跳台的高度

出發地點的高度為 30 ～ 40 公尺，傾斜須超過 20 度。從類似跳台滑雪的急陡坡出發，自高度超過 2 公尺的跳台躍出，在飛躍距離超過 25 公尺的泳池上方期間展現豪邁的空中動作。

主要動作

CAB Triple Cork 1440

以 Switch（相反於原姿勢的方向）躍出，轉向 Front side（腹部）縱向翻轉 3 次，橫向翻轉 4 次。

Back Side Quad Cork 1620

轉向背部縱向翻轉，橫向翻轉 4 圈半。世界頂尖好手還可多加橫向 1 次翻轉，使出「Back Side Quad Cork 1980」。

雪板術語

- Regular Stance ＝左腳在前的滑行狀態。
- Goofy Stance ＝右腳在前的滑行狀態。
- Switch Stance ＝以相反於原姿勢方向的滑行狀態。
- Edge ＝滑雪板兩端的金屬部分。
- Ollie ＝藉由彎曲滑雪板的反作用力向上彈起的動作。

■難以預料的賽況變化令人無法轉移視線

競速滑冰

腳穿冰刀鞋滑過雙道滑冰場，較量抵達終點順序的冰上競賽。選手運用加速和過彎技巧，呈現震撼全場的精彩賽事。

>>>>> 競賽場地

雙道賽道

1 圈 400 公尺的雙道賽場，區分成可同時容納 2 人滑行的內道與外道。比賽為逆時針滑行。

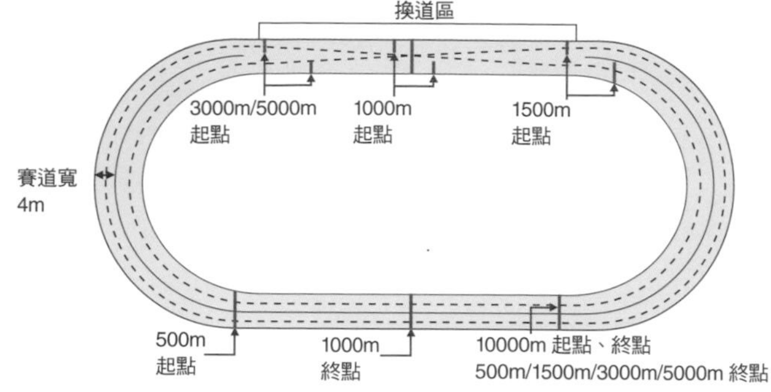

5 大觀賽基本重點

POINT 1

繞行指定圈數，競爭抵達終點的時間或前後順序

一般來說，2 名以上腳穿冰刀鞋的選手會在同個滑冰場同時出發。雙道賽場 1 圈 400 公尺，透過繞滑指定圈數競爭排名。

POINT 2

設有各距離分項、團體追逐、集體出發 3 大項目

競賽設有多種項目，其中 2 名選手同時出發的個人項目會依不同距離分出多個分項。除此之外還有團體賽的團體追逐，和多個選手同時出發的集體出發。

距離分項

冬奧賽事中，男、女子組分別設有距離各異的 5 個項目。2 名選手同時出發，途中在賽道交叉的區域內切換內、外道，滑行規定的距離。當選手的冰刀鞋冰刃前端抵達終點的瞬間即停止計時，並以該時間進行排名。

團體追逐

1 隊編組 3 人進行的團體賽。2 隊於同一滑冰場同時出發，但出發時雙方並非比肩排成一線，而是分別從賽道相對的兩側出發，往同一方向滑行規定圈數，較量抵達終點的時間。各隊選手會排成縱向一列，於轉彎處輪流替換隊友滑在最前頭。

集體出發

複數選手猶如跑馬拉松般於同個賽場一齊出發，並繞滑指定圈數。總共要滑行 1 圈 400 公尺的賽場 16 圈，以獲得的分數競爭最終排名。得分區可分為以每 4 圈的排名加算的中間分，與最終排名賦予的終點分。

POINT 3

將焦點放在高速滑行與頂速下的過彎技巧

競速滑冰的看點在於選手在互相競爭的同時一邊可以滑出最高時速超過 50 公里的超快滑冰速度。過程中選手在加速與頂速下的過彎技巧等魄力十足的身影，以及集體出發賽中眾多選手聲勢浩大一同滑行的震撼畫面，都是值得一看的精彩之處。

特製賽服與冰刀鞋

競速滑冰選手身穿的特製賽服為了盡量減低風阻，都會用伸縮性強的材質縫製而成。冰刀鞋的冰刃無論前後兩端都長於鞋體，以筆直的外型為其特徵，而且具有冰刃踩在冰上時腳跟依舊能上下活動的特殊構造。

POINT 4

團體追逐是唯一的團體賽，3 人的團隊默契與各式技術是必備條件

追逐賽中 1 隊 3 人滑行時是排成縱向一列，不過選手間距離愈遠風阻也會愈大，因此選手都會盡可能靠在一起滑行。領頭選手由於會直接承受所有風阻，負擔相當大，所以通常 3 人會輪流領頭滑行，藉此降低體力的消耗。此般的團隊合作和技術運用，都是通往勝利的關鍵。

POINT 5

集體出發雖為個人項目，但同國選手會相互協助、合力應戰

集體出發賽為 12 ～ 18 名選手同時出發展開比賽，不過也會有同一國的選手同場滑行。有時就能見到 1 名選手滑在前頭牽制他國選手，位在後方的選手則於後半拉高速度脫穎而出，這種同國選手間的通力合作也是賽事的可看之處。

樂趣加倍！觀賽小知識

競賽項目

男、女子組的競賽項目數量雖然相同，但距離略有差異。此外，團體追逐賽男女子組個別必須繞滑的指定圈數分別是 8 圈與 6 圈。

男子組	女子組
500m 1000m 1500m	
5000m 10000m 團體追逐（8 圈）	3000m 5000m 團體追逐（6 圈）
集體出發	

各項目的規則

距離分項

2 名選手分別自內道與外道出發，每滑 1 圈就要在規定的換道區裡變換滑道滑行，從外道出發的選手換至內道，內道出發的選手換至外道。當選手於換道區有可能發生碰撞時，則以滑行外道的選手擁有優先權。

團體追逐

雙方各 3 名選手組成隊伍同一滑冰場賽道相對的兩側同時出發並繞滑 8 圈（女子組 6 圈），於隊伍的第 3 名選手的冰刃前端抵達終點時停止計時，以該時間決定勝負。3 名選手會縱向排成一列滑行，藉此減低風阻。

集體出發

參賽者同時出發繞滑賽場 16 圈，以得分競爭名次。每繞 4 圈就會依當下排名加算得分，第 4、8、12 圈的第 1 ～ 3 名可分別獲得 5、3、1 分的中間分，抵達終點的第 1 ～ 3 名則可分別獲得 60、40、20 分的終點分，最後再以兩者加總決定排名。

出發與抵達終點

出發地點會依項目而有所不同。預備時，選手在出發信號發出前必須完全靜止，若稍有動作，犯第 1 次必須重新出發，第 2 次即喪失比賽資格（不限同一選手，全場出現第 2 次這種犯規時，該選手即失去比賽資格）。以前也曾有過出現第 2 次犯規出發時照常比賽，待完賽後才判犯規選手失去比賽資格的例子。至於抵達終點的時間則以冰刀鞋的冰刃前端抵達終點線的瞬間為主。此外，一般來說於內道出發的選手會戴白色臂章，由外道出發的選手會戴紅色臂章。

距離分項的內、外道差異

屬距離分項短距離項目的 500 公尺賽事以前會讓選手各滑 1 趟內道和外道，再以總計時間進行排名，但自 2018 年的平昌冬奧起已改為 1 趟定勝負，並於賽前透過抽籤決定選手各自的滑行賽道。1000 公尺則是因為最初的直線道以內道比外道稍長，以及內道一開始就會進入便於傾斜身體、有利於初期加速的小彎道等理由，被認為內道較有利於參賽選手。不過，也有人認為內道選手由於一開始就滑在前頭所以心境上較容易焦躁，反而是滑在後方的外道選手更能夠背水一戰。再加上目前滑冰技術不斷進步，能在頂速下順暢過彎的選手也不斷增加，因此對頂尖選手來說無論在內道還是外道一樣都能創下好成績。如今比起出發的位置，內角過彎的技巧可以說才是致勝的關鍵。

轉彎時若超出賽道界線即喪失比賽資格

2 名選手於場上滑行時，在轉彎處不得滑出賽道界線。不過即使內道選手闖到外道，只要沒有妨礙外道選手的意圖就可繼續滑行，不會失去比賽資格。

滑行時間會依賽場海拔高度改變

通常海拔愈高的地方，空氣就會愈稀薄，風阻也會隨之降低。因此，舉辦競速滑冰的場地海拔愈高，選手的成績普遍來說都會變得愈好。實際上，過去許多佳績確實也都是出自海拔較高的比賽場地。

也是與紀錄的挑戰

競速滑冰可說全是競速項目，但選手除想勝過同時出發的其他對手外，也會想打破個人最佳紀錄、大會紀錄，甚至是世界紀錄。在高海拔賽場比賽不僅較容易滑出好成績，特別是一起出發的選手速度也很快時，自己也可能被連帶拉高速度，進而改寫個人最佳成績。此外，也有很多選手在 500 公尺、1000 公尺、1500 公尺等複數項目中都保有名列世界前茅的紀錄。

理想的滑行姿勢

一般認為理想的滑行姿勢是壓低腰部位置減少風阻，同時把重心擺往前方，像是一直往前進。不過每個選手適合的姿勢都有微妙的落差，因此透過練習學會適合自己的姿勢才是最重要的。

競速滑冰術語

- Home Straight ＝前直道，位於與終點線同側的直道部分。也稱為「Main Straight」。
- Back Straight ＝後直道，位於前直道對向側的直道部分。
- Crossing Zone ＝設置於後直道的換道區。在此區域內內道選手必須換至外道，外道選手必須移動至內道。
- Corner Work ＝一邊交叉左右腳，一邊通過彎道的過彎技巧。

團體追逐賽的技巧

整齊劃一的隊列

為了盡量減低來自前方的風阻讓後方選手保留體力，因此參賽選手們必須縱向排成一直線，統一滑行動作，並且極力縮短與隊友的間距。隊形一亂風阻就會變大，所以維持整齊劃一的隊列將至關重要。1 隊 3 人合作得天衣無縫，這種競速滑冰只在團體追逐賽才看得到。

配速的重要性

轉彎時能否流暢交換領滑隊友也是比賽一大關鍵。若交換時能盡量不減速維持當下滑速，便可拉大與對手的差距。此外，讓體能與速度最佳的選手多領滑幾次以便不讓整體速度減慢等戰術也有其必要性。

集體出發賽的終點分比中間分重要

集體出發賽依據抵達終點的順序加算的終點分由於本來就設定得比較高，因此就算拿到很多中間分，大多時候比賽的勝負仍舊取決於最終的抵達順序；所以選手的配速、過彎技巧、衝刺時機等的策略應用就成了最有看頭的重點。此外，為了預防選手發生危險，第 1 圈會禁止加速，至於做出推、拉其他選手等危險行為，或已落後前段選手 1 圈以上者將失去比賽資格。因為比賽過程中可能會發生碰撞或跌倒，所以選手皆必須穿戴護頭盔、手套、護膝等防護用具。

亦有個人綜合競賽

競速滑冰除了分成短距離、長距離項目上場比賽的距離分項賽事，也有從短、中、長距離挑選 4 種項目由同一選手出賽，比拚 4 項總得分的綜合競賽。綜合競賽中，選手要滑行 4 種距離，然後將各距離的時間換算成滑行 500 公尺左右的時間以計算得分，再以總得分一較高下。賽事類型包含不同距離組合而成的全能錦標賽和競速錦標賽，全能錦標賽男子組須滑行 500 公尺、5000 公尺、1500 公尺、10000 公尺；女子組為 500 公尺、3000 公尺、1500 公尺、5000 公尺。競速錦標賽則是不分男、女子組皆為 500 公尺與 1000 公尺。無論哪種賽事都相當艱辛。

競速滑冰強國・荷蘭

競速滑冰發源地的荷蘭在各大競速滑冰賽事中都是頒獎台上的常客，為一知名的競速滑冰強國。荷蘭國土由於平坦一片沒有高山，因此無法滑雪，另一方面水資源豐盛，國內多湖多運河，所以傳統一到冬天就會在冰上享受滑冰的樂趣。在荷蘭滑冰可說不分男女老少咸宜，這也是讓荷蘭成為競速滑冰大國的最大原因。該國四處都是天然滑冰場，具有 400 公尺標準賽場的室內滑冰場也超過 10 處，相關設施比其他國家都充足，而且國內還有職業隊伍。其他更有各種強化選手實力的體制、相關用具的研發等，簡直是傾全國之力爭奪獎牌。觀眾的狂熱程度也非比尋常，有的人替選手加油時還會自備碼表測量時間。此外，荷蘭籍教練遍布全球指導各地選手，日本選手近年亮眼表現的背後，荷蘭籍教練亦是功不可沒。

※ 以上內容為截至 2018 年 5 月之現有資訊，實際規則可能因後續修訂而異動。

■選手相互較勁速度，緊張又刺激的冰上追逐戰

短道競速滑冰

複數選手同時滑行於單賽道滑冰場，屬滑冰競賽的一種，透過淘汰賽爭奪名次。極快的速度、刺激的過彎、激烈的追逐戰都是賽事精彩之處。

>>>>> 競賽場地

單道賽道
1 圈 111.12 公尺的單道賽道設置於 30 公尺 ×60 公尺的室內滑冰場。比賽以逆時針方向進行，會有多位選手同時滑行 1 個賽道。

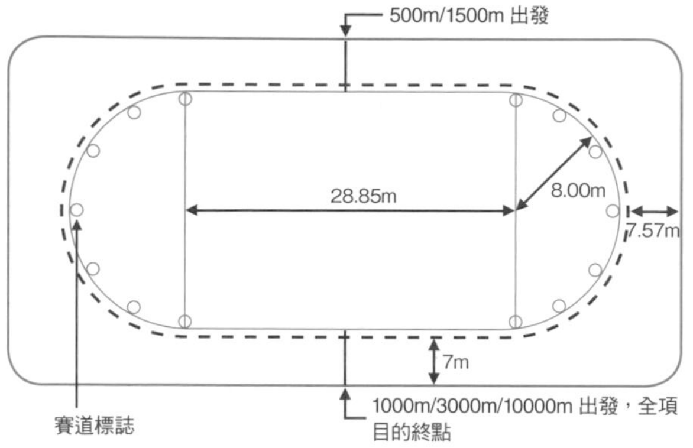

3 大觀賽基本重點

POINT 1 4 或 6 名選手同時出發繞滑指定圈數，競逐抵達終點的順序

原則上以 1 組 4 人（500 公尺、1000 公尺）或 6 人（1500 公尺）於相同賽道同時出發，繞滑規定的距離。賽事採淘汰制，一路會歷經預賽、初賽、準決賽、決賽，每次皆由各組前 2 名（或規定人數）晉級，競爭最終排名（勝負取決於抵達終點的先後順序，而非時間快慢）。選手冰刀鞋的冰刃前端抵達終點的瞬間即判定為抵達終點。

POINT 2 由於彼此追逐，因此時常發生碰撞

由於比賽時有眾多選手同時在繞滑窄小賽道相互競逐，因此無法完全避開肢體上的互相碰撞。比賽途中因跌倒而遭淘汰的選手也不在少數。賽道周遭的圍牆上，都裝有預防發生危險的防護墊。

護具

比賽期間，選手必須穿戴護頭盔、手套、護脛、護膝、護頸等規定穿戴的護具。

POINT 3 推人、拉人都是犯規行為

若是做出推擠、拉扯等妨礙對手前進的行為，即構成犯規。犯規的選手會失去比賽資格，無法晉級下一輪比賽。此外，當有選手因受妨礙而無法進入原定的晉級名次時，作為補償措施該名選手不問名次都可直接無條件晉級下一輪賽事（決賽除外）。此外，未穿戴規定護具者也會遭罰失去比賽資格。

樂趣加倍！觀賽小知識

競賽項目

冬奧設有右表 8 個項目。男、女子組的項目數量一樣，但接力賽的距離不同。接力賽皆由 4 人 1 隊出賽。

男子組	女子組
500m 1000m 1500m	
5000m 接力	3000m 接力

未限制每位接力賽選手的滑行距離

各場賽事參賽隊伍最多 4 隊，規則未限制每位選手每次的滑行距離，但每名選手至少都要拉棒 1 次。此外，賽場也未圈設交接棒區，因此選手可隨時在喜歡的地點交接棒，且無次數限制。通常每名選手大多會滑行 1 圈半～2 圈，只要碰觸隊友身體即算有效交接棒，因此多會以抵住接棒選手的腰部向前推出的方式交接。僅有最後 2 圈必須由 1 名選手單獨完成，因此在倒數第 3 圈開始時，現場會響起信號，選手必須在這 1 圈中進行最後 1 次交接棒。不過最後一棒的選手若是跌倒，唯獨此時其他選手能接棒繼續比賽。

因滑冰場易受損，每比賽 1 場就會移動 1 次賽道

由於複數選手的比賽過程十分激烈，因此短道滑冰的賽場非常容易受損。這時就會在比賽中移動置於賽道彎曲處的路障（賽道標誌），每進行 1 場比賽就會讓賽道位置往左往右各移 1 公尺，總計有 5 條賽道能供輪流使用。移動的同時出發處也會更動，但終點線則是固定不變。此外，賽道上除了出發線和終點線外，不會再有其他標線，僅有賽道標誌可供參考。

往滑冰場灑熱水修復破損處

大會方為了修復受損或凹陷的賽道，會在比賽空檔以製冰車整平賽道，或另行派出名為「賽道管理員」的工作人員，用水桶裝熱水灑向賽場，再攤勻整平冰面。此外，將選手撞飛的賽道標誌歸回原位也是賽道管理員的工作。

比賽用鞋異於競速滑冰

由於賽事著重滑行極曲彎道，因此選用的冰刀鞋冰刃長度短於一般競速滑冰鞋。冰刃雖然能裝於鞋底的任何一處，但多數選手都裝在左端（朝向賽道內側）。此外，冰刃和鞋體之所以沒緊密貼合，都是為了讓選手就算把身體打得再斜，鞋子也不會觸及到冰面。

巧妙的過彎技術

選手會維持時速超過 40 公里的直線速度，直接轉入彎道。因此選手巧妙的過彎技術也是比賽的一大亮點。當鄰近彎度大的彎道時，選手會在滑行時把左手置於冰上，將重心置於單腳，這種滑行技術稱為「扶冰」，是短道競速滑冰賽事令人驚艷的畫面之一。選手為了保護指尖，同時降低摩擦導致的減速，都會在左手指尖戴上樹脂製的指套。

爭奪 1/1000 秒差距的激烈攻防戰

不到最後通過終點線的瞬間，誰也不曉得孰勝孰負，若幾乎是同時抵達終點，選手間的時間差距可能要用 1/1000 秒為單位計算。此外，選定衝刺時間也是很重要的戰術安排，畢竟時常可以看見後方選手在最後一個彎道迎頭趕上，反超奪勝的畫面。選手們在彎道爭搶有利位置的情景、在直線道互不相讓的激烈競逐緊張刺激，每每讓觀眾看得屏氣凝神。選手一個閃神就有可能跌倒在地，進而陸續牽連後方選手，因此賽況通常是瞬息萬變。跌倒時，裁判因為難用目視判定是否屬於會失去比賽資格的犯規行為，所以自 2006 年杜林冬奧起就導入了影像判定制度。

※ 以上內容為截至 2018 年 5 月之現有資訊，實際規則可能因後續修訂而異動。

■優美的冰上舞蹈，令觀眾無不為之傾倒

花式滑冰

極具代表性的冬季賽事之一。選手不只展現各式跳躍，還利用優美滑冰技巧呈現出獨特的世界觀。競賽時間雖短，卻充滿戲劇性。

4 大觀賽基本重點

POINT 1 配合音樂滑行於滑冰場內，較量技術分與表演分的總分

所謂的技術分包含依據每個跳躍、旋轉等規定動作給予的基礎分，再加上根據該動作呈現出的綜合質量好壞評比出的「質量分」。而且基礎分還會加分，例如選手在較為疲憊的演出後半若還是完成跳躍等動作就會加分到 1.1 倍。表演分則是代表對滑冰技術、動作與動作的連接、動作編排等 5 個項目的評價分數。這 2 個分數加總後，再扣除扣分項目即為最終得分。單人項目男、女子組的計算法略有不同，不過單人和雙人等主項目都採用相同的計分方式。滑冰場的規格依規定必須為長 26 公尺 × 寬 56 公尺以上，或長 30 公尺 × 寬 60 公尺以內。

POINT 2 設有單人、雙人、冰舞和團體 4 大項目

單人項目設有男、女子組，雙人和冰舞都是以男女各 1 人為 1 組。團體賽則是男女單人、雙人和冰舞都會舉行。

單人 最受世人矚目的項目。男、女子組分開舉辦，分為短曲（SP）和長曲（FS）兩部分，並以 2 項的總分決定最終排名。

雙人 可欣賞到雙人項目才有的花式動作。一樣會分為短曲和長曲。

冰舞 具有濃厚舞蹈元素的優雅項目，又名「冰上的社交舞」。分為短舞（SD）和長舞（FD）。

團體 10 個國家參加的國際對抗賽。需要擁有足以應對各項目的綜合實力才可能贏得比賽，因此各國在團體戰中的實力可說是勢均力敵。

POINT 3 以跳躍動作最值得注目

花式滑冰最為人津津樂道的就是各選手拿手的跳躍動作。跳躍的轉體數時常蔚為話題，不過能夠跳出高難度跳躍動作的選手也是年年增加。跳躍動作還細分成許多種類，而且是用非常細微的部分進行分類，光用看的幾乎無法分辨眼前的動作屬於哪個類型。其他的精彩動作還有像是利用冰刃的各種部位乘載選手體重藉此改變行進方向的滑行、在一定範圍迴旋身軀的旋轉等，選手的每一個動作都不容錯過。

POINT 4

音樂、服裝與演出的世界觀都值得深入體會

以前除了冰舞以外的其餘項目若是選用含有人聲的音樂就會被扣分，但現在所有項目都已開放選用。配樂可由選手自行決定，通常以選擇古典樂或電影配樂居多。此外也有些項目例如冰舞的長舞必須使用帶有節奏或節拍的音樂等規定。服裝部分，無論男女選手都是身穿符合曲風的服飾，觀眾當中也有很多人期待選手的比賽穿著。每位選手會根據帶有劇情的主題利用滑冰動作全力詮釋獨特的世界觀，令觀眾看得如癡如醉。

樂趣加倍！觀賽小知識

各項目的看點

單人

男、女子組皆由短曲與長曲 2 部分構成。短曲的表演時間為 2 分 40 秒，長曲則有 4 分鐘。短曲必須包括跳躍等 7 種規定的動作要素，長曲則能自由編排。這個項目還能欣賞到為數眾多的跳躍動作，以頂尖選手來說，男子組可做到 4 周，女子組可做到 3 周的連續跳躍。能確實串連動作或滑出優美旋轉的選手也相當受歡迎。

雙人

與單人項目相同，以短曲與長曲 2 部分構成。短曲的表演時間為 2 分 40 秒，長曲則有 4 分 30 秒。最值得一看的地方在於可欣賞到雙人項目獨有的精彩動作，以及兩人動作如出一轍的驚人同步率。雙人項目由於每個動作的得分差距不大，因此不代表成功做出高難度動作就能穩操勝券，而是比起單人項目更需要著重於少失誤、多累積加分。

冰舞

以短舞和長舞構成。短舞的演出時間為 2 分 50 秒，長舞則有 4 分鐘。與雙人項目不同的地方在於托舉與跳躍動作設有限制，因此滑行變成相對重要的元素。此外，就如大家常說的「看冰舞就要看捻轉（Twist）」，演出當中會編入許多 2 人在滑行期間同步呈現的旋轉動作。在冰舞的禁止事項中有項特殊規定，就是搭檔彼此不得離開對方超過 5 秒鐘。

團體

預賽會進行男子單人、女子單人、雙人和冰舞的短曲和短舞部分，由前 5 名隊伍進入決賽，並以各項目的長曲和長舞結果競爭排名。冬奧由於團體賽先於個人賽舉辦，因此挑選選手時也要全盤考量個人賽的狀況。畢竟有的選手能把團體賽中滑出的好狀態帶至個人賽，但有的選手若在團體賽失常，就會直接影響到個人賽的表現。總而言之，觀看賭上國家顏面的團體賽其實有機會獲得不同於個人賽的全新樂趣。

主要動作

跳躍

在所有動作中十分值得一看的跳躍動作，其難易度會隨著轉體周數和跳法而異。轉體數從 1 周到現在是最多 4 周，跳法則有阿克塞爾跳等 6 種。

阿克塞爾跳（Axel Jump）

難度最高的跳躍動作，特徵在於向前起跳。由於落冰時是整個人面向後方，因此不管轉體幾周，轉體周數都還會多加半周，但相對的就必須跳得夠高才行。就只有阿克塞爾跳是向前起跳。

勾手跳（Lutz Jump）

長助跑後將重心擺至左腳外側的冰刃，再逆時針轉體跳躍。由於跳躍路徑完全相反於滑行路徑，所以無法利用滑行時的力道，是種高難度的跳躍。若是將重心擺到左腳內側冰刃，就會遭到扣分。

後內點冰跳（Flip jump）

難度 4

後內點冰跳看起來類似勾手跳，不同之處在於選手是將重心擺到左腳內側冰刃，以及跳躍路徑是和滑行同方向。跳躍的轉體和勾手跳相同，都是逆時針方向轉體。

後內結環跳（Salchow jump）

與後外結環跳相反，以左腳滑行並以左腳內側冰刃起跳躍起。特徵為起跳前一刻腳會變成內八字。

後外結環跳（Loop jump）

以右腳滑行，並以右腳外側冰刃起跳使出的跳躍動作。起跳前一刻會出現稍微彎腰的模樣後才躍起。

後外點冰跳（Toeloop jump）

重心擺到右腳外側冰刃，以左腳尖點踏後起跳的跳躍動作。跳躍路徑與滑行同方向，因為是種簡單的跳躍動作，所以能用於 4 周跳躍或連續動作等，用途相當廣泛。

旋轉

在定點旋轉無數次的動作就是旋轉。高分關鍵在於選手是否維持好旋轉速度和身體軸心，以及是否保持姿勢優美等。

貝爾曼旋轉（Biellmann spin）

用單手或雙手將非滑行軸心的那隻腳邊拉舉至頭頂邊滑行。由於身體須具一定柔軟度，是女子選手常用的旋轉。拉舉起的腳與軸心腳幾乎呈縱向一直線，因而也稱為「燭式旋轉」。

蹲踞旋轉（Sit spin）

單腳屈身做出的旋轉。向前打直非軸心腳，基本要採前傾姿勢。單腳屈身姿勢下，臀部位置若沒低於膝蓋則不計分。

燕式旋轉（Camel spin）

以伸直的單腳為軸心，把上半身和另一隻腳打平到像是平行於冰面，形成一個 T 字形後再旋轉。由於身體會全面承受風阻，所以旋轉速度難以增快。

環繞

以非滑行軸心的另一隻腳，抬至高於腰部的位置持續滑行。腳直挺伸展、胸口往前挺出、頭確實上抬的姿勢才是優美的環繞動作。

阿拉貝斯克環繞（Arabesque）

將非軸心的那隻腳上抬至後方，張開雙手身體向前傾倒，呈現類似芭蕾阿拉貝斯克姿勢的動作。滑行時雙腳呈現幾乎 180 度分腿的狀態。

仰燕式（Fan spiral）

這是最基本的環繞動作之一，滑行中的軸心腳將重心擺至外側冰刃，抬起另一隻腳後繼續滑行。由於重心大幅擺往後方，因此要注意抓好身體平衡。

步法

靈活使用冰刃進行切換重心等，像在冰上起舞般華麗滑行的動作即為「步法」。組合各種步法動作而成的一連串動作稱為「接續步（Step Sequences）」，是整套演出必備的部分。難度等級設定在等級 1 ～ 4。

雙人獨有的動作

雙人賽事中可欣賞到此項目獨有的花式跳躍。由於是透過 2 人的力量施展跳躍動作，因此高度比單人還高，也更具震撼力。

捻轉托舉（Twist lift）

男選手將女選手拋舉至頭頂，女方直接在空中轉體，落下時再由男方接住。轉體數和拋接之際的流暢度都會影響分數高低。

死亡迴旋（Death spiral）

男選手為圓圈中軸，單手拉著女方旋轉。旋轉時，女選手盡量讓身體平行於冰面，維持幾近橫躺的姿勢滑行。

托舉（Lift）

男選手單手將女選手舉至頭頂，有時 2 人還會直接旋轉，是種充滿力與美的動作。

4 周跳的時代來臨

跳躍動作的技術進步飛快，從前公認是無人能及的 4 周跳躍，如今已有許多男子選手挑戰成功。現在單人組的跳躍周數最高雖然還是 4 周跳，但動作本身已從難度低的後外點冰跳，進化到現在有的選手可以用難度高的後內點冰跳及勾手跳帶出 4 轉體。也許在不久的將來，就會出現能以現行最高難度跳躍動作做出 4 周跳的選手了。

演技以外的扣分因素

服裝是比賽時的重要元素，能加深觀眾對演出內容的印象。各選手也花費很多心思在服裝上，但有幾種服裝反倒會被扣分。首先就是過度裸露的服裝，女選手的胸口和背部的設計雖像是開叉外露，但實際上內有膚色布料，盡量不讓身體外露；冰舞女選手的舞裙也禁止帶有超過 3 處的開叉。男子選手禁穿緊身韻律衣，腋毛和胸毛外露也會遭到扣分。

花式滑冰術語

● Under Rotation ＝
意指跳躍圈數不足。不足的圈數達 1/4 圈以上時，就會遭扣分。

● Downgrade ＝
意指跳躍圈數不足。不足的圈數達 1/2 圈以上時，該動作就會被視為低 1 階的動作難度。

● Free Leg ＝
抵在冰面上的腳稱為軸心腳，另一支腳即為 Free leg。

● Combination ＝
連續進行 2 個以上跳躍或旋轉動作。

● Elements ＝
構成計分動作的技巧要素。

※ 以上內容為截至 2018 年 5 月之現有資訊，實際規則可能因後續修訂而異動。

■震撼力十足！被譽為「冰上的 F1 賽車」

雪車

選手乘坐可操控方向的專用雪橇，滑行於冰製賽道。根據其外型和速度，又得名「冰上的 F1 賽車」。

4 大觀賽基本重點

POINT 1 乘坐前有方向盤、後有制動器的雪橇，較量抵達終點所需的時間

選手乘坐專用雪橇，於冰製賽道（雪車賽道）滑行，比拚速度快慢。比賽成績會量測至 1/100 秒。這種前有方向盤、後有制動器的雪橇名為「雪車」，並直接作為競賽名稱使用。雪車原是種娛樂活動，後發展為競賽，盛行於瑞士的阿爾卑斯地區。

POINT 2 2 日賽程滑行 4 趟，以總計時間進行排名

比賽會舉行 2 天，選手要滑行 4 趟賽道，以總計時間進行排名。但僅有第 3 趟滑行中前 20 名的隊伍才能滑行第 4 趟。雪車有雙人和 4 人座 2 種，奧運男子組設有雙人座與 4 人座項目，女子組僅設雙人座項目。

POINT 3 前座有領航員操控方向盤，後座的制動員與推手以體重穩定車體

出發時全隊成員一起推出雪車後再上車，滑行途中由坐在前方的領航員操控方向盤。出發後雙人座將由制動員於後座以體重穩定車體，4 人座時會再有 2 名推手協助制動員，抵達終點後則由制動員控制制動器停車。為了防止發生事故，選手有義務穿戴護頭盔等裝備。

領航員（Driver）	坐在雪車前座，出發後負責以方向盤操控不斷加速的雪車。
制動員（Breaker）	出發時推動雪車，接著坐上後座以體重穩定車體。抵達終點後負責操控制動器煞停。
推手（Pusher）	4 人座項目坐在正中間的 2 人。出發時用力推雪車，出發後與制動員一起以體重穩定車體。

POINT 4 出發後 50 公尺的時間最重要

出發後，最初 50 公尺左右是由選手推雪車，雪車在這段距離的加速會大幅影響最終成績。此外，選手能在多短的時間內坐上雪車更是勝負的分水嶺。選手們在這緊張瞬間展現出的團隊默契，正是賽事的最大看頭。雪車滑行於賽道的最高時速可達 150 公里，馳騁在具有斜坡和急彎道的賽道上時，一口氣奔向終點的畫面極具震撼力。

樂趣加倍！觀賽小知識

雪車的構造

於鐵製雪車底座（車體）加裝強化塑膠製的外殼，重量達 200 公斤左右。為了盡量減低風阻，採用了流線型設計。車體長度 4 人座最大可達 3.8 公尺，雙人座最大可達 3.2 公尺，寬度不得超過 0.67 公尺。

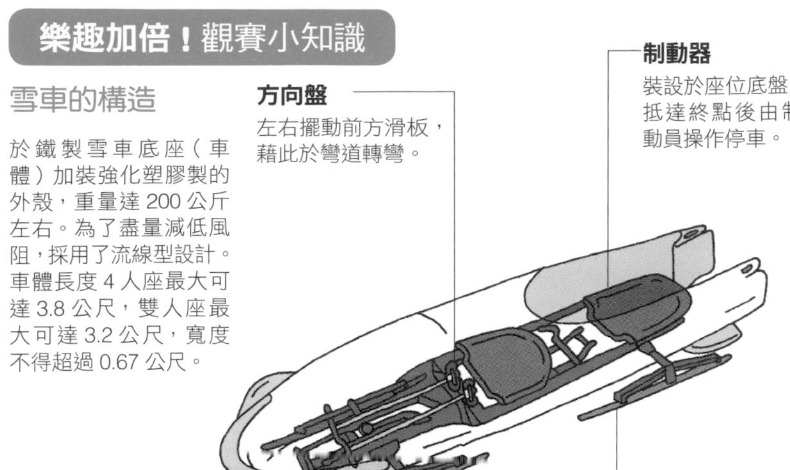

抵達終點後會量測雪車與選手的總重量

由於重量越重加速越快，因此規則上針對包含選手體重在內的雪車總重設有以下限制。抵達終點後才會進行量測，未達此重量限制者，可於雪車上放置其他重物。

男子組雙人座	最多 390kg
男子組 4 人座	最多 630kg
女子組雙人座	最多 325kg

有人未上車即失去比賽資格

出發時，選手會先互相吆喝抓好時機，由最前頭的選手依序坐上雪車，轉進滑行態勢。只要有人未能坐上車，該隊便會立刻失去比賽資格。選手除了腳程要夠快，也必須相當謹慎。

種子選手制

雪車的出發順序會根據國際雪車暨雪橇總會（IBSF）的排名，由排名高的選手開始依序滑行。愈晚出發賽道的路況就愈差，因此愈早滑行者愈有利。

宛若方程式賽車的雪車

從空氣力學的觀點不斷進行改良的雪車，其實也出現了猶如研發方程式賽車般的激烈競爭。過去的冬奧賽場上，就曾使用過義大利的法拉利、德國的 BMW、英國的麥拿侖等各國知名汽車製造商協助研發的雪車。

雪車賽場

全長 1300 公尺，是由直線與彎道組成的蜿蜒賽道。依規定平均傾斜度為 8 ～ 15%，彎道半徑最低為 20 公尺。滑行中身體受到的壓力據說將近重力的 4 倍。此外，仰式雪橇和俯式雪橇的比賽也會在同樣的賽場舉行。

■以仰躺姿勢滑行冰上，競爭速度的快慢

仰式雪橇

選手仰躺在專用雪橇上，在冰製賽道上滑行競速。最高時速可達 145 公里，以 1/1000 秒為單位計算最終成績。

4 大觀賽基本重點

POINT 1 仰躺乘坐雪橇，相互競爭滑行成績

選手以仰躺姿勢乘坐雪橇，把腳往前伸直，在冰製賽道上滑行較量抵達終點的時間快慢。雪橇原文的「Luge」在法文裡意指「木製雪橇」。有分單人和雙人乘坐，冬奧設有男、女子組單人項目、男女混合的雙人項目和男女混合團隊接力項目。

POINT 2 以單日賽程滑行數趟的合計時間決定名次

冬奧中，單人賽事會分 2 日滑 4 趟，雙人為單日滑 2 趟，以滑行時間總和決定名次。此外團體接力會依女子組單人、男子組單人、雙人（不分男女組別）的順序各滑行 1 趟（前一位選手按壓終點觸碰板後，下一位接力者即可出發），比賽滑行時間的快慢。

POINT 3 出發時前後擺動雪橇，藉由反作用力飛衝而出

單人賽事時，選手會以坐姿抓住位在賽道旁的出發握把前後晃動後，利用反作用力起步出發，並以附著在手套上的釘子撥推冰面進行加速。雙人則會由前方選手抓住出發握把，後方選手拉住拉繩，2 人一起前後晃動，利用反作用力起步出發。雪橇裝有兩條滑鐵，透過用腳將滑鐵壓往內側讓雪橇彎曲傾斜，就能左右轉彎。

POINT 4 毫無煞車全力衝刺，競逐 1/1000 秒為單位的勝利

出發後只須於彎道調整行進方向，除此之外將在無煞車的狀態下滑行，期間最高時速可達 145 公里。計時會測量到 1/1000 秒的單位，由於只要擦到邊牆或雪橇稍微橫滑就可能導致滑行時間增加，因此比賽期間非常緊湊刺激。

樂趣加倍！觀賽小知識

雪橇構造

由座席部分、用來滑行的 2 條滑鐵以及連接坐墊與滑鐵的鐵製支架構成。單人座的重量限制在 21 ～ 25 公斤，雙人座為 25 ～ 30 公斤，但男女選手可各加置最多 13 公斤與 10 公斤的重物。

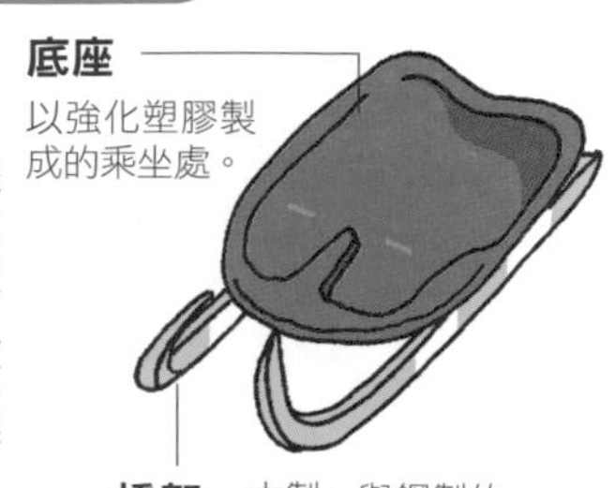

將賽道全部記在腦海裡

為了盡量減低風阻，選手在出發後不會抬頭，讓身體維持水平狀態滑行。也因此必須在賽前事先記住賽道的特徵。

■頭朝前高速滑行，刺激無比的冰上競賽

俯式雪橇

選手跳上雪橇以臥姿滑行，一邊看著賽道在眼前不斷掠過並滑向終點。是種速度極快、刺激無比的競技。

4 大觀賽基本重點

POINT 1 以臥姿乘坐雪橇，較量抵達終點的時間

選手頭朝前方趴臥在專用的雪橇上於賽道上滑行，競逐抵達終點所需的時間，計時單位會量測至 1/100 秒。雪橇本身僅以鐵架組成，因此俯式雪橇又別名「骨架雪橇」。選手藉由移動重心或以腳尖操控雪橇，無論男、女子組都只設單人項目，並無接力項目。與雪車相同，依據排名採「種子選手制」。

POINT 2 2 日滑行 4 趟，以總計時間分高下

競賽連續舉辦 2 天，選手必須滑行 4 趟，以總計時間決定最後排名（世界盃等賽事僅舉行 1 日，滑行 2 趟）。但僅有第 3 趟滑行中排名前 20 名的選手才能滑行第 4 趟。

POINT 3 致勝關鍵在於出發衝刺、滑行路徑的規劃與滑行姿勢

選手出發時先推動雪橇加速，再朝著前方直接跳上雪橇。當出發信號發出後，若未於 30 秒內出發將失去比賽資格。出發時的衝刺固然重要，但其他諸如規劃出最省時省力的滑行路徑、維持風阻小的姿勢等，都是締造佳績的關鍵。

POINT 4 全程無煞車，最高時速可達 140 公里

選手以頭部距離冰面僅 10 公分左右的姿勢，以最高時速 140 公里的速度滑行，比賽過程萬分刺激。當然，發生意外的風險也相對提高，使得這項賽事在冬奧缺席了 54 年之久，直到 2002 年的鹽湖城冬奧才再次復活。也因此選手出賽時，都規定必須穿戴護頭盔和冰上專用釘鞋。

樂趣加倍！觀賽小知識

雪橇構造

由底座和滑鐵組成的簡單構造。尺寸應為 80 ～ 120 公分，寬 34 ～ 38 公分，高 8 ～ 20 公分；重量男子組最多 43 公斤，女子組最多 35 公斤，但如果包含選手體重分別超過 115 公斤及 92 公斤，其重量則減至男子組最多 33 公斤，女子組最多 29 公斤。

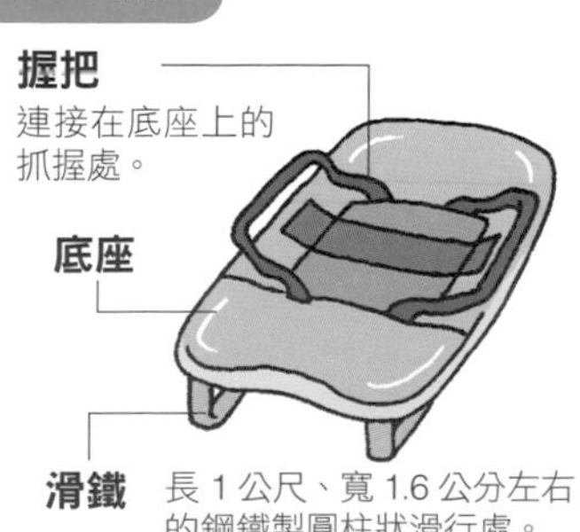

賽前會檢測雪橇的規格和溫度

準備出發之前，會有人來檢驗雪橇、滑鐵和釘鞋的規格及確認溫度，並於抵達終點後立刻測定重量。只要不符合規定，就會失去比賽資格。

■以複雜戰術引人入勝的「冰上西洋棋」

冰壺

近年人氣急速攀升的冬季競賽。不僅要求體能，還需要具備想像力和思考策略的頭腦。只要懂得規則，觀眾也能享受跟著選手思考下一步戰術的樂趣。

>>>>> 競賽場地

冰壺賽道 長 48.72 公尺，寬 5 公尺的區域，英文稱為「Sheet」。標示於兩端的圓圈直徑約 3.66 公尺。

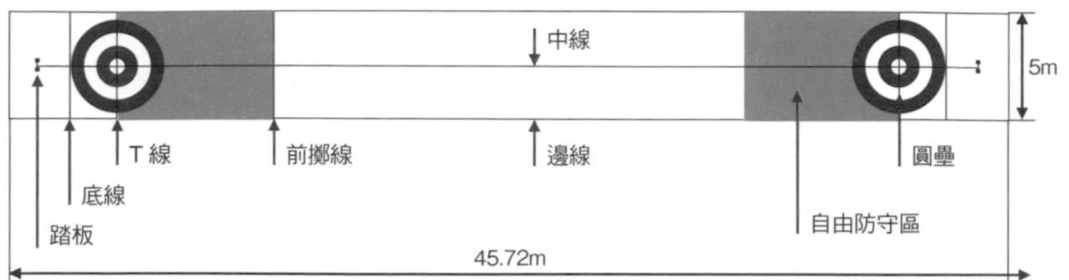

4 大觀賽基本重點

POINT 1

每隊 4 人上場，得分多者獲勝

以主將為首共有 4 種位置，2 隊各派 4 人出戰，每場比賽舉行 10 局（End）。也備有以防突發事故生時的替補選手。

POINT 2

每局 2 隊共計 16 投，最多進行 10 局

雙方隊伍的 4 名隊員每人皆輪流投擲 2 次，相當於 1 隊可投擲 8 次，2 隊共投擲 16 次後結束該局。

POINT 3

各局結束後，以最接近圓壘內圓心的冰壺決定得分

雙方在各局投擲完所有投擲數（16 投）後，擲出的冰壺最接近圓壘內圓心（No.1 冰壺）的隊伍即可得分，且勝利方其他比對手更靠近圓心的冰壺也能獲得分數。僅有擲出的冰壺最靠近圓心的隊伍可得分，最多進行 10 局比賽後，由總分較高者獲勝。

POINT 4

每局皆有「先攻」與「後攻」

以能在局末擲冰壺的「後攻」較為有利。先攻方會想辦法讓對手只得 1 分，後攻方則是有機會取得 2 分以上。賽況若是變成雙方互撞對方冰壺，就會失去大量得分的機會；相反地讓冰壺一直待在圓壘內雖會增加得分的機率，卻也伴隨大量失分的風險。

POINT 5

第 2 局起，由前一局得分的隊伍擔任「先攻」

若為「平局」（2 隊都沒得分），下一局即維持同樣的先攻與後攻配置。

樂趣加倍！觀賽小知識

刷冰（Sweeping）

以冰壺刷擦刷冰面就叫做「刷冰」，藉此融化冰地表面，讓冰壺更容易滑行。選手在冰壺滑出之際為了不讓冰壺偏向，或為了讓開始轉向的冰壺路線更加彎曲，都會運用刷冰技巧。

刷冰時主將下達的指示與喊聲

- Yes
Yeah
Yep
＝快刷冰。
- Whoa
No
Off
Up
＝停止刷冰。
- Hard
再刷用力點。
- Hurry
再用力刷快一點。
- Clean
＝輕輕刷。

提早投降

當有一方在比賽中判斷己方已沒有機會得勝時，可於第 6 局結束後（若已開賽，就是第 8 局結束後）投降。

選手擁有的進攻時間以及比賽時間

比賽中，各隊能用於攻擊的時間有 73 分鐘，若無法在此時間內完成投壺就會直接判輸。此外，整場比賽可要求暫停 1 次，限時 1 分鐘，如此一來每場賽事的比賽時間約為 2 小時 30 分左右，並於第 5 局結束後設有 7 分鐘的中場休息。73 分鐘雖然聽起來很長，但平均下來每隊在 1 局只有 7.3 分鐘，每 1 次投擲只能分配到 54.75 秒，然後有 1 分鐘可擬定戰術。

各位置的職責

一壘

負責第 1、2 次投擲的選手，此外的時間主要擔任刷冰手。

二壘

負責第 3、4 次投擲的選手，此外的時間主要擔任刷冰手。

三壘

負責第 5、6 次投擲的選手，主將投壺時，代替主將站在圓壘發號施令。

主將

負責第 7、8 次投擲的選手，除此之外的時間都是從圓壘下達指示的「隊伍指揮官」。時常必須在棘手局面下進行投壺，因此須具備穩定的投壺能力。主要任務在於洞悉比賽發展，同時設法發動攻勢，需要相當豐富的經驗。也被稱為「四壘」。

第五人

隊友無法繼續比賽時，替補上場的候補球員。

無法得分的冰壺

投擲出的冰壺若無法進到前擲線和底線之間，就會被判為無效遭到排除。而碰觸到邊線的冰壺一樣會被視為無效。

計算得分小測驗

假設結果如下圖所示，請問分別是哪隊得了幾分？

ANSWER

Q1 黃隊 1 分（紅隊 0 分） 由於黃隊的冰壺較靠近圓心，因此黃隊得 1 分。若有 2 個冰壺則能得 2 分。

Q2 紅隊 1 分（黃隊 0 分） 由於紅隊的冰壺較靠近圓心，因此紅隊得 1 分。圓壘內雖有很多黃隊冰壺，而紅隊只有 1 個，但只有最靠近圓心的紅隊冰壺能得分。

Q3 黃隊 2 分（紅隊 0 分） 由於黃隊的冰壺較靠近圓心，因此黃隊得 2 分。黃隊雖有 4 個冰壺在圓壘內，但位於紅隊冰壺內側的只有 2 個，所以得 2 分。

■兩方人馬激烈爭奪迷你冰球的「冰上格鬥技」

冰球

身穿護具的選手在冰球場上互相衝撞，搶著把小小的冰球打入球門。作為冬季競賽相當熱門，尤其盛行於歐美地區。

>>>>> 競賽場地

冰球場

球場依規定畫有各種標線，並於兩端設置球門。為求現場安全，周圍還有裝設1公尺的檔板、防護玻璃和防護網。

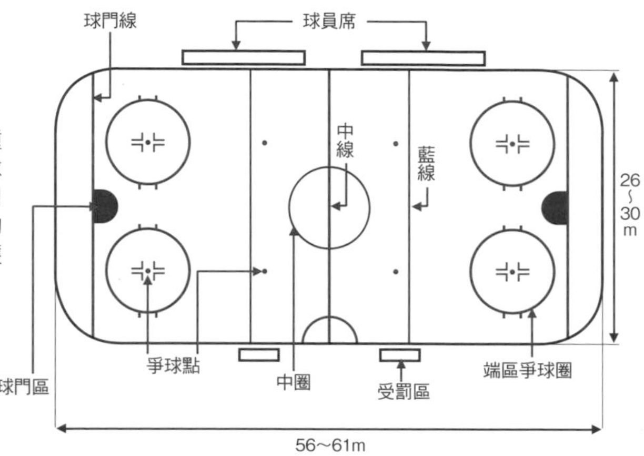

7大觀賽基本重點

POINT 1

每隊6人上場，得分多者贏得勝利

每隊含守門員在內由6人組成，通常會配置3名前鋒、2名後衛和1名守門員。其他還有已登記球員、輔助教練、總教練等20人會在球員席待命。選手們腳穿冰刀鞋，使用球棍將球打進球門就可得1分。比賽會從名為「Face Off」的爭球開始。

爭球（Face off）

雙方各派1名球員面對面站在球場正中央，由裁判將冰球擲入兩人之間。球員會用球棍互爭冰球，搶贏的一方便能展開進攻。此外，諸如有人犯規後要重新開始比賽時也會進行爭球，因此在比賽期間時常見到。

POINT 2

比賽分3個回合，每回合20分鐘

比賽共分3個回合，每回合20分鐘，結束後都會各休息15分鐘。全部回合結束後若雙方平手，雖然各比賽處理方式略有不同，但原則上會進行5分鐘的延長賽，率先得分方即贏得比賽。假使勝負依然未果，就會進行「Game Winning Shot賽」。

Game Winning Shot

基本上是雙方各派3名球員，依序對守門員防守的球門擊球。進行方式與罰球類似，每隊有3次擊球機會，進球數量較多者獲勝。如果進球數相同，就會舉行輪流派1人上場擊球的「驟死賽」，直到有人進球分出勝負為止。

POINT 3

出現越位或穿越球時將中斷比賽，再以爭球重新開始

有球員犯規時，裁判會中斷比賽，於附近的爭球點進行爭球。特別是針對「越位」和「穿越球」這 2 項冰球獨有的規則，犯規的情況時常發生。越位會以藍線為基準，進攻方的選手若比冰球還先越過藍線進到敵陣（攻區），就會構成越位。也不能先進到敵陣等待傳球。

穿越球

意指從中線前方朝敵陣擊出的冰球未經任何人碰觸，直接越過球門線。也稱為「Icing」。規範的目的在於為了防止遭遇進攻的隊伍拿到冰球後直接用力擊回對手陣地，藉此化解危機。會在犯規方的爭球點重新開始比賽。

POINT 4

比賽允許身體阻截（Body Check），因此時常出現火爆肉搏戰

像是擒抱般以身體衝撞對手帶球球員的行為稱為「身體阻截」，在男子冰球規則中是被允許的。因此，比賽中雙方經常發生激烈衝突，令觀眾無不為之震懾。但若是對未帶球球員進行身體阻截或毆打、踢踹，即構成犯規。

POINT 5

「以眾擊寡」正是得分的好機會

選手犯規就可能遭判暫時退場，必須待在受罰區。在選手受罰期間，犯規隊伍通常會以較少人數繼續比賽。在對手隊伍人數較少時的進攻稱為「Power play（以眾擊寡）」，是搶分的大好時機；進攻方會一口氣集中攻勢盡全力得分。尤其當對手方有 2 人進入受罰區時，更是絕佳的進攻時刻。

以寡擊眾（Penalty killing）

意指犯規方以少人數抵禦對手猛攻的情況，又稱為「Kill play」。在這段期間由於穿越球不適用於少人數的隊伍，因此選手一旦搶回冰球就會盡全力把球打到敵陣，以化解人數不足造成的危機。

POINT 6

球門後方和檔板都能用來輔助進攻

說到冰球最具代表性的特徵，便是冰球其實很少出界。畢竟球門後方的區域也算是界內球場的一部分，不僅就算射門失敗也還是可以從球門後方傳球回來，亦能用來確認對方防守人員和守門員的位置等策略性的運用。此外，選手也時常利用打到球場周圍檔板而反彈的冰球進行攻防，可說是賽事的精彩橋段之一。

POINT 7

守門員守門成功率達 90%，進球可謂難如登天

相對於守門員，冰球的球門十分狹窄，加上守門員還穿著專用的大型護具，因此要將冰球打進兩者間的空隙著實困難。守門員為了擋下可能帶有時速高達 160 公里的超高速冰球，日日都在鍛鍊相關技術。所以整場比賽下來的得分數每隊大概都是 2 ～ 5 分，且每 1 分都得來不易。

樂趣加倍！觀賽小知識

比賽用具

冰刀鞋

相較於其他滑冰競技，刃部較短，前後端皆為圓弧狀，屬於重視靈活度的設計。由於也可能被冰球擊中，所以刃部十分堅硬，鞋體本身也使用耐衝擊的材質。

球棍

依規定桿柄（shaft）必須在 163 公分以內，桿頭（擊球部位）32 公分，所有邊角皆要磨平。此外，握柄和桿頭多會纏繞膠布。有分成左、右撇子專用的球桿。

冰球

直徑 7.62 公分，厚 2.54 公分，重 156 ～ 170 公克。材質為硬質塑膠，外形呈圓盤狀，在低溫環境下會變得非常堅硬。

比賽護具

護頭盔與護目鏡

所有選手都必須穿戴護頭盔與保護眼睛用的護目鏡。女子選手和 18 歲以下的選手還必須戴上面罩。

其他護具

須穿戴保護肩膀和胸部的護肩、戴在手肘的護肘、穿在小腿上保護整個腳部的護脛、降低牙齒和腦部衝擊力道的護牙套等。

守門員

守門員的護具特別堅固。一手戴上持拿球棍、保護手部的擋球用手套，一手戴上要接球用的接球手套。保護腳部的護腿護具也比其他選手的護脛更大更牢固。

各位置的職責

守門員

負責防阻對手擊出的冰球進入球門。當對手以極快速度射門後，準確預測冰球路徑並精準擋下飛球時，全場會為之歡聲雷動。

後衛

於己陣左右側阻擋對手進攻，防衛自家球門。由於經常會與對手對峙，因此必須具備後退滑行的技術。同時也相當注重是否擁有準確截球的操棍技術。

中鋒

位處 3 名前鋒的中央，是主導全隊攻勢的指揮官。除了自行進攻球門，也會助攻翼鋒或支援後衛。亦常負責爭球。

翼鋒

分別配置在中鋒左右兩側，自在滑行於球場周邊地帶，伺機進攻球門的得分好手。擁有高超機動性與得分能力。

可隨時替補選手，無次數限制亦無須向裁判申請

選手由於必須無時無刻穿著沉重球衣滿場衝刺，因此體力消耗速度極快，常常每 40 ～ 60 秒就會接連交換替補球員上場。替補球員不須事前報備，由被替補球員回到球員席，替補的球員則離開球員席出場。一旦替補過程不夠流暢，即使只有 1 秒造成場上有 7 名隊員就會構成犯規。基本上都是進攻方會趁攻守交換時替補選手。由前鋒 3 人構成的「攻擊鋒線」在替補時大多會整組隊員一起換人。

6 人進攻

指對手一路領先到賽末時，換下守門員增加前鋒人數，發動背水一戰的攻勢。此外，當場上有人犯規且由未犯規隊伍持球時，未犯規方即會「得益」，可一直進攻到對方拿到球為止（對方拿到球的瞬間，比賽就會中斷）。此時也會換下守門員，改由 6 人進攻。

主要違規事項

用桿鉤人
用自己的球棍鉤阻敵隊選手，妨礙對方行動。有此企圖時亦構成犯規。

用肘、膝頂人
用手肘或膝蓋撞擊對手。用手肘即為肘擊，用膝蓋即為膝擊。

舉桿過肩
選手比賽時將整隻球棍或部分球棍舉至高於肩膀的位置，並以此狀態碰觸冰球或對方選手。

抱人
抓住對手手腕牽制其行動，或壓住對手阻礙行動。抓住球棍妨礙行動也構成犯規。

阻人
進攻方選手以超過 3 步的助跑故意衝撞、飛撲，藉此妨礙對手。

膝蓋撞擊
進攻方選手故意用身體衝撞對手膝蓋附近部位，或刻意蹲在對手附近，藉此妨礙對手行動。

罰則種類

犯規的選手會依情節輕重處以不等的暫時出場處分。出場時間從 2 分鐘到不得在出場都有，期間選手必須待在受罰區。5 分鐘以內的判罰不可讓其他球員替補上場，因此犯規隊伍必須以較少人數應戰。

罰則種類	出場時間	替補選手
小罰	2 分鐘	×
大罰	5 分鐘	×
Misconduct	10 分鐘	○
Game Misconduct	剩餘所有時間	○
取消比賽資格	剩餘所有時間	5 分鐘後可

受罰區

球場邊每隊設有一處空間，用途類似於閉門思過，犯規的選手必須於此待上一定時間。雖然可能會出現多人一起待在受罰區的情形，但當場上選手少於 3 人，或有超過 3 人遭判出場時，就必須由替補選手上場，並依判罰順序消化所有罰則。此外，守門員遭罰時，可由其他選手代替進入受罰區。

罰球

如果明顯是進攻方的得分機會，卻因守門員或防守方球員的不當妨礙導致無法得分時，進攻方就會獲判「罰球」。1 名選手將球運至中線，將球擊向守門員所在的球門。雖是雙方球員 1 對 1 的單挑，但成功進球的機率並不高。罰球未進時比賽就會中斷，需再次爭球重啟賽事。

女子組賽事不允許身體阻截

男子組賽事雖然允許激烈互撞的身體阻截，但女子組卻嚴格禁止，違者會因「違規碰觸」遭到判罰。由於不能用身體衝撞搶球，體格的優勢就相對沒那麼重要，而是更取決於技術的高低。但就算不是刻意衝撞，比賽中依舊無可避免地會有肢體接觸，所以場面依然充滿魄力。

INDEX

二劃

三劃

四劃

五劃

六劃

七劃

八劃

九劃

十劃

十一劃

十二劃

十三劃

十四劃

十五劃

十七劃

十八劃

十九劃

二十劃

二十一劃

其他

協助單位一覽

公益財團法人日本陸上競技聯盟

公益財團法人 日本體操協會

男子體操　高橋孝德

新體操　橋爪みすず

彈翻床　武藤真也

公益社團法人　日本擊劍協會

公益財團法人　日本角力協會

一般社團法人　日本拳擊聯盟

公益財團法人　全日本柔道聯盟

公益財團法人　全日本空手道聯盟

一般社團法人　全日本跆拳道協會

公益社團法人　全日本射箭聯盟

公益財團法人　日本自由車競技聯盟

公益社團法人　日本步槍射擊協會

一般社團法人　日本飛靶射擊協會

公益社團法人　日本輕艇聯盟

公益財團法人　日本帆船聯盟

公益財團法人　日本足球協會

公益財團法人　日本手球協會

公益社團法人　日本曲棍球協會

公益社團法人　日本美式足球協會

公益財團法人　日本高爾夫協會

一般財團法人　全日本棒球協會

公益財團法人　日本壘球協會

公益社團法人　日本山岳・運動攀登協會

一般社團法人　日本衝浪聯盟

公益社團法人　日本鐵人三項聯盟（JTU）

公益社團法人　日本現代五項協會

公益社團法人　日本舉重協會

公益社團法人　日本馬術聯盟

土谷守生（滑雪體育記者）

一般社團法人　日本冬季兩項聯盟

日本雪板協會

公益財團法人　日本滑冰聯盟

公益社團法人　日本雪車・雪橇・俯式雪橇聯盟

公益社團法人　日本冰壺協會

國家圖書館出版品預行編目 (CIP) 資料

第一次看奧運就上手！運動觀賽全攻略：一冊掌握 60 種國際賽事規則與看點，輕鬆成為觀賽達人 / 東京書籍書籍編輯部編著 ; 曾柏穎譯 . -- 初版 . -- 新北市 : 遠足文化 , 2019.12
面； 公分 . -- (通識課)
譯自 : スポーツ観戦手帳
ISBN 978-986-508-048-8 (平裝)

1. 體育 2. 運動規則

528.917 108019251

通識課

第一次看奧運就上手！

運動觀賽全攻略

一冊掌握 60 種國際賽事規則與看點，輕鬆成為觀賽達人

編者——東京書籍書籍編輯部
譯者——曾柏穎
執行長——陳蕙慧
行銷總監——李逸文
行銷企劃經理——尹子麟
編輯——徐昉驊、陳柔君
封面設計——汪熙陵
排版——簡單瑛設

社長——郭重興
發行人兼
出版總監——曾大福
出版者——遠足文化事業股份有限公司
地址——231 新北市新店區民權路 108-2 號 9 樓
電話——(02)2218-1417
傳真——(02)2218-0727
電郵——service@bookrep.com.tw
郵撥帳號——19504465
客服專線——0800-221-029
網址——http://www.bookrep.com.tw
Facebook——https://www.facebook.com/saikounippon/
法律顧問——華洋法律事務所 蘇文生律師
印製——呈靖彩藝有限公司

初版一刷 西元 2019 年 12 月
初版二刷 西元 2021 年 8 月
Printed in Taiwan